SA SAINTETÉ

Gianluigi NUZZI

SA SAINTETÉ

Traduit de l'italien
par Nathalie Bouyssès et Cyril Laumonier

Gianluigi Nuzzi est né à Milan en 1969. Il a d'abord collaboré avec le quotidien *Corriere della Sera* puis travaillé comme envoyé spécial de *Libero* et de l'hebdomadaire *Panorama*. Depuis 1994, il couvre les plus grandes enquêtes judiciaires des milieux politiques et financiers. Il est le créateur et le présentateur du programme télévisé *Gli Intoccabili* (sur la chaîne La7), qui aborde les thèmes d'actualité les plus importants. Il a écrit le best-seller sur le scandale de l'IOR et les pots-de-vin de l'affaire Enimont, *Vatican S.A.* (publié en Italie chez Chiarelettere en 2009, en France chez Hugo & Cie en 2010) et *Metastasi* (avec Claudio Antonelli, Chiarelettere, 2010) sur l'arrivée de la 'Ndrangheta dans le nord de l'Italie.

Sommaire

Sommaire

À Emiliana et Raffaele,
mes parents

Préface pour l'édition française

Alors qu'il descendait la passerelle de l'avion qui nous emmenait à Rome, Ettore Gotti Tedeschi, le président et numéro 1 de la banque du pape, l'IOR, proche de l'Opus Dei, marqua un temps d'arrêt et se retourna. Il leva légèrement le visage, le menton vers le haut, et me regarda, les lèvres contractées dans une moue de défi. Ses mots étaient quasiment inaudibles. « Vous voyez ? siffla-t-il à voix basse pour que les autres n'entendent pas. Au Vatican, nous croyons tellement en la transparence qu'en introduisant le délit de blanchiment d'argent nous avons, par la même occasion, réhabilité d'anciennes cellules désaffectées sous la gendarmerie. Ainsi, en cas d'arrestation, nous disposons également d'un lieu de détention. » Gotti me fixa satisfait, convaincu de m'avoir fourni un argument irréfutable. C'était une révélation d'une grande naïveté. Il n'y a, en effet, aucune prison au Vatican. En cas de garde à vue et d'arrestation, la gendarmerie se charge de retenir l'individu, de l'identifier et d'effectuer les premières vérifications avant de le remettre aux forces de l'ordre italiennes, ainsi que le prévoient les accords internationaux. L'idée de réhabiliter des cellules désaffectées répond donc à une logique précise : en matière de délits financiers infâmes, tels que le blanchiment d'argent, il semblerait que le Vatican préfère créer les conditions pour retenir l'éventuel prévenu plutôt que de le livrer à la justice italienne. Pour que jamais – pourraient insinuer certaines mauvaises langues – un accusé de blanchiment d'argent au sein de l'impénétrable IOR n'ait à se soumettre aux interrogatoires des magistrats italiens, toujours trop curieux.

Nous nous trompions, en réalité, tous les deux. À peine quelques semaines plus tard, ce n'est pas un blanchisseur d'argent qui a atterri dans ces cellules, mais l'une des rares personnes appartenant à la famille pontificale. Le majordome du pape, Paolo Gabriele, quarante-trois ans, chrétien et catholique irréprochable. Gabriele est, depuis 2006, l'ombre du pontife, attentif à la moindre exigence, au moindre tressaillement, au moindre désir. Il le suit du matin au soir dans ses déplacements et lui apporte son aide dans les activités courantes : Gabriele sert à table, accompagne Benoît XVI dans ses voyages autour du monde, prend place dans la papamobile pour être toujours à disposition. Il a été arrêté pour m'avoir transmis les documents explosifs et inédits que vous trouverez dans cet ouvrage [Paolo Gabriele a été détenu jusqu'au samedi 21 juillet 2012. À l'heure où ce livre est imprimé, il est assigné à résidence dans sa demeure du Vatican. Il encourt jusqu'à 6 ans de prison pour vol aggravé. *NDE*]. À ce propos, je ne peux, bien sûr, rien dire, en raison de la protection absolue qu'impose le code déontologique des journalistes aux sources qui contribuent aux recherches et aux enquêtes. Je ne peux donc pas le démentir non plus. Si je m'y avisais, je contribuerais à l'identification des nombreuses personnes qui m'ont aidé à révéler ce qui se trame derrière la colonnade de Saint-Pierre. Je n'avais cependant pas prévu qu'au Vatican on en viendrait à arrêter quelqu'un pour avoir communiqué des informations à des journalistes. La Cité du Vatican, en effet, n'est pas un État ordinaire. Il n'y a pas d'arrestations car, au sein de la petite

communauté qui évolue sur les quarante-quatre kilomètres carrés de cet État microscopique, aucun délit n'est
commis. Que ce soit vrai ou non importe peu : ce qui
importe là-bas, c'est que les cellules soient inutiles, et s'il
venait à en être autrement, on peut toujours recourir à la
justice italienne et lui confier les malfaiteurs. C'était du
moins le cas jusqu'à hier, puisqu'il n'existait pas de cellules
de détention.

La seule exception concerne les voleurs des musées ou les
cas d'excentriques, ces perturbateurs qui cherchent à attirer
l'attention des médias, en profitant des projecteurs continuellement braqués sur la place Saint-Pierre, par des manifestations en tout genre. Dans certains cas particuliers, les
protocoles de sécurité sont aussitôt enclenchés pour éviter
tout contact avec le pape. Puis le directeur des services de
sécurité, Domenico Giani, rédige un rapport qu'il remet au
secrétaire particulier du pape. Comme il y a quelques mois,
le 25 octobre 2011, alors que Benoît XVI célébrait l'eucharistie de canonisation sur le parvis de la place Saint-Pierre,
et qu'un inconnu s'était hissé sur l'échafaudage jouxtant
la colonnade de droite, près de la loge des Dames, et avait
menacé de se tuer. Un cas unique. La gendarmerie de Giani
arrête l'homme et informe aussitôt l'appartement pontifical :

L'homme, un certain Iulian Jugarean, de nationalité roumaine, âgé de 43 ans environ, était déjà connu pour des initiatives similaires, suggérées, à ses dires, par les enseignements
qu'il reçoit du Seigneur, en vue de combattre le terrorisme
et pour la paix dans le monde. En ce sens, il prétend avoir
adressé une lettre au pape, exigeant une réponse immédiate et
menaçant de se jeter dans le vide. Via la Direction de la santé
et de l'hygiène, j'ai demandé la présence d'un psychologue,
même si le manifestant, en dépit de ses délirantes affirmations,
n'a pas piqué de crise [...][1]. Au même moment, la cérémonie
arrivait à son terme et le Saint-Père amorçait son entrée dans

la Basilique ; à cet instant, moi qui n'ai cessé de converser et de négocier en anglais avec l'inconnu, je lui fis remarquer que si son intention était de faire un numéro, il pouvait considérer l'incident clos, car le pape allait rentrer et plus personne ne le lui prêterait attention. L'homme, s'en rendant compte, jeta sur la place une Bible en italien qu'il avait en sa possession et dont il avait brûlé quelques pages – geste qu'il avait ponctué d'autres phrases et déclarations incohérentes –, escalada lestement la balustrade et gagna la terrasse intérieure pour se livrer spontanément. Jugarean, qui n'a jamais opposé de résistance, a ensuite été accompagné dans les locaux de ce Commandement. Sa photo a été diffusée, il a été soumis à une fouille corporelle et entendu [...][2]. Si l'on s'en tient à ses affirmations, il est venu seul au Vatican, dimanche matin, aux alentours de 10 h 20. Il a pénétré sur la place par le Saint-Office après s'être soumis aux contrôles de police [...] et, profitant d'un moment propice, il s'est hissé agilement jusqu'au sommet de l'échafaudage. Ce même individu, qui se dit chrétien, a déclaré être sans emploi, ne pas faire usage de drogues ou de psychotropes, et a admis être déjà venu lors des audiences générales du pape avec les mêmes intentions, mais n'avoir jamais eu la possibilité de monter sur l'échafaudage à cause de la présence constante de la police. Il a confirmé les raisons de son geste et a ajouté en vouloir aux musulmans parce qu'ils se suicident, tuant les chrétiens[3].

Le Roumain est livré à la police italienne, ainsi que les effets personnels qui lui ont été confisqués et les différents procès-verbaux des actes consignés par la gendarmerie vaticane. Une fois Jugarean arrivé en Italie, le magistrat le relâche immédiatement car la législation « ne prévoit pas de peine[4] » pour ce genre de délit, ainsi que le fait observer Giani au secrétaire du pape. Mais le magistrat « dispose du suivi médical obligatoire permettant de le confier ensuite aux services de l'immigration pour une éventuelle expulsion. L'affaire est, à vrai dire, mineure, mais révèle certains détails significatifs. Au Vatican, la sécurité est un élément central, qu'il s'agisse de protéger le pontife ou d'assurer un contrôle dans l'enceinte de la Cité. Un rapport de service de ce type est directement adressé à Mgr Ganswein, de sorte que, si le cas se présente, il puisse répondre aux éventuelles questions du pape à propos de l'évènement. Enfin, il est évident que la gendarmerie se plie rigoureusement aux accords avec l'Italie, en matière de traitement et de remise des personnes soumises à une arrestation.

Mais pour Gabriele, le protocole observé est différent. On l'a mis en cellule plus de deux mois, en isolement. Il n'a que de brefs contacts avec sa femme et ses défenseurs, choisis parmi les avocats italiens dont le Saint-Siège autorise également l'activité au sein du petit État et qui n'ont jamais accordé d'interview ou fait de déclaration. À ceux qui leur demandent comment va Gabriele, de quoi il est accusé ou quelles sont les preuves, ils suggèrent de s'adresser au père Lombardi, de la salle de presse vaticane. Le porte-parole du Vatican représente donc tant le juge que le ministère public ou les défenseurs de l'accusé, mais aussi, bien entendu, la partie présumée lésée, à savoir le Saint-Siège, dans une enquête dont on ne sait, en définitive, toujours rien, et qui présente un conflit d'intérêt latent et potentiel entre les parties. Chaque indiscrétion ayant habilement transpiré des palais sacrés et qui délégitimait Gabriele (comme celle qui voulait qu'il ait, chez lui, des enveloppes portant les adresses d'amis journalistes) est dès le lendemain démentie par le père Lombardi.

Mais je crois qu'il serait peut-être bon de se poser ici quelques questions. Premièrement : était-il vraiment nécessaire et impératif d'arrêter Gabriele, en violant les règles tacites qui font qu'au Vatican on s'en remet à la religion et non aux menottes ? Aucun employé ou responsable n'a jamais été arrêté ; au contraire, lorsque certains magistrats étrangers ont demandé l'arrestation de certains citoyens du Vatican, ils ont toujours essuyé un net refus de la part du Saint-Siège. Il suffit de se souvenir de la demande d'arrestation, en 1987, de Paul Casimir Marcinkus et de certains de ses collaborateurs pour la faillite de la banque Ambrosiano, dont le responsable, Roberto Calvi, avait été retrouvé assassiné sous le Blackfriars Bridge à Londres. Le Saint-Siège se référa au Concordat, les accords entre l'Italie et le Vatican, rappelant qu'en tant que salariés d'une entité centrale ils bénéficiaient d'une sorte d'immunité exceptionnelle vis-à-vis de la justice italienne. À l'époque, la police s'arrêta à la Porta Sant'Anna. Mais ce n'est pas la seule question. Qu'espère-t-on obtenir d'un homme irréprochable et profondément catholique en le maintenant en cellule d'isolement et en le séparant avec force des êtres qui lui sont le plus chers ? Gabriele – paraît-il – trouve le réconfort dans la prière. Personne ne s'interroge sur la raison de cette détention, mais est-il moralement acceptable qu'un homme accusé du simple fait d'avoir communiqué des photocopies à des journalistes soit maintenu en prison et placé en isolement pendant plusieurs mois ? Dans votre pays, cela aurait-il été possible ? L'arrestation du majordome du président de votre République aurait-elle été possible ? En Italie, non. En Italie, nous sommes si respectueux des libertés individuelles que les personnes accusées de vol et les récidivistes, même pris en flagrant délit, ne passent pas la moindre nuit en prison et sont remis en liberté. Certes, il est ici question de documents ayant atterri sur le bureau du pape, mais l'accusation ne porte pas sur la révélation de quelque secret d'État. Gabriele est suspecté de vol aggravé. Ces réflexions sont indispensables pour aborder le deuxième aspect. En février 2012, lorsque sortirent les premiers documents, le père Lombardi fit une déclaration choc à Radio Vatican : « L'administration américaine a eu Wikileaks, désormais le Vatican a ses *leaks*, ses fuites de documents qui visent à générer le trouble et la confusion et contribuent à donner une image négative de l'État, du gouvernement de l'Église, et, plus globalement, de l'Église elle-même. Calme et sang-froid, donc, et un grand usage de la raison. » Le père Lombardi comparait ces fuites d'informations à Wikileaks, si bien que quelqu'un rebaptisa aussitôt cette affaire « Vatileaks ». Mais une distance considérable sépare le livre que vous êtes sur le point de commencer et les documents d'Assange. *Sa Sainteté* est un essai d'investigation. Pendant des années, j'ai recueilli des documents et des informations, en interviewant des dizaines de personnes, à travers l'Europe, l'Amérique latine et des pays tels que la Syrie ou les Philippines. Vous trouverez, dans cet ouvrage, les extraits les plus significatifs de ces entretiens. Il s'agit donc d'un essai élaboré à partir de documents inédits, issus de nombreuses sources, d'entretiens et de la consultation de nombreuses archives. Cela n'a rien à voir avec la diffusion en ligne de milliers de documents top secret, comme dans le cas d'Assange, accusé d'avoir mis en péril et en danger la sécurité des États-Unis. Vous ne trouverez rien dans *Sa Sainteté* concernant les secrets militaires du Vatican – en admettant qu'il y en ait, étant donné l'absence de systèmes de défense armée significatifs : vous trouverez, en revanche, des histoires douloureuses, des scandales d'outre-Tibre, des intérêts, des alliances, des jeux de pouvoir et de corruption, des tentatives d'ingérence de cet État et des interventions dans la politique et l'économie de pays tels que l'Espagne, l'Italie, l'Allemagne, entre autres. La gravité des faits relatés a suscité de nombreuses réactions qui sont analysées et subdivisées en diverses sections.

Au Vatican, se sont élevées de nombreuses critiques à propos de cet essai, m'accusant d'avoir commis un « acte criminel » en divulguant des affaires sensibles et top secret, car leur caractère confidentiel aurait été violé. Cependant, des faits qui portent sur les relations entre les États, les dénonciations de corruption, les opacités et les intérêts d'une religion qui compte plus d'un milliard de fidèles concernent tout le monde et relèvent d'un intérêt public évident. Mais il me semble que ce qui s'est passé en dehors du Vatican et de l'Italie est plus intéressant. Certains cardinaux, certains épiscopats, certains évêques et de très nombreux catholiques ont parfaitement saisi l'esprit de mon travail, dont le but n'est pas de juger ou d'anéantir, mais de divulguer des faits qui génèrent une insupportable chape de silence, de complicité et d'opacité. André Vingt-Trois, discret archevêque de Paris et, depuis bien longtemps, président de la Conférence épiscopale française, émet de sérieux doutes quant aux mécanismes et aux règles de la curie romaine. Il considère comme acquise la mise à la retraite de Bertone en raison de son âge. « Il est vrai que l'organisation de la curie date de plusieurs siècles [ce sont ses propres termes] et elle n'est certainement pas adaptée sur tous les points au fonctionnement actuel de l'Église. Après le concile, lorsque Paul VI a voulu entreprendre de nouveaux projets, il a été obligé de créer des organisations *ad hoc*. Ainsi Benoît XVI a-t-il créé le Conseil pontifical pour la Nouvelle Évangélisation. Tout cela permet d'avancer, mais ne réforme pas le fonctionnement de l'ensemble du système. » Le rejet semble sans appel : « Aujourd'hui, chaque dicastère fonctionne en autonomie et les communications entre eux sont parfois lentes, voire inexistantes, à moins qu'elles n'adviennent via les conversations des cardinaux. » Que manque-t-il ? « Un travail d'affinement et de coordination dans le fonctionnement est sans doute nécessaire. Mais à chaque pontificat, de façon cyclique, des voix s'élèvent pour annoncer que le nouveau pape va enfin réformer la curie et la faire fonctionner. On voit bien que ce n'est pas si simple… » En France, des quotidiens catholiques tels que *La Croix* font observer que dans les affaires que dénonce *Sa Sainteté*, on ne trouve que des cardinaux italiens. Ou de dire : « Ah, ces Italiens !... » en soulignant à quel point le consistoire est déséquilibré en faveur de la communauté cardinalice italienne. Le projet de Benoît XVI de la diminuer s'est-il opposé à celui de Bertone visant à augmenter son influence sur le prochain conclave ? C'est possible. Le cardinal de Paris n'est sûrement pas une voix isolée. Du côté de l'épiscopat allemand, également, se soulèvent officieusement quelques nausées vis-à-vis du pouvoir central de Rome, rappelant l'adage de cet essai : les palais sacrés et l'Église de tous sont deux mondes différents et trop éloignés, engagés dans une dérive qui risque de leur être fatale.

---

1. « Une demi-heure plus tard environ, poursuit la note, sont également intervenus sur place : l'Exc. Mgr le secrétaire général du gouvernorat (à l'époque, Carlo Maria Viganò, *NDA*), et, sur ma demande, un diplomate roumain, présent lors de la cérémonie. Au même moment, les pompiers de cette direction étaient prêts, avec un équipement adéquat, pour une éventuelle intervention forcée, tandis que d'autres pompiers italiens, prévenus par nos soins, sont aussitôt arrivés place Pie XII, munis de toiles de saut spéciales, qui n'ont pas été utilisées. »

2. « Au cours de l'interrogatoire, peut-on lire sur le document, il a déclaré être Iulian Stelian Jugarean, de nationalité roumaine, né le 21 décembre 1967 à Avrig (Roumanie) et résidant à Pitesti (St. Bradului n. 36, ap. 29), à Rome sans domicile fixe avec un point de ralliement sous le pont Sublicius, où il a précisé détenir une banane contenant ses papiers d'identité (passeport et permis de conduire). En Italie, il n'a qu'un seul précédent pénal pour occupation de voie publique, rien du côté d'Interpol, et nous attendons de connaître ses éventuels antécédents judiciaires en Roumanie. »

3. « Dans un sac à dos qu'il avait avec lui, retrouvé non loin de l'échafaudage, outre divers effets personnels, ont été découvertes trois ceintures, un rouleau de ruban adhésif, un petit couteau et trois briquets. Place Saint-Pierre, a également été récupérée la Bible comportant des pages brûlées. »

4. Dans sa note au secrétaire particulier du pape, Giani précise que l'homme avait été « arrêté pour violation des dispositions relatives à l'accès dans l'État (art. 34 de la législation 21 juin 1969 NL), et en application des art. 140, pour entrave et perturbation de services religieux, et 142, pour violation ou outrage dans un lieu public de pratiques vouées au culte, ainsi que de l'art. 434, pour transgression à un ordre légalement donné par l'Autorité, du code pénal en vigueur ».

À propos de ce livre

Une visite secrète

En ce début d'après-midi de janvier 2012, Benoît XVI quitte le Palais apostolique dans une voiture aux vitres teintées, sans drapeaux ni escorte, et sans en informer les services de sécurité internes. Le pape ne s'en rend pas compte mais il est suivi. Le long du trajet qui le conduit de la place Saint-Pierre à la via Aurelia antica, près de la villa Doria Pamphilj, un homme, posté à une centaine de mètres, qui travaille au Vatican et est un des plus fidèles collaborateurs de cardinaux influents, ne perd pas le véhicule des yeux. Tous deux, malgré leur différence de rôle, de caractère et de culture, se retrouvent face à des choix déterminants pour le futur de l'Église.

Joseph Ratzinger est attristé par les conflits qui rongent la curie romaine, la communauté des cardinaux se déchirant toujours davantage à chaque nouveau consistoire. Il a conscience qu'il lui serait impossible de revenir en arrière s'il remettait en question, même de façon théorique, la fragile alliance avec le secrétaire d'État, le cardinal Tarcisio Bertone.

De son côté, notre homme fait face à un choix à l'impact plus immédiat. Il doit décider de mener à terme, ou non, la quête de vérité qu'il a choisi de poursuivre à la mort de Karol Wojtyła, en restant fidèle à l'enseignement de son successeur, Benoît XVI : « Dans un monde où le mensonge est puissant, la vérité se paie par la souffrance. » En d'autres termes, permettre à tous de connaître la vérité sur les palais sacrés, afin de chasser les marchands du temple. Sa décision, quelle qu'elle soit, changera sa vie à tout jamais. L'homme s'est préparé au fil du temps à accepter toutes les conséquences du seul objectif qui lui tient à cœur. Il reste à découvert, réfléchissant à son avenir.

D'instinct, il a suivi une des rares sorties du pape hors de la Cité du Vatican. Il ne cherche pas à en connaître la destination mais, idéalement, souhaite plutôt partager, même de loin, un moment secret avec celui qui dirige l'Église à travers le monde. Et choisir.

La voiture noire pénètre le portail d'un couvent : la maison de l'Institut séculier de Schoenstatt, un mouvement spirituel allemand. Ratzinger est sur le point de retrouver une des rares amitiés qu'il entretient à Rome depuis qu'il est au sommet du Saint-Siège, au-delà des relations avec les prélats et les cardinaux. Une vieille sœur allemande, Birgit Wansing, sa secrétaire dévouée, l'attend, elle avec qui il partage ses souvenirs, dont il écoute la parole et se trouve honoré de l'immense estime. Hormis le frère Georg, le banquier allemand Thaddäus Kühnel et la fidèle gouvernante et professeur de musique Ingrid Stampa, rares sont ceux qui jouissent d'une telle considération. La simplicité de ces personnes traduit avec force l'aversion du pape pour les jeux de pouvoir.

De l'autre côté du portail, seul face à son choix, notre homme se promène, plongé dans ses pensées. Rester envers et contre tout dans le silence absolu et la fidélité la plus aveugle, malgré les abus et les injustices ? Trahir la confiance que tous à la curie lui ont accordée au fil du temps, à commencer par le pape, le secrétaire d'État et les cardinaux les plus importants ? Se taire ou choisir la rupture et vaincre le mensonge, le silence, le manque d'informations qui dissimulent les évènements, les histoires et les secrets quotidiens du Vatican ?

Si aujourd'hui vous lisez ce livre, c'est parce que, ce fameux soir, cet homme resté à l'extérieur du couvent n'a pas fait machine arrière. Il a vaincu ses doutes, ses peurs, avec la conviction d'accomplir un « acte bon et juste ». Satisfait, il a regardé une dernière fois par-delà l'enceinte du couvent avant de poursuivre sa route, plus déterminé que jamais. Il a choisi de faire connaître à tous ce qu'il se passe au Saint-Siège.

« À certains moments de la vie, me confiera-t-il quelques jours plus tard, on se montre homme ou non. Quelle différence ? Le courage : celui de dire et faire ce que l'on sait être juste. Mon courage consiste à révéler les évènements les plus troublants de l'Église. Rendre publics certains secrets, les petites et grandes histoires cachées derrière une porte de bronze. C'est la seule façon de me sentir libre, affranchi de l'insupportable complicité de celui qui sait mais se tait. »

Peu de temps après, l'homme repasse dans un de nos lieux sûrs, choisis ensemble pour déposer plis, clés USB ou autres correspondances. Et il y fait sa dernière livraison, accomplissant sa mission volontaire, initiée presque par hasard aux funérailles de Jean-Paul II en avril 2005. Les premières années, il avait constitué des archives secrètes sans ordre, sans méthode ni but. L'homme récoltait des documents, des circulaires, des lettres, des relevés bancaires du Vatican et les étudiait la nuit dans son bureau privé, loin des regards indiscrets. Puis, face à tant de questions sans réponse, face aux surprises, aux amertumes et aux doutes, sa sélection est devenue plus méticuleuse, ciblée, programmée. La sensation de malaise l'a amené à formuler progressivement quelques critiques, en échangeant avec ceux qui, parmi la communauté qui vit et travaille dans les palais sacrés, pensent comme lui. Ainsi est né un petit groupe de personnes aux fonctions et aux rôles divers au sein des différentes institutions du Saint-Siège mais unies par le même choix : se documenter, comprendre, se consulter, en accumulant des documents qui révèlent les intrigues inédites, les histoires et les travers de l'Église aux quatre coins du monde.

Le bureau de Benoît XVI

Ces documents présentent une caractéristique commune, fascinante, incroyable : ils ont tous atterri dans le bureau d'un des hommes les plus puissants et influents du monde. En effet, les dossiers que vous êtes sur le point de lire sont des dossiers confidentiels que Benoît XVI et ses deux fidèles secrétaires, Georg Gänswein et le Maltais Alfred Xuereb, ont reçus au cours des années les plus délicates du pontificat actuel. Des dossiers qui sont arrivés du secrétaire d'État, des nonciatures, des cardinaux eux-mêmes depuis le monde entier, sur les bureaux des secrétaires et dans le bureau privé du Saint-Père qui, au troisième étage du Palais apostolique, donne sur la place Saint-Pierre.

Au premier examen, les documents révèlent un élément important. Il est évident que la curie entretient encore aujourd'hui une volonté d'omission : refuser de rendre public chaque évènement, en passant sous silence les histoires qui pourraient être gênantes ou même simplement susciter des questions et des doutes quant au rapport entre les citoyens, croyants ou non, et les représentants de la parole de Dieu. Les mots de saint Matthieu sont aussi clairs et actuels qu'ils sont ignorés : « Ce que je vous dis dans les ténèbres, dites-le en plein jour ; et ce qui vous est dit à l'oreille, prêchez-le sur les toits. » Cette phrase d'espérance ouvrait *Vatican S.A.*, mon essai sur les secrets des finances vaticanes à l'époque de Jean-Paul II, dévoilés grâce aux archives innombrables de Mgr Renato Dardozzi. Avec ce pontificat, la situation semble inchangée.

Une autre vérité apparaît et contredit un lieu commun plutôt répandu au sujet de ce pape : contrairement à la façon dont il est décrit habituellement, Benoît XVI n'est pas un théologien dogmatique qui se tient loin des troubles de la curie romaine et, de façon plus générale, de l'Église. Son image de pape voué uniquement à l'étude des textes sacrés et aux questions doctrinales est fausse. Certes, Joseph Ratzinger reste un érudit cultivé et d'un grand raffinement mais il est également un pasteur qui suit attentivement, dans les moindres détails, les vicissitudes de la vie quotidienne, en cherchant à imposer un changement si souvent contrarié, aussi bien par des questions brûlantes, des scandales gérés en les passant sous silence, que par les persécutions encore perpétrées aujourd'hui contre les chrétiens à travers le monde. C'est un souverain pontife attentif et dynamique, désireux de trouver la lumière et la vérité, mais qui, selon l'auteur de ces lignes, se retrouve victime des compromis et d'une « raison d'État » qui régit tout changement. Ratzinger exige d'être continuellement tenu informé des évènements qui secouent le plus l'Église. Il prend des mesures parfois radicales, en cherchant cependant la médiation entre les différentes âmes qui composent l'Église romaine.

Une activité intense qui fait de l'appartement pontifical le lieu où se façonne le monde entier. Un espace simple, de modestes étagères pour toute bibliothèque, des fauteuils bas, un bureau en bois, deux téléphones fixes, aucun portable. Le bureau de Joseph Ratzinger, deux cent soixante-cinquième souverain pontife de l'histoire du catholicisme, se résume à cela. Aucune technologie dernier cri digne de la Maison-Blanche, pas même de système anti-intrusion sophistiqué. Le bureau du Saint-Père est pourtant un des centres du pouvoir mondial. Le cœur battant de l'Église, une chambre inaccessible au milliard de croyants sur la Terre. De cet endroit, le pape dispense ses conseils aux secrétaires, qui filtrent les documents les plus sensibles. De cet endroit, il prend des décisions cruciales.

Vous êtes sur le point de lire les dossiers secrets de Benoît XVI. Une centaine de documents qui révèlent l'instabilité quotidienne de l'Église, entre des vérités enfouies, des urgences résolues, des difficultés permanentes et des secrets jalousement gardés. Des secrets qui n'en étaient plus dès l'instant où notre homme, apercevant un instant la silhouette de Benoît XVI entre les lumières et les ombres d'un soir de janvier, a pris sa décision finale : faire connaître ces documents, qu'importent les conséquences personnelles, représentait le seul choix possible.

Si vous tenez ce livre entre vos mains, c'est que ni le Vatican ni personne d'autre n'en a bloqué la publication. Nous avons maintenant la possibilité de connaître et de juger des dossiers, des informations, des correspondances qui, pour la première fois dans l'histoire de l'Église catholique, sortent de la curie. Chacun d'entre nous a ainsi accès aux palais sacrés, pas seulement aux splendeurs de la chapelle Sixtine, aux trésors des musées, à la doctrine de l'Église mais aussi au bureau de Benoît XVI, aux secrets d'argent, aux crises, aux conspirations, dévoilés par les papiers qui atterrissent dans l'appartement pontifical. Un merci immédiat à cet homme courageux que j'ai rencontré pendant de nombreux mois. Sans lui, ce livre n'aurait jamais été écrit.

La source Maria

Dans les appartements de Benoît XVI

Joseph Ratzinger se réveille chaque matin entre 6 h 30 et 6 h 45, dans l'appartement pontifical situé au troisième étage du Palais apostolique. Après sa toilette, il descend le couloir qui conduit jusqu'à la chapelle privée de l'appartement, où il célèbre une messe à 7 h 30. Après la cérémonie, vers 8 heures, il reste prier avec son bréviaire puis, aux alentours de 8 h 30, passe quelques dizaines de minutes dans la salle à manger pour petit-déjeuner avec ses plus proches collaborateurs. À table, le pape aime le lait, le café décaféiné, des tartines au beurre et à la confiture et, exceptionnellement, une part de gâteau[1].

Les personnes tenues de répondre à chacun de ses désirs dans la résidence forment une famille pontificale. Il s'agit en premier lieu de l'équipe en charge de l'appartement : Paolo Gabriele, valet de chambre du pape, une sorte de majordome, et les sœurs Memores Domini de Communion et Libération, Carmela, Loredana, Cristina et la dernière arrivée, Rossella, qui remplace depuis décembre 2010 la Romagnole Manuela Camagni, décédée après s'être fait renverser via Nomentana, à Rome, au cours d'une de ses rares sorties par la Porta Sant'Anna. Aucune demande ni remarque du Saint-Père n'échappe à ces quatre collaboratrices. Deux secrétaires particuliers complètent l'équipe. Le plus connu est le père Georg Gänswein, prêtre et théologien allemand, ancienne-ment vicaire de la cathédrale de Fribourg, jusqu'à son arrivée à Rome. Dans la capitale, il a partagé son emploi du temps entre la Congrégation pour la doctrine de la foi, alors gérée par le cardinal Ratzinger, et la chaire de droit canonique à l'Université pontificale de la Sainte-Croix[2]. Tout le monde l'appelle père Georg ou don Giorgio. Le second secrétaire est le Maltais Alfred Xuereb du diocèse de Gozo, né en 1958, minutante à la secrétairerie d'État.

Le style de vie de Benoît XVI est presque monacal, rares sont ceux qui partagent des moments privés avec lui. Les repas en offrent une bonne illustration. Paul VI s'asseyait avec ses secrétaires, tandis que Jean-Paul II aimait inviter évêques et cardinaux, de préférence polonais. Benoît XVI est quant à lui lié aux Memores qui cuisinent, gardent les appartements en ordre, écoutent et sourient aux plaisan-teries du souverain pontife. Il déjeune presque toujours avec elles. Loredana et Carmela, toutes deux des Pouilles, se relaient aux fourneaux, en suivant les goûts simples du maître de maison : des plats relevés, avec un recours systé-matique au poivre et au piment. L'entrée est souvent consti-tuée de poisson, comme les penne au saumon, une des recettes préférées du Saint-Père. Pour le plat de résistance, il préfère la viande, qu'on lui prépare tous les jours hormis le vendredi, quand Ratzinger demande un plat unique à base de filet de poisson et de légumes. Aucun crustacé ni mets très élaboré. Pour le soir, potage, soupe ou une tasse de lait. Le Vendredi saint, le plat devient frugal : pommes de terre bouillies et fromage. Il ne fait d'exception que pour le dessert. Le souverain pontife s'amuse à appeler son dessert préféré les « vierges ivres » ; il s'agit d'un muffin moelleux, sublimé par quelques gouttes d'alcool. Un pied de nez authentique au règlement : le pape ne boit pratiquement jamais d'alcool, et jamais de vin à table.

Les Memores vivent au même étage du Palais apostolique mais leurs chambres sont orientées vers l'arrière du bâtiment. Elles y dorment, prient, gardent leurs effets personnels. Certaines d'entre elles conservent également une copie de la nécrologie souhaitée par le pape dans le quotidien *L'Osservatore Romano* après la disparition de Manuela Camagni : pour la première fois, un pape signait un avis de décès.

Les moments conviviaux entre la famille pontificale et les secrétaires cèdent à quelques rares reprises la place à des petits déjeuners avec des amis ou des parents proches, comme le frère du pape, Georg, ou à des déjeuners de travail au retour de voyages. Au cours de ces repas, un groupe restreint se retrouve autour de la table : le père Federico Lombardi, directeur du bureau de presse du Vatican, M. Giovanni Maria Vian, directeur de *L'Osservatore Romano*, le maître des célébrations liturgiques pontificales, Mgr Guido Marini, et l'assesseur pour les affaires générales à la secrétairerie d'État, Mgr Peter Brian Wells[3].

Les déjeuners et dîners témoignent de la discrétion absolue du Saint-Père. Sont invitées des personnes, aussi simples que lui, qui l'ont aidé par le passé, comme son ancien chauffeur de confiance qui a eu l'honneur de s'asseoir une fois à sa table. En 2006, Camillo Cibin, chef historique de la gendarmerie, ombre de Paul VI et Jean-Paul II, a également reçu cette invitation inespérée, un moyen de le remercier peu de temps avant son départ en retraite, pour avoir servi trois papes avec une dévotion absolue. Les photos de Cibin firent le tour du monde lorsque, le 13 mai 1981, il avait réussi à bloquer Ali Agca immédiatement après l'attentat contre Jean-Paul II. Benoît XVI avait même étendu l'invitation aux proches de l'agent.

En ce qui concerne les cardinaux, l'Allemand Joachim Meisner, déjà évêque de Berlin et désormais archevêque de Cologne, fait partie de ses plus anciens amis. Ratzinger montre avec lui une certaine familiarité, qui ne va pas plus loin que le partage de distractions simples comme le visionnage du journal dans le salon de télévision ou l'écoute d'une partition de Mozart lorsque le pape se met, rarement, au piano. Cela se produit uniquement lorsque l'agenda des rencontres, dans l'appartement du deuxième étage consacré aux représentations, les audiences officielles (des audiences régulières avec les cardinaux ou d'autres personnalités de la curie), comme celles du lundi avec le secrétaire d'État Bertone, ou les audiences publiques, comme celles du mercredi dans la salle Paul VI, dans les environs de la Basilique, ne l'en empêchent pas.

Enfin, d'autres femmes travaillent auprès du souverain pontife, dans des rôles plus annexes. La première est une laïque, toujours de Communion et Libération, qui s'occupe des séances de physiothérapie l'après-midi dans le dispensaire, un lieu médicalisé qui, avec le cabinet dentaire, a remplacé la salle de chirurgie. Ingrid Stampa, professeur de musique, évolue elle aussi dans cet espace. Reste encore une des rares personnes capables de comprendre sans faute l'écriture du souverain pontife, sa secrétaire historique, Birgit Wansing, que Benoît XVI est allé chercher à l'occasion d'une visite privée, au début du mois de janvier 2012, dans le couvent situé via Aurelia antica. Stampa et Wansing font toutes deux partie du mouvement spirituel Schoenstatt, fondé par Joseph Kentenich. Si Birgit Wansing est une secrétaire de première classe et dépend encore de la secrétairerie d'État, Ingrid Stampa, quant à elle, fait partie des rares « conseillers » non officiels : elle est depuis 1991 la gouvernante de l'appartement de trois cents mètres carrés piazza della Città leonina à Rome, où vivait Ratzinger du temps où il était cardinal.

La porte du Vatican s'ouvre

Les rendez-vous « à l'aveugle » sont monnaie courante pour les journalistes d'investigation. Il arrive que l'on se retrouve avec des inconnus, dont on ne sait rien ou si peu, qui souhaitent nous voir parce qu'ils ont une histoire à raconter, des documents à montrer. En règle générale, pour filtrer et comprendre rapidement l'intérêt d'une histoire, on se fait envoyer une synthèse à la rédaction directement par courriel. Parfois, certains n'ont pas confiance. Dans ces cas-là, seul un rendez-vous permet de vérifier que l'on a affaire à quelqu'un digne d'être écouté. Les rencontres avec ces inconnus se déroulent soit à la rédaction, soit dans un bar très fréquenté, de façon à se couvrir mutuellement.

J'ai vécu au cours de mon activité des situations improbables, relevant plus des romans que de la vie quotidienne. Un matin à Florence, j'ai été suivi une demi-journée par les envoyés d'un général de la garde des finances que je devais rencontrer dans l'après-midi. Une situation kafkaïenne : il m'a fait suivre pour s'assurer que je n'étais justement pas suivi. Il m'est arrivé aussi de rencontrer des sources totalement inconnues dans des lieux sortant de l'ordinaire, comme parmi les carcasses de voitures d'une casse aux portes de Brescia, ou d'être amené les yeux bandés dans un appartement de Trieste pour une rencontre avec un collaborateur de la justice.

Cette dernière année a pourtant été singulière. Je suis entré en contact avec la source principale qui a fourni les centaines de documents à la base de ce livre. Il ne m'est jamais arrivé de devoir gérer les silences, les attentes et autres précautions à un point qui frisait la maniaquerie. C'était la première fois que je me sentais traiter une histoire plus grande que moi. « La prudence est un style, avait voulu m'expliquer ma source au sein du Vatican. À la curie, on choisit toujours la solution qui fera le moins de bruit. » Elle avait raison. Dès le départ, nous avons instauré un rapport invisible, au milieu des hasards de la vie.

Je comprends seulement aujourd'hui que le moindre geste était calculé, réfléchi, pour éviter de nous retrouver prisonniers des mailles d'un réseau qu'un expert comme le chasseur de nazis Simon Wiesenthal a toujours qualifié de « meilleur et plus efficace service de renseignements au monde », le système de renseignements et de sécurité du Vatican. Ce n'est qu'aujourd'hui que m'apparaît clairement la nécessité de protéger ce flux d'informations à n'importe quel prix, cette fissure dans les remparts de la Cité léonine. Ma source ne devait pas éveiller les soupçons par ses gestes ou ses paroles dans la vie de tous les jours. Ne pas hésiter. Il devait faire semblant devant chaque supérieur, chaque personne de pouvoir, au charisme et à l'intuition très développés, comme le secrétaire d'État, Tarcisio Bertone. Il fallait chercher en même temps à repérer les informations les plus utiles, les documents les plus secrets avant de contourner les contrôles des gardes suisses et de sortir du petit État. Un dédoublement qui aura duré des mois, semblable au travail d'un agent secret typique qui, entraîné depuis des années, vit infiltré, sous couverture.

De mon côté, j'avais un rôle tout aussi complexe. Dans ce genre de situations, l'élément psychologique joue une part déterminante. Ne pas commettre de faux pas et construire un rapport de confiance. Se présenter et être l'interlocuteur capable de gérer les incertitudes et les confidences. Toujours trouver la force nécessaire pour affronter chaque imprévu. Surtout, ne jamais avoir peur.

J'ai vécu cela dès le premier rendez-vous, voire dès la première prise de contact. Ma source a considéré mon essai *Vatican S.A.*, sur les secrets financiers de l'Église, comme une garantie incontestable : j'étais le journaliste qu'il fallait approcher, aussi bien pour l'aspect documentaire que j'avais donné à mon livre que pour la protection que j'avais assurée à ceux qui m'avaient fourni des documents jusqu'alors confidentiels. Il y avait cependant un problème à régler : créer un premier contact. La source a choisi la voie la plus compliquée mais certainement la plus sûre : une voie loin du monde des médias, en évitant le contact direct, téléphonique, épistolaire ou électronique.

Au printemps 2011, je reçois des nouvelles d'un ancien ami proche que j'avais perdu de vue. Un homologue loin du monde du Vatican et même des palais de justice que j'ai fréquenté pendant des années. Il me demande de prendre un café avec lui à Milan. C'est une occasion de nous parler de vive voix que j'accueille avec plaisir. Nous nous voyons et, après les dialogues de circonstance, il passe aux choses sérieuses. Un de ses amis détiendrait des informations sur le Vatican qu'il souhaiterait rendre publiques. Il n'en dit et n'en sait pas davantage. L'histoire ne me semble pas particulièrement intéressante, mais je suis intrigué par la volonté de ce vieil ami qui a pris la peine de me rejoindre à Milan pour me signaler cette possible « source » d'informations. Du moins, c'est ce qu'il apparaît de cette rencontre. Je souris et lui dis qu'il peut donner mon numéro de portable. Tout commence. Le « contact » (appelons-le ainsi car je n'ai, au final, jamais connu sa véritable identité) m'appelle sous un pseudonyme.

Je prends le train depuis Milan. J'ai cette fois un rendez-vous à Rome, dans un bar près de la piazza Mazzini. Il se passe alors quelque chose d'étrange : deux personnes se présentent au rendez-vous. Deux Italiens d'une quarantaine d'années, habillés avec soin et sobriété. Ils me posent des questions sur mes centres d'intérêt, mon travail, mes sensibilités professionnelles. Ils s'informent sur la façon dont un journaliste « protège » ceux qui lui donnent des informations confidentielles. Le visage aimable, le ton courtois, mais un langage et une gestuelle que renierait un ecclésiastique.

À vrai dire, il leur échappe parfois quelques mots qui rappellent davantage les casernes que les sacristies. J'ai la nette impression que ce ne sont pas eux, mes interlocuteurs.

On discute de tout et de rien entre inconnus à l'heure de l'apéritif. On s'évalue. On regarde autour de nous. En réalité – mais je ne le saurai que plus tard – nous ne sommes pas trois à ce rendez-vous. Des anges gardiens que je ne vois pas nous surveillent, nous ainsi que ceux qui passent, ceux qui s'arrêtent. Un ensemble de précautions qui démontre le niveau de celui ou celle qui hésite encore à s'approcher, à entrer en contact avec moi. J'en ai la confirmation au rendez-vous suivant. Quelques mots avec les deux mêmes. Cette fois, nous sommes dans un autre bar, dans une salle à l'intérieur, plus isolée. Ce choix s'explique au bout de quelques minutes quand le plus âgé des deux glisse la main dans sa poche, en sort sans retenue une feuille pliée en quatre et me la tend. Il s'agit d'un message anonyme rempli d'accusations portées à l'encontre de différents prélats.

On ne va pas loin avec des lettres anonymes. Je salue l'initiative mais décline la proposition, cela ne m'intéresse pas. Les deux se regardent en souriant. Je ne comprends pas. Ils persistent, sourient en silence. Ils sont satisfaits car ce n'était qu'un leurre. Une manœuvre pour voir comment je réagirais. Au bout de quelques minutes, ils me proposent d'aller faire un tour. Monter en voiture avec des inconnus ? Le risque est réel mais mon instinct me dit de me fier à eux. Je m'installe sur la banquette arrière d'un long monospace, pour aller rencontrer ma source. Ainsi commence un voyage qui doit encore s'achever.

La rencontre avec la source

Nous restons pratiquement une heure en voiture. En réalité, la distance à parcourir n'est que de quelques centaines de mètres, quelques minutes suffiraient. Au lieu de cela, nous empruntons plusieurs fois les mêmes rues. Les deux hommes veulent s'assurer de ne pas être suivis et pour cela appliquent des techniques habituelles de contrespionnage, comme on en trouve dans les livres ou au cinéma.

La rencontre avec la source principale a lieu dans un appartement d'un immeuble Art nouveau près du Saint-Siège, dans le quartier Prati. Un endroit vide que l'on m'explique être depuis un moment sur le marché de la location de la capitale. L'agent immobilier a dû leur prêter les clés. Aucun nom, aucune sonnette. Nous entrons : un couloir, une cuisine, une salle de bains. Et enfin une salle, vide, avec une chaise en plastique. Ma source est assise, et nous parlons.

Catholique pratiquant, il travaille depuis environ vingt ans au Vatican, lit régulièrement les Évangiles au point d'en avoir mémorisé de nombreux passages. Dans la conversation, il cite la Bible, répète souvent des phrases de Benoît XVI et des saints. Cette personne se montre mal à l'aise, en souffrance. Mal à l'aise à cause des vérités qu'elle connaît, en souffrance car elle a choisi de tout dévoiler au public, en rencontrant un journaliste dans la clandestinité. Pourtant, elle a conscience que certaines histoires ont trop duré.

« À la mort de Karol Wojtyła, me confie-t-il, j'ai commencé à mettre de côté les copies de certains documents qui me passaient entre les mains dans le cadre de mon activité professionnelle. Les premières années, je l'ai fait de façon sporadique. Lorsque la vérité des journaux et des discours officiels ne correspondait pas à la vérité des documents, je mettais tout dans un dossier pour ensuite chercher à approfondir et à comprendre. Arrivé à un certain point, je me suis arrêté et, avant un de mes nombreux déménagements, j'ai décidé de pratiquement tout jeter. Toutefois, au cours des dernières années, la situation a empiré et l'hypocrisie qui règne au Vatican est sans pareille. Les scandales se multiplient. Je ne parle pas simplement de la pédophilie qui nous affecte tant qu'elle a poussé le souverain pontife à déclarer que "la plus grande persécution ne provient pas des ennemis extérieurs mais elle naît du péché de l'Église". Je pense à la nouvelle enquête sur le blanchiment par l'IOR, la banque vaticane, au scandale des Légionnaires du Christ que l'on a tu pendant des années, à l'affaire immobilière de la Congrégation Propaganda Fide, aux stratégies en tenaille de Communion et Libération, au suicide de Mario Cal qui dirigeait aux côtés de don Verzé l'hôpital San Raffaele de Milan. Sans oublier les guerres intestines, qui ont fait des victimes illustres, tel le journaliste Dino Boffo, directeur de *Avvenire*, le quotidien de la Conférence épiscopale italienne (CEI). Et il reste les cas irrésolus comme la tragédie au sein des gardes suisses, l'affaire Emanuela Orlandi, celle de la banque Ambrosiano, avec l'archevêque Paul Casimir Marcinkus, et les pots-de-vin à l'Enimont, argent blanchi par la banque des papes. Tant d'affaires resteront en suspens si nous ne faisons pas la lumière dessus. »

Il suffit de penser que Marcinkus est encore aujourd'hui considéré au Vatican comme un bon prélat, victime piégée lors de la faillite de la banque Ambrosiano de Roberto Calvi. Un prélat que certains trouvent même généreux. En été, il grimpait sur les échafaudages des immeubles en restauration pour amener de l'eau aux ouvriers. Benoît XVI lui-même raconte à certains cardinaux avoir reçu en cadeau justement de Marcinkus une armoire quand il était arrivé d'Allemagne pour vivre à la curie. Personne ne rappelle ni même ne prend en compte les faits judiciaires survenus ces dernières années autour de certains prélats et cardinaux. Examiner des faits comme ceux exposés durant l'été 2010 dans les motifs de l'arrêt de la cour d'appel de Rome au procès du meurtre du banquier Roberto Calvi serait trop dérangeant : « Cosa nostra sous ses différentes formes, lit-on, utilisait la banque

Ambrosiano et l'IOR comme intermédiaires lors de larges opérations de blanchiment. » À l'époque, l'homme à la tête de l'IOR était Marcinkus, celui-là même qui désaltérait les ouvriers sur les échafaudages. Ce n'est qu'au cours des derniers mois que le Saint-Siège, avec un retard coupable, a décidé de condamner le blanchiment. En effet, jusqu'en avril 2010, on fermait les yeux sur ce crime.

« Au fil des années, poursuit la source, nous nous sommes retrouvés avec des collègues, des amis qui vivent ou travaillent au Vatican. Nous nous sommes consultés et avons compris que nous avions les mêmes soupçons, émettions les mêmes critiques, et nous sentions frustrés parce que impuissants face à tant d'abus, d'intérêts personnels, de vérités passées sous silence. Notre groupe souhaite se documenter et agir : certains travaillent à l'APSA, l'agence qui gère les finances et le patrimoine du Vatican, d'autres, au gouvernorat, en charge des marchés et des fournitures, d'autres encore, à la secrétairerie d'État et ainsi de suite jusqu'à la gendarmerie vaticane. Personne ne connaît la composition complète du groupe. De mon côté, je me suis remis à photocopier des documents : l'IOR et son président Ettore Gotti Tedeschi, les histoires des Légionnaires, les manœuvres de Communion et Libération, le complot contre Carlo Maria Viganò, chassé parce qu'il s'en prenait à une clique… Je pense que si ces papiers viennent à être publiés, le mouvement de réformes lancé par Benoît XVI sera inévitablement accéléré. Le savoir entraîne le changement. Cela soulagera aussi les personnes qui subissent, dans la douleur et la solitude, ce qu'il se passe à la curie romaine, sans pouvoir intervenir comme elles le souhaiteraient. Le sentiment le plus répandu est l'impuissance. Nous ne pouvons rien faire car nous n'en avons pas le pouvoir. Nous ne pouvons rien faire car certaines réalités sont inhérentes au Vatican et tout le monde craint sans doute que changer signifierait reconnaître implicitement une erreur. » Plusieurs rendez-vous auront lieu en l'espace de quelques semaines.

Des conséquences explosives

Nous décidons ensemble de la marche à suivre afin d'éviter tout faux pas. À commencer par un nom de code. Lequel ? « Maria », me dit naturellement la source, qui sourit. Je souris à mon tour. « Marie, l'insoupçonnable messager », pensé-je. Avec Maria, toute communication par téléphone, courriel ou lettre est impossible. La livraison des documents rangés dans des plis se tiendra à des dates et en des lieux choisis par avance. Le détail des opérations, à la charge de Maria et de tous ses contacts, ne doit pas être révélé. Cela restera un secret entre nous.

La situation qui profile à l'horizon est sans précédent et s'annonce déjà explosive. Les effets ne se feront sentir que plusieurs mois plus tard, fin janvier 2012, quand je consacrerai une émission de mon programme d'enquête sur la chaîne La7, *Gli Intoccabili*, à l'affaire de Mgr Carlo Maria Viganò, le secrétaire général du gouvernorat chargé d'assainir le budget, de mettre de l'ordre dans les marchés et les comptes de fournitures, devenu – du moins selon ses dires – victime d'un complot, au point d'être envoyé comme nonce apostolique à Washington. L'histoire semble incroyable et fait le tour du monde. Quelques jours plus tard, une série d'articles contenant d'autres documents internes du Saint-Siège est publiée dans *Libero* et *il Fatto Quotidiano*. Jamais autant de documents n'étaient sortis du Vatican. On en trouvera beaucoup d'autres inédits dans ce livre.

Depuis le bureau de presse du Vatican, son directeur, le père Federico Lombardi, et à tour de rôle membres du Vatican, commentateurs, cardinaux, prélats et éditorialistes cherchent à comprendre et à déchiffrer toutes les affaires. On évoque des « corbeaux », des « taupes », les « crasses » et les tentatives de dissimulation de la vérité. Les analyses montrent des rencontres entre cardinaux, narrent des guerres de clans, des divisions entre les groupes fidèles à Bertone et d'autres proches du président de la Conférence épiscopale italienne, le cardinal Angelo Bagnasco. Des groupes en opposition, avec des visions divergentes de la doctrine et des relations avec la politique, à commencer par la politique italienne. Il y a notamment les fameux « siriani », partisans du cardinal génois Giuseppe Siri (mort en 1989). Ce groupe rassemble des personnalités diverses, comme ses concitoyens Mauro Piacenza, cardinal destiné au poste de secrétaire d'État, Mgr Ettore Balestrero, sous-secrétaire de la section pour les relations avec les États de la secrétairerie d'État, et Francesco Moraglia, patriarche de Venise. En Italie, les « siriani » voudraient, paraît-il, un centre-droit sans Berlusconi avec les vrais centristes du Parti démocrate. Un autre groupe se fie, lui, à Bagnasco et voudrait que les catholiques soient en première ligne de la politique, avec une présence transversale au sein des partis. Il y a également le bloc de Bertone, aligné pendant des années avec la communauté catholique pendant l'ère berlusconienne, à commencer par Gianni Letta. Puis il y a ceux qui préfèrent ranger les luttes clandestines au fond des tiroirs. Ceux, comme le père Lombardi, qui regrettent un Vatileaks entre les murs, sans se rendre compte qu'une telle attitude revient justement à reconnaître l'existence de rencontres et de clans présents et passés, à montrer à tous les bassesses et les limites humaines indéniables du Vatican.

Le plus grave, c'est que l'on ne ressent pas ou l'on refuse de voir la vérité pure et simple, une vérité dramatique. Nous sommes face à une onde sismique profonde, à une inaptitude des cadres dirigeants des palais sacrés, une animosité contagieuse qui se répand et entraîne une réaction collective face aux méfaits et aux jeux de pouvoir. De simples grains de sable mettraient pourtant à mal des rouages rendus invincibles par l'accumulation des intérêts.

Pour enquêter sur la sortie des documents, Benoît XVI met sur pied une commission d'investigation interne présidée par Julian Herranz, juriste aguerri et, surtout, figure de proue de l'Opus Dei, assistant de Josemaría Escrivá de Balaguer pendant vingt-deux ans. Le 25 avril 2012, la secrétairerie d'État diffuse une note pour informer laïcs et prêtres que la commission devra « faire la pleine lumière » sur la « récente divulgation à la télévision, dans les journaux et par d'autres moyens de communication de documents couverts par le secret professionnel ». Herranz sera épaulé par d'autres cardinaux à la retraite, qui ont travaillé pendant des années dans les palais sacrés : le préfet émérite de Propaganda Fide, Josef Tomko, et Salvatore De Giorgi, archevêque de Palerme. Le groupe met au point un plan d'attaque avec la « technique de l'artichaut » afin d'identifier, bureau par bureau, les possibles responsables de l'hémorragie, avec le pouvoir d'entendre des témoins et de potentiels suspects, en prenant exemple sur les activités de la gendarmerie et de la secrétairerie d'État. « Ils devraient enquêter avec autant de zèle sur d'autres cas comme l'affaire Orlandi », commente la source Maria.

---

1. « Benoît XVI a conservé la disposition des appartements dans lesquels a vécu son prédécesseur, Jean-Paul II. Ainsi, après les bureaux des secrétaires particuliers se trouve le bureau privé du pape, qui s'ouvre sur la deuxième fenêtre de la façade, dominant la place Saint-Pierre et par laquelle apparaît le souverain pontife chaque dimanche pour l'Angélus. La chambre à coucher se trouve à l'angle, à la dernière fenêtre de la façade est, où est installé un vélo d'appartement pour l'exercice physique. Sans oublier la salle de bains, le cabinet dentaire, la salle à manger, la cuisine, le bureau vers l'est,

tandis qu'au nord se trouvent la penderie et le garde-manger. La cuisine rénovée est extraordinaire, entre les brûleurs, les meubles, les fours, les appareils électriques amovibles et les lampes encastrées dans le faux plafond, le tout offert par une entreprise allemande. [...] À l'étage supérieur, sous les toits, on a installé les appartements des secrétaires. » Claudio Rendina, *L'Oro del Vaticano*, Newton Compton, Rome 2010.

2. Prêtre et théologien allemand de cinquante-cinq ans, Mgr Georg Gänswein est l'ombre de Benoît XVI depuis que ce dernier est monté sur le trône de Pierre. Ordonné prêtre à Fribourg en 1984, le père Georg a rempli les fonctions de chapelain dans son diocèse, avant de devenir vicaire de la cathédrale et secrétaire particulier de l'archevêque de Fribourg en 1994. Il est arrivé l'année suivante au Vatican, d'abord comme collaborateur de la Congrégation pour le culte divin et la discipline des sacrements, puis à la Congrégation pour la doctrine de la foi en 1996, alors dirigée par Joseph Ratzinger. C'est à ce moment-là que le père Georg devient un très proche collaborateur du futur pape Benoît XVI. Gänswein obtient également une chaire à l'Université pontificale de la Sainte-Croix à Rome, qui dépend de l'Opus Dei. En 2000, Jean-Paul II lui offre le titre de chapelain de Sa Sainteté et, en 2003 il devient assistant personnel de Ratzinger qui, une fois élu pape en 2005, le nomme prélat d'honneur de Sa Sainteté. Dans les premières années de pontificat du pape Benoît XVI, Mgr Gänswein est plutôt resté en retrait, par rapport à son prédécesseur très actif (don Stanislaw Dziwisz qui, dans les dernières années du mandat de Wojtyła, avait tenu un rôle de premier ordre dans les rapports entre Jean-Paul II et le monde extérieur). Cependant, ces derniers temps, Gänswein s'est mis un peu plus en avant, notamment dans les médias. Moqué et imité par les comiques et les personnalités de la télévision, le père Georg a progressivement gagné en visibilité. Se retrouvant protagoniste des chroniques mondaines, affiché dans les journaux sur des photos où on le voit jouer au tennis ou participer à des réceptions dans les salons romains, il est sujet à des rumeurs concordantes qui le présentent comme un séducteur et qui avancent l'hypothèse de son homosexualité supposée. Mais sa célébrité s'accroît également grâce à un rôle toujours plus marqué, que l'exposition médiatique a renforcé : il est l'épaule solide du souverain pontife, homme de l'ombre de Ratzinger. Gänswein a notamment été attaqué sur sa fiabilité, au point que l'on annonce son remplacement par Josef Clemens (ou du moins qu'il sera secondé par ce dernier), déjà

secrétaire de Ratzinger lorsqu'il était à la Congrégation pour la doctrine de la foi. Comme l'écrit le site Vaticaninsider.it : « Depuis le début, comme il l'a lui-même expliqué au cours d'un entretien il y a quelques années avec la Radio vaticane pour se faire connaître, un de ses principaux devoirs consiste à "protéger" le pape de l'immense quantité de documents, lettres, demandes qui lui parviennent. En ce sens, il doit faire un travail de filtrage, en cherchant à ne soumettre à Benoît XVI que les questions importantes ou qui nécessitent son approbation directe. C'est un travail de responsabilité qui illustre évidemment la confiance totale dont il jouit de la part du souverain pontife. » Il devient ainsi de plus en plus influent. Récemment, il a fait deux apparitions notables : l'une aux côtés du ministre de l'Économie, Giulio Tremonti, lors d'une rencontre organisée en juin 2011 à l'Université catholique de Rome, et avant à Pérouse, en février 2011, à l'occasion de son intervention publique sans doute la plus importante. Don Georg, qui recevait à cette occasion le diplôme *honoris causa* de l'Université pour étrangers de Pérouse, avait tenu un long discours sur les rapports entre l'État et le Saint-Siège en Italie, finissant par proposer un statut spécial pour Rome qui reconnaisse sa nature de capitale du catholicisme. Il avait ensuite été très dur sur l'Italie et son système politique : « Il faut certainement faire un peu de ménage en interne, dit le prélat en réponse aux questions des journalistes qui concluent la cérémonie ; les racines sont bien implantées, il y a un peu de poussière, qui assombrit le tout. » Par ailleurs, il a défendu le pape contre de multiples attaques. Interrogé en avril 2010 par l'hebdomadaire allemand *Bild* (à l'occasion du voyage du pape aux États-Unis, alors que le scandale sur la pédophilie au sein du clergé était encore bouillant), Gänswein s'était montré très clair : « Personne n'a jamais condamné aussi fermement les abus que le Saint-Père et l'Église catholique. » Selon Gänswein, le pape avait bien fait de répondre par le silence aux nombreuses accusions : « Les critiques constructives sont toujours justes. Mais je ne crois pas que ce fût le cas dans cette affaire. »

On se trompe si l'on estime que don Georg a un profil plus modeste que son prédécesseur, don Stanislaw Dziwisz. Le successeur est en train de monter en puissance grâce au caractère réservé et discret du Saint-Père. C'est aussi grâce à ses rapports, certes en dents de scie, avec le cardinal Bertone : le secrétaire d'État avait soutenu sa promotion juste après le conclave, aux dépens de son ancien collaborateur historique, Josef Clemens, protégé du pape à l'époque où il était encore cardinal. Le rôle de Gänswein s'est aussi fait sentir au moment de la formation du gouvernement Monti.

3. Les repas de famille apportent un peu de diversité, lorsque le frère du pape, Georg, la veille de fêtes religieuses, invite de temps à autre le banquier allemand Kühnel, qui offre quelques cadeaux au souverain pontife, comme en 2010 et 2011, des arbres de Noël et des bougies. Georg entretient également des rapports avec le père Josef Clemens, ancien secrétaire du pape, qui vit de l'autre côté de la place Saint-Pierre, dans le palais du Saint-Office, au même étage, et voisin d'autres cardinaux extrêmement fidèles au pape, comme le commissaire des Légionnaires du Christ, le cardinal Velasio De Paolis.

Les lettres secrètes de Boffo au pape

La méthode Boffo, une marque du Vatican

Chaque fois que nous nous voyons avec la source Maria, nous fixons un nouveau rendez-vous variable, mais qui peut être à la même heure pendant trois jeudis consécutifs. Je me rends sur le lieu choisi, attends vingt, trente minutes. S'il ne se présente pas, je considère que le rendez-vous est reporté au jeudi suivant. Cela s'est toujours bien passé car nous avons évité de laisser des traces téléphoniques et avons choisi des lieux insoupçonnables, des appartements ou des bureaux où nous serions seuls. Les documents étaient déposés dans des cachettes, dans les « trous » ou les « boîtes » des romans d'espionnage, vocabulaire digne des services secrets pendant la guerre froide.

Une fois, Maria se présente les mains vides. Une réaction, un rictus amer m'échappe. Il le remarque immédiatement et me regarde avec ironie. « Avec toute la peine que l'on se donne, les risques que l'on encourt, il sourit ? », pensé-je. Il enlève ensuite sa veste. « Aide-moi », me dit-il. Il se retourne et dans son dos sont attachées treize feuilles pliées en deux avec soin. Il me les confie. Je les ouvre pour les lire.

Ce sont trois lettres chocs de Dino Boffo, l'ancien directeur de *Avvenire*, mitraillé en 2009 par une campagne de presse dans *il Giornale* qui l'avait poussé à démissionner[1]. Après le scandale, Boffo écrit à Benoît XVI et au président de la CEI, le cardinal Bagnasco. Il s'agit de la correspondance inédite entre un des collaborateurs et amis les plus respectés de Bagnasco, Boffo, et le père Georg Gänswein, le secrétaire particulier de Benoît XVI. Des missives dans lesquelles Boffo raconte ce qui est arrivé, en explique les raisons, donne les noms et prénoms des exécutants, extrapole sur les mandataires et explique les motifs de sa mort professionnelle. Le filigrane, noir sur blanc, d'un complot qui pousse le journaliste catholique à accuser le secrétaire d'État lui-même, Tarcisio Bertone, plus proche et plus fidèle collaborateur du Saint-Père, d'être responsable d'une opération assassine qui a failli le pousser jusqu'au suicide, selon les témoignages de ses amis au cours de ces mois de recherche.

Il faut lire ces lettres avec attention. Si Boffo, même de façon modérée, s'en prend à Bertone de front en écrivant au père Georg, qui à son tour informe le pape en employant les mots les plus adéquats, cela signifie que l'ancien directeur de *Avvenire* est prêt à contrattaquer. Cela signifie que l'on joue dans la cour des grands et que la guerre tranquille entre les clans du Vatican ne connaît désormais plus de limites. Par ailleurs, le retour en grâce de Boffo à l'automne 2010, après un bref passage au purgatoire, comme directeur de la chaîne TV2000, propriété de la CEI, n'est pas la fin heureuse d'une sombre histoire mais plutôt un compromis de la part du Vatican sur une question qui, après avoir provoqué d'énormes dégâts, aurait pu échapper à tout contrôle. Les trêves et les armistices n'existent pas.

Ainsi, après un an de direction pendant lequel il aura fait profil bas, le *Corriere della Sera* publie le 25 octobre 2011 l'entretien politique qui signe la réhabilitation définitive de Boffo. Pas la moindre référence au complot, qui fait désormais officiellement partie d'un passé à oublier. Le directeur de la chaîne des évêques sonne la fin de la récréation du monde catholique, en soulignant le besoin que tous les croyants offrent leur contribution au futur politique du pays. Il lance un appel fort : « Par les temps qui courent, le silence est un péché. Il n'est plus tolérable de rejeter la faute sur les autres, le pays a besoin de nous, chacun est appelé à apporter sa contribution à hauteur de ses moyens. »

Quelques jours plus tard, le 12 novembre, un gouvernement à l'agonie depuis plusieurs semaines finit par tomber. Le Premier ministre, Silvio Berlusconi, en chute de popularité, surtout après la découverte de ses soirées à Arcore, et en rupture avec le monde catholique, donne sa démission. Le bloc du Vatican et du Conseil des ministres que garantissait Gianni Letta revient sur le tapis. Berlusconi cède la place à Mario Monti, le « technicien » qui formera un des gouvernements les plus en empathie avec le Vatican. Monti choisit au moins trois ministres et plusieurs sous-secrétaires en accord parfait avec le Saint-Siège.

Pour en revenir à l'entretien de Boffo dans le *Corriere della Sera*, il ne comporte pas la moindre référence à l'affaire qui l'avait obligé de démissionner lorsque, à la fin août 2009, *il Giornale* de Vittorio Feltri avait publié dans ses gros titres la nouvelle d'une condamnation en 2004 pour harcèlement (dont l'ordonnance pénale a été signée par le juge chargé des enquêtes préliminaires de Terni, jugement devenu entretemps définitif). L'article soulignait notamment que, joint à la condamnation, se trouvait une sorte de note judiciaire définissant Boffo comme « un homosexuel notoire déjà surveillé par la police en raison de ses fréquentations[2] ». La nouvelle avait éclaté vers la fin de l'été, devenant un véritable scandale. On découvre pourtant très vite que la vérité est tout autre. La prétendue source d'information n'était qu'une flagrante supercherie. Une note en réalité infamante ajoutée subtilement en annexe d'une nouvelle réelle (la condamnation) déjà abordée par plusieurs médias[3].

L'objectif du passeur de documents n'a rien de vraiment secret : porter une accusation contre Bagnasco et Camillo Ruini, n° 1 de la CEI. Ce sont eux, les vraies cibles, que l'on accuse moralement. Avec une attaque logique et simple : alors qu'ils connaissaient Boffo, ils n'ont pas évité à l'Église le scandale du soutien d'un homosexuel condamné pour harcèlement, scandale porté par des médias catholiques stratégiques. Il faudra des jours, des semaines pour que l'on rétablisse la vérité, en recadrant l'affaire.

Une partie de la presse attribue à Feltri la responsabilité de l'affaire. On dénonce haut et fort la « méthode Boffo » pour faire comprendre qu'une partie de la presse de droite ne fait pas un travail d'information mais vise une personne et la détruit parce que celle-ci s'oppose à sa figure politique de référence, Silvio Berlusconi. Le raisonnement est, en apparence, irréprochable. Le fait est que la nouvelle est à moitié fausse, et n'a rien d'une nouvelle. Un motif explique cet acte : Boffo et *Avvenire* ont critiqué durant les derniers mois la décadence morale de Berlusconi[4]. Pour certains, une conclusion s'impose : on frappe sur ses ennemis en publiant des nouvelles déjà connues, truffées de mensonges énormes, afin de les anéantir. En somme, on attribue une volonté d'intimidation à certains articles : qui ose critiquer le grand chef se verra diffamé, comme Boffo. Que tout le monde soit prévenu.

Ce jeu passionne-t-il davantage les médias, les principaux intéressés ou le grand public ? Difficile à dire. Au fond, reste tapie dans l'ombre la question la plus importante : la genèse de l'histoire. Même en considérant Feltri comme un des personnages principaux, il reste un nœud à défaire : qui travaille dans l'usine à venin ? Qui a fabriqué le faux qui a conduit Boffo à démissionner ? Qui l'a confié à *il Giornale*, et pourquoi ? Dans les journaux, les indiscrétions à demi-mot s'enchaînent, sans preuve officielle : un appel téléphonique de Bertone à Feltri, un article, toujours dans *il Giornale*, sans signature qui aurait été écrit par Giovanni Maria Vian, directeur de *L'Osservatore Romani*, un rôle hypothétique de la sécurité vaticane. Vian réagit avec dédain et balaie les indiscrétions, évoquant une « fiction vaticane ».

Les éléments sûrs sont rares. La feuille que l'on a fait passer pour un acte juridique porte un titre explicite (« Contrôle à titre informatif pour Son Excellence »). Quelques mois avant sa publication, elle avait été envoyée à un grand nombre d'évêques en Italie et avait circulé notamment entre les membres de l'institut Toniolo, le coffre-fort de l'Université catholique où Boffo est conseiller. Envoyée par qui ? Mystère. Le 2 septembre 2009, Feltri déclare avoir reçu des documents de la part des « services secrets du Vatican[5] », qui pourtant, comme le remarque le père Lombardi, n'existent pas officiellement. Ont-ils été renvoyés à la gendarmerie, dirigée par l'ancien agent du SISDE, les services secrets du Vatican, Domenico Giani ? Des mots, toujours des mots, aucune preuve. *Il Foglio* de Giuliano Ferrara va plus loin : « *Il Foglio* sait de source sûre que certains appels téléphoniques passés dans le but de valider le faux document ont été adressés à Feltri, par Vian. » Lorsqu'on l'interroge, ce dernier nie et dément.

Le coup de théâtre final se produit toutefois quelques mois après la démission de Boffo. Début décembre, Feltri dit avoir reçu le document en question d'une « personnalité de l'Église à laquelle on doit se fier institutionnellement ». De qui s'agit-il ? De quelqu'un d'insoupçonnable, d'autorité, puisque le directeur explique ne pas avoir « douté ne serait-ce qu'un instant de cette personne car il était impossible de douter d'elle ». Une prise de position qui entraîne Boffo à faire un geste inédit, direct, frontal. Jusqu'à présent, le journaliste catholique avait choisi de se mettre en retrait. Pas de commentaire, seulement une patience d'ange avec laquelle il a cherché à rassembler les morceaux pendant des semaines, pour découvrir qui était le responsable de tout. Une véritable enquête pour se défendre, en analysant la presse, en s'informant auprès de ses amis et connaissances issus du monde de l'information, de la politique et des médias. Pour Boffo, l'étape ultime de l'affaire, c'est-à-dire la publication de son dossier dans *il Giornale*, n'est pas la plus intéressante. Il veut avant tout savoir qui a mis au point cette histoire. Or les déclarations de Feltri sur le personnage insoupçonnable modifient ses plans. Car les révélations du directeur d'*il Giornale* coïncident étonnamment avec les découvertes de Boffo au cours de ses semaines d'investigation. Et elles sont choquantes.

Avant Noël, il échange avec différents cardinaux et décide de partager les résultats de son enquête privée avec celui qui, à cet instant précis, doit savoir. Les indices, les preuves, les accusations sont si graves qu'une seule personne doit en être informée. C'est sans doute la conclusion de Boffo qui ne s'adresse finalement pas à Bagnasco mais au père Georg Gänswein afin qu'il gère la situation. Boffo veut informer le père Georg de ses découvertes et souhaite garder une trace de tout. Ainsi, il décide de ne pas demander de rendez-vous à l'homme de confiance de Ratzinger mais préfère lui écrire une lettre, son « J'accuse ». *Verba volant, scripta manent.* L'ancien directeur de *Avvenire* nommera ceux qu'il considère responsables au sein du Vatican. Des personnes choisies directement par le pape comme collaborateurs et qui jouissent de sa confiance la plus totale.

Boffo au pape : « Sa Sainteté, voici les coupables »

Boffo prépare donc le terrain. Compte tenu de la situation délicate, et d'une relation avec Gänswein qui ne lui permet pas de s'adresser directement à lui au sujet de l'affaire, il se fie à un intermédiaire de haut rang qui aborde dans les jours suivants, avec le secrétaire de Benoît XVI, la volonté de l'ancien directeur de *Avvenire* de faire connaître les éléments sensibles qu'il a trouvés. Le père Georg se montre disponible. Boffo prépare avec soin sa missive.

Le 6 janvier 2010, peu avant l'heure du dîner, alors que le secrétaire du pape se trouve probablement seul dans le bureau de sa maison de campagne à Onè di Fonte, près de Trévise, l'ancien directeur de *Avvenire* glisse cinq feuilles dans son fax. La missive est adressée directement au père Georg. Sur la première page, le mot « confidentiel » annonce la teneur du propos. Un « J'accuse » à combustion rapide qui mérite d'être lu intégralement et peut se diviser en trois parties. Dans la première, Boffo nomme ceux qui pourraient être les responsables. La deuxième aborde les motivations de cette campagne lancée contre lui tandis que la troisième concerne la recherche d'une issue, car l'ancien directeur s'est retrouvé sans travail :

Révérendissime Monseigneur,
Vous savez probablement ce que j'ai vécu depuis la fin du mois d'août, c'est-à-dire depuis ma démission de la direction de *Avvenire* et des autres médias de la CEI, qui m'a été imposée à cause d'une campagne calomnieuse, et la rétractation de son principal responsable, M. Vittorio Feltri, directeur d'*il Giornale*. Ce revirement est advenu trois mois exactement après ma démission, le 4 décembre 2009. Je dois justement partir de là pour présenter les circonstances à l'origine de la présente lettre. En effet, cette rétractation, bien qu'elle n'ait pas atteint le même niveau de médiatisation que ma démission, m'a permis d'entrer avec un certain aplomb dans un monde qui m'était jusqu'alors inconnu.
Au cours des contacts informels qui ont précédé la décision de M. Feltri de revenir sur cet article et qui ont trouvé

leur point culminant avec la visite de mon avocat au directeur d'*il Giornale* pour lui mettre sous les yeux tous les documents relatifs à l'affaire à laquelle il est mêlé, et plus particulièrement au cours des rencontres qui sont depuis suivies par différents représentants de ce quotidien, j'ai appris un élément caché fondamental : la personne qui a transmis à Feltri le faux document me concernant n'était autre que le directeur de *L'Osservatore Romano*, M. Fian Marian Vian. Ce dernier ne s'est pas contenté de faire passer physiquement le texte de la lettre anonyme qui, au début du mois de mai dernier, avait circulé dans l'Université catholique et la curie romaine dans le but d'entraver mon renouvellement dans l'organe de contrôle de ladite université, le comité Toniolo. Il a aussi affirmé que le fait juridique à l'origine de cette lettre concernait une affaire avérée d'homosexualité, à laquelle il m'aurait vu participer, étant moi-même – selon cet odieux racontar – un homosexuel connu dans différents milieux, à commencer par le milieu ecclésiastique, au sein duquel j'aurais profité de couvertures coupables afin de pouvoir mener sans difficulté le rôle délicat de directeur responsable de gros titres sur la Conférence épiscopale italienne.

Boffo va jusqu'à accuser le directeur de *L'Osservatore Romano*. Vian aurait fait passer « physiquement » la lettre anonyme qui a déclenché la campagne d'*il Giornale*, s'assurant ainsi que le feuilleton judiciaire se fonde sur l'homosexualité avérée du directeur de *Avvenire*. De son côté, Vian se tait, ne prend jamais position, mais sait que la secrétairerie d'État ne croit pas à ces accusations. Et surtout, il sait qu'il sera toujours défendu par le Palais apostolique.

En pointant du doigt le directeur du journal du Saint-Siège, un professionnel choisi par le souverain pontife en octobre 2007, Boffo porte officiellement une accusation grave devant le Saint-Père. Benoît XVI avait souhaité lui-même M. Vian au poste de directeur de *L'Osservatore*

Romano, à qui il avait envoyé une aimable lettre de nomination dans laquelle il affirmait, avec « une grande estime et une affection sincère », que « la formation culturelle pointue d'historien du christianisme, [...] l'appartenance à une illustre famille de grande tradition chrétienne au fidèle service du Saint-Siège constituent une garantie sûre en vue de la délicate mission qui vous est confiée ». Boffo doit ressentir la gravité et l'ampleur de l'accusation qu'il porte en s'en prenant à un des plus proches collaborateurs du pape. Mais sa certitude et sa détermination sont bien fondées et réfléchies.

Naturellement, Monseigneur, j'ai parfaitement conscience de l'ampleur de cette révélation ; ayant moi-même subi les conséquences de la calomnie, je ne pourrais me laisser aller à une telle bassesse. Je me décide à parler, et à parler aujourd'hui dans un milieu haut placé et discret, parce que je ne peux plus taire ce que j'ai fini par apprendre et qui touche de si près la mission du Saint-Siège. Il est inutile que je détaille les précautions dont j'ai dû faire preuve pour ne pas me faire piéger et la difficulté que j'ai éprouvée pendant des semaines à croire ce qui apparaissait sous mes yeux. D'autre part, Monseigneur – comment ne pas en parler ? –, cette initiative inattendue paraîtra sans doute raisonnable face à une série de circonstances restées, somme toute, en suspens. Je songe aux dix jours au cours desquels on a matériellement orchestré la campagne diffamatoire d'*il Giornale*, qui ignorait toute objection qui lui a été adressée dans *Avvenire* ou dans d'autres journaux, et ignorait encore les pressions exercées de façon informelle et confidentielle par des sujets influents, tout à fait crédibles. Mais la véracité de l'histoire publiée par ce journal ayant été garantie, aux dires de Feltri, « par un informateur fiable, et même irréprochable », pourquoi faire machine arrière ? Est-il possible que l'immoralité supposée du directeur de *Avvenire* n'ait pas été connue de ses supérieurs ? Ou alors, autre scénario encore plus inquiétant, que ses supérieurs au courant l'aient couvert par complaisance ? Quoi qu'il en soit, Feltri, dans son propre délire, avait à cœur de laisser des traces, par exemple (et ce depuis le premier jour) lorsqu'il avait parlé de « règlement de comptes au sein de l'Église », ou lorsqu'il en était arrivé à insinuer que « le document provenait de la gendarmerie vaticane ».

La reconstitution dramatique va plus loin, jusqu'à identifier un commanditaire, au moins moral, des évènements. Le nom qui apparaît, de manière plus effacée, moins directe et néanmoins violente, est celui du cardinal Bertone. Certes, pour Boffo, Bertone n'était pas « informé de tous les détails de l'action conduite par Vian » mais aurait eu intérêt à l'anéantissement du directeur de *Avvenire* pour compromettre la « continuité » entre les cardinaux Ruini et Bagnasco. En d'autres termes, Vian – toujours selon l'accusation de Boffo – aurait eu « l'intention d'appliquer la *mens* de son supérieur », c'est-à-dire Bertone, comme il l'aurait déjà fait par le passé.

En vérité, pour certifier l'implication de Bertone, au moins sur le papier, il n'existe pas de preuves irréfutables mais des déductions, des indices valables, comme la déclaration que la presse avait attribuée fin août à Paolo Bonaiuti, alors porte-parole du Premier ministre Berlusconi :

> Et comment ne pas noter, au moins entre nous, Monseigneur, que l'entretien paru dans le *Corriere della Sera* le 31 août, accordé par M. Vian non pas à titre personnel mais dans son rôle de directeur de *L'Osservatore Romano*, dans lequel il me critiquait largement, n'est pas considéré aujourd'hui comme une initiative inconsciente et vaniteuse ? De plus, il convient de se demander pourquoi personne n'a été à même de considérer cet entretien à sa juste mesure, ou du moins de prendre ses distances avec les évènements, malgré une requête explicite en ce sens de la part du président de la CEI. Je ne crois

pas, pour être tout à fait franc, que le cardinal Bertone ait été informé de tous les détails de l'action conduite par Vian, mais ce dernier devait sans doute avoir l'intention, comme c'était déjà le cas dans des affaires précédentes, d'appliquer la *mens* de son supérieur : sans Boffo, plus personne n'aurait été en mesure de garantir la continuité entre la présidence du cardinal Ruini et celle du cardinal Bagnasco. Nombreux sont ceux qui pourraient imaginer, à tort, un lien entre l'initiative de Vian et le cardinal Bertone, compte tenu des déclarations *off the record* du porte-parole de l'honorable Berlusconi, Paolo Bonaiuti, à un journaliste accrédité au Palais Chigi : « Nous avons accordé une faveur à Bertone[6]. » Cela explique probablement le malaise que le Premier ministre avait laissé transparaître au début de l'affaire, avant de prendre publiquement ses distances avec une campagne scandaleuse, afin de travailler aux côtés de Feltri – c'est un fait – à la gestion et à la réparation de la blessure infligée à Boffo.

Voyez-vous, Monseigneur, les journalistes sont des personnes étranges, qui parfois publient des nouvelles sans preuves nécessaires à l'appui, d'autres fois rassemblent des bribes d'information qu'ils laissent mûrir au fond de leurs tanières, en attendant des développements ultérieurs. Eh bien, ayant été interrogé à ce sujet par des collègues, je sais que certains d'entre eux détiennent des affirmations étonnantes que Vian a faites dans les jours qui ont suivi la polémique, au sujet, par exemple, du « courage démontré par Feltri » à travers son accusation. Je connais également la phrase qui a échappé à Feltri dans les locaux de la rédaction au même moment : « Ah, Vian, ces jours-ci il vaut mieux ne pas l'appeler directement… » Ainsi, dans l'entourage proche d'*il Giornale*, on ironise aujourd'hui sur le fait que le directeur de *L'Osservatore Romano* s'est livré tout entier à un homme sans scrupules comme Feltri… Comme d'autres, je suis au courant de l'indiscrétion publiée en octobre par Sandro Magister sur son blog, où l'on attribue explicitement à Vian la paternité d'un certain article défendant la campagne diffamatoire, publié dans *il Giornale* lui-même, avec pour auteur (inventé) Diana Alfieri. J'affirme que la réponse de Vian à cette indiscrétion est de nature à générer, pour les parties concernées, plus de doutes qu'elle n'aurait dû en calmer. Jusqu'à présent, je croyais que tout cela n'était que des suppositions et des soupçons. Aujourd'hui, je me retrouve obligé de rejoindre objectivement ceux qui désignent avec certitude Vian comme l'instigateur de l'affaire.

Est-il possible que Vian se soit décidé à abandonner les études qui le passionnent pour se transformer en distributeur de venin ? Boffo s'attaque d'abord au personnage : « Il aime trop prendre des risques » dans ses rapports avec les journalistes. Puis il s'attaque au fond, en traitant un sujet qui, rencontres et dossiers à l'appui, relève d'un intérêt vital et universel : le rôle de l'Église en politique. Selon Boffo, Vian ne souhaiterait nullement voir l'Église romaine influencer l'avenir et les choix de la classe politique, alors que l'ancien directeur de *Avvenire* revendique le besoin d'« obliger la politique à tenir compte des positions de l'Église ».

« L'affaire Boffo » cacherait donc une convergence de positions et d'intérêts. Il s'agirait non seulement d'une volonté de déstabilisation de la continuité fondamentale entre Ruini et Bagnasco, mais aussi d'un choc des visions des relations entre le gouvernement italien et la CEI :

S'il n'y a aucune raison de douter des explications répétées de Feltri pour « justifier » sa campagne, couvrant de honte celui qui avait osé dénoncer certains choix de vie de Berlusconi, je n'ai aucun document concernant les motivations qui ont poussé M. Vian à agir de la manière décrite précédemment. Hormis l'habitude du personnage de prendre des risques dans ses rapports avec les journalistes, je pourrais souligner les réserves exprimées par Vian lui-même quant à ma vision du rôle du média de la CEI, autrement dit assurer à l'Église italienne une voix publique menée de telle sorte que le monde politique soit obligé de tenir compte de ses positions. L'affaire de la pauvre Eluana en est l'emblème, en raison des critiques contre *Avvenire* qui émettaient le besoin de passer outre la direction de l'époque dans l'espoir d'atténuer le poids de l'Église sur la politique, en la rendant plus souple et ouverte à de nouvelles configurations. C'est justement là que l'on perçoit la naïveté qui caractérise l'opération du directeur de *L'Osservatore*. Mais cet aspect ne me concerne pas.

Le cadre dépeint par Boffo est inquiétant, au point de pousser l'ancien directeur à conclure par quelques phrases sibyllines. Le journaliste laisse des questions en suspens. Après avoir nommé les personnages principaux et secondaires de l'intrigue, Boffo promet le silence absolu sur l'affaire. Il avertit cependant le secrétaire du pape d'un risque imminent : d'autres personnes pourraient découvrir la vérité car, « malgré d'éventuelles promesses », « les coulisses de l'affaire peuvent apparaître à tout instant dans les médias » :

Une question s'impose, que faire à présent ? Monseigneur, je vous assure que je ne ferai pas un geste pour la diffusion de la reconstitution des faits : les intérêts supérieurs de l'Église restent pour moi la boussole qui guide mes actes. J'ai perdu, il est vrai, mon travail, auquel je croyais profondément, mais je ne couve pas de désirs de vengeance. Toutefois, il est clair que les évènements ne sont plus un secret à *il Giornale* et donc que les coulisses de l'affaire peuvent apparaître à tout instant dans les médias, malgré d'éventuelles promesses. Avec leurs propres moyens, certains sont déjà à l'œuvre pour faire resurgir la vérité. Pour cela, Monseigneur, il me semble juste de vous informer de ce que j'ai appris, et ainsi de vous alerter sur le scénario qui pourrait se présenter sous peu. Je reste évidemment à votre entière disposition suite à cette intervention. Je souhaite, Monseigneur, m'excuser à présent du dérangement et suis votre dévoué, Dino Boffo.

Boffo, l'infamie de l'homosexualité

Le père Georg reçoit la lettre et l'on peut supposer qu'il en ait parlé avec le pape, puisque Boffo met en cause deux très proches collaborateurs du souverain pontife. Aucune certitude cependant. Après quelques jours, le 11 janvier 2010, le secrétaire de Benoît XVI décide de répondre. Pas avec une lettre, ce qui aurait pour effet d'officialiser un dialogue épistolaire, mais de vive voix. Gänswein téléphone directement à Boffo, exprimant ainsi sa « charité sacerdotale » mais tout en exigeant d'en savoir plus. Le ton, quoique diplomatique, a également dû être sec, propre à cet Allemand aux manières directes. Avec Boffo, le secrétaire particulier fait référence, en effet, aux rumeurs concernant son homosexualité, comme le montre la missive suivante, que l'ancien directeur de *Avvenire* lui enverra le lendemain. Le 12 janvier, une nouvelle lettre part au secrétaire de Ratzinger. En introduction : « Je sonne à votre porte pour la seconde fois et je m'en excuse. Je ne compte pas vous déranger davantage. Avec mon plus grand respect, votre dévoué Dino Boffo » :

> Monseigneur Révérendissime,
> En premier lieu, je souhaite vous remercier sincèrement pour la charité sacerdotale et la franchise dont vous avez fait preuve au cours de notre conversation téléphonique hier, 11 janvier 2010. Dieu sait à quel point je suis désolé de vous avoir dérangé ainsi. [...] Nous parlions d'un mensonge qui, si j'ai bien compris, aurait déjà circulé dans les bureaux, et je vous ai détaillé avec assurance l'unique trace qui pouvait me permettre de suggérer des recoupements, celle qui ramenait vers Mgr Angelo Pirovano [chef de bureau à la secrétairerie d'État, *NDA*]. Seulement, à la fin de notre conversation, je me suis souvenu, et je suis désolé de ne pas y avoir songé immédiatement, avoir entendu dire en 2000 ou 2001 qu'un certain Mgr Pio Pinto avait dit du mal de moi. Ce dernier travaillait

alors, si je ne me trompe pas, à la rote romaine, et je m'étais retrouvé confronté à lui l'année où j'avais occupé un appartement gentiment offert sous les toits du bâtiment de Propaganda Fide, place d'Espagne. Cet homme singulier et un peu illuminé disposait d'un logement dans le même bâtiment et, de temps en temps, nous discutions rapidement lorsque nous nous croisions, jusqu'à nous promettre d'organiser un dîner ensemble un soir ou l'autre, même si ce projet ne m'intéressait guère, les discussions de la curie n'étant pas mon fort. Je parle d'un homme singulier, car plus d'une fois j'ai paniqué en rentrant tard le soir devant le portail qu'il avait laissé entrouvert. Eh bien, je me rappelle, alors que je n'habitais déjà plus là, avoir appris un jour que ce prêtre exprimait ouvertement des soupçons à mon sujet. Sincèrement, cela ne me dérangeait pas plus que ça et je me souviens avoir dit à mon interlocuteur amusé que Pinto avait probablement confondu la visite nocturne de certains de mes collègues de SAT2000 (la télévision en était alors à ses débuts et, pour moi, il était important de profiter des occasions pour connaître ces jeunes gens) avec Dieu sait quoi. Mais pour ma part, l'histoire s'est arrêtée là et je dois dire que je l'avais pratiquement oubliée. Voilà tout, Monseigneur. Il me semblait important de compléter l'information sur les seules pistes liées à ce mensonge incroyablement élaboré.

Vient ensuite la riposte contre Vian, et le démenti d'homosexualité :

Permettez-moi toutefois de souligner que les actes dont s'est rendu responsable Vian sont d'un tout autre niveau. Celui-ci tombe sur un papier anonyme, grossièrement contrefait (quel document de la République italienne fait mention de l'accusation contre un quinquagénaire en citant les noms et prénoms de ses parents décrépits ?), plus que calomnieux (aucun document de Terni ne fait référence à des faits d'homosexualité, comme Feltri l'aura remarqué), et que fait-il ? Il le prend, le fait passer, lui, directeur de *L'Osservatore Romano*, à un collègue connu pour son manque de scrupules, en en certifiant l'authenticité, avec la perspective d'une campagne publique (et instrumentale) contre le directeur du quotidien catholique. Quelles sont la vision morale et la réaction de l'Église face à une telle opération ?

Monseigneur, je ne peux vous cacher qu'un élément de votre si aimable appel téléphonique hier m'a d'abord stupéfait. Mais je vous assure devant Dieu que je suis serein et que je ne doute pas que la vérité s'imposera, même dans ce contexte. Je vous le répète, si j'avais été homosexuel, et qui plus est un homosexuel impénitent, mes collègues des trois rédactions où j'ai passé des heures, des jours, des années à affronter tous les sujets et à mettre sur le papier les positions de l'Église quant à tous les sujets d'actualité ne se seraient-ils jamais aperçus de quelque chose ? Aurais-je vraiment pu garder jusqu'à aujourd'hui leur estime de croyants et de pères de famille ? Par ailleurs, Monseigneur, n'étant plus un jeune homme, j'ai connu comme tout le monde différents milieux au cours de ma vie. De trente à quarante ans, j'ai animé l'hebdomadaire du diocèse de Trévise et présidé une Action catholique très dynamique qui organisait, en outre, une cinquantaine de séjours scolaires chaque été (vous connaissez Lorenzago, qui était un des lieux phares de nos camps) : aurait-il été possible que personne ne voie rien à redire ? Avant cela, de vingt-deux à trente ans, j'avais été le très jeune « dirigeant » du Centre national de l'Action catholique (à l'époque via della Conciliazione, 1, avec M. Agnes comme président). Avec moi ont grandi des dizaines et des dizaines d'autres jeunes, sur lesquels Jean-Paul II s'était appuyé pour lancer les JMJ [Journées mondiales de la jeunesse, *NDA*] : là encore, aurait-il été possible que personne ne trouve à redire ? Enfin, j'ai habité au cours des neuf dernières années à Rome dans un petit appartement, fruit de la découpe d'un grand appartement, et la propriétaire, mère zélée de deux enfants, a failli pleurer lorsque je l'ai saluée le mois dernier à la fin de la location. Est-il possible qu'avec une entrée de l'appartement visible depuis sa cuisine elle n'ait jamais rien vu ? Pardonnez-moi cette tirade mais j'adresse cet élan au prêtre expérimenté et sage que vous êtes, en misant sur sa bienveillance. Dans tous les cas, je vous prie d'être indulgent. Sachez que je suis votre sincère dévoué, Dino Boffo.

Le pape veut savoir

La curie connaît des moments très tendus. S'informant auprès de différentes sources, Benoît XVI découvrira seulement quelques jours plus tard que tous les articles sur l'affaire Boffo ne lui parviennent pas en intégralité dans sa revue de presse personnelle, tenue par la secrétairerie d'État[7]. Le pape décide d'ouvrir une enquête interne sur cette histoire, qu'il confie à son très fidèle secrétaire Gänswein.

Entretemps, Boffo continue ses recherches. Le 1er février à Milan, dans une petite salle intérieure du restaurant toscan Da Berti, il s'explique avec le directeur d'*il Giornale*. À la fin, Boffo dévoile une confidence assassine de Feltri (« Il m'a demandé pourquoi Bertone et Vian m'en voulaient tant »), confirmant indirectement les thèses soutenues dans les missives envoyées au secrétaire de Benoît XVI. Feltri poursuit : « Au cours de la conversation, Boffo ne m'a pas demandé quelle était ma source puisque de toute évidence il le savait déjà et la connaissait mieux que moi. » Dans les journaux, des allusions toujours plus directes apparaissent au sujet de Bertone et Vian et de leur possible implication.

Il Foglio de Giuliano Ferrara est le premier à indiquer une source un tant soit peu institutionnelle. Boffo se tait. Pas d'interview, aucune déclaration. Mais les allusions s'enchaînent, au point que la secrétairerie d'État publie un communiqué officiel. Par demande expresse du Saint-Père, il finit en première page de *L'Osservatore Romano* et attaque « la campagne diffamatoire contre le Saint-Siège, qui implique le souverain pontife lui-même ». Sont pris pour cibles tous les journaux qui tenteraient « d'attribuer au directeur de *L'Osservatore Romano*, de façon gratuite et calomnieuse, une action injustifiée, déraisonnable et malveillante[8]. » Massimo Franco, vaticaniste du *Corriere della Sera*, donne un panorama de la situation : « Le quotidien du frère du Premier ministre n'a été que l'instrument d'un match au sein des palais sacrés ; joué en secret pendant des mois, c'est le fruit non d'une alliance entre Berlusconi et de hauts représentants de la hiérarchie catholique, mais d'un subtil jeu de pouvoirs au sein de l'Église, peut-être déterminant pour les équilibres du prochain conclave. En somme, il est difficile de savoir qui a favorisé qui, parmi les cercles politiques et ecclésiastiques. Il apparaît toutefois clairement que l'affaire n'est ni close ni enterrée[9]. »

La vérité se situe sur plusieurs niveaux, et la situation reste au mieux brouillée jusqu'à une nouvelle indiscrétion intéressante sur l'auteur du dossier : « Selon toute vraisemblance, la note aurait été rédigée par la gendarmerie à la demande du substitut à la secrétairerie de l'époque, Leonardo Sandri », le cardinal argentin préféré de la Congrégation pour les Églises orientales[10]. Si tel est le cas, pour le compte de qui Sandri aurait-il agi ? Ces questions sont importantes. Et n'ont toujours pas trouvé de réponses.

Certes, l'habilité linguistique de Boffo est efficace. Il reconstitue la vérité, convaincu de pouvoir la démontrer, en cherchant à éliminer tout caractère personnel de son récit de manière à faire ressortir les faits avec objectivité. Cette stratégie paie face à l'Église : si l'on s'implique soi-même dans le récit de sa mésaventure, en suggérant à un témoin, un ecclésiastique qui cherche à comprendre, que l'on est probablement responsable de quelque chose, on perd instantanément toute force. À l'allure lente mais inexorable de l'Église, les accusations de Boffo ne finissent pas dans le vide. Gänswein en parle au Saint-Père, et même Bagnasco suit l'affaire. Dans le Palais apostolique, une scène se répète inlassablement : le Saint-Père se voit contraint de résoudre complots et conflits afin de sauver l'unité de l'Église, contenir une dérive, intervenir rapidement pour limiter les dégâts.

Les mois défilent et rien ne semble se débloquer, du moins en surface. Jusqu'au premier anniversaire de la démission de Boffo de *Avvenire*. Le 2 septembre 2010, Marco Travaglio lui adresse une lettre ouverte dans *il Fatto Quotidiano*[11]. « Vous avez fait le choix admirable du silence », commente Travaglio. Pourquoi ? D'autant que « nous avons appris par Feltri que vous n'avez jamais dénoncé *il Giornale*. [...] Le temps est peut-être venu de sortir de votre réserve et de faire la pleine lumière sur votre affaire. [...] Y aurait-il quelque chose que nous ignorons ? » Travaglio ne connaît pas l'existence des missives au secrétaire du pape. Ni la toile d'araignée que Bagnasco, en contact avec Gänswein, cherche à construire pour « récupérer » le directeur de *Avvenire*, en commençant par un contrat de journaliste en collaboration fixe avec les médias de CEI qui a déjà été signé sans promotion publique. Boffo se sent à nouveau attaqué. Il décide de sortir de sa réserve. Pas publiquement, certes. À son habitude, il prend une feuille, un stylo, et écrit à Bagnasco.

Boffo à Bagnasco : « Mon tourment est trop grand »

Un an a passé et l'« affaire Boffo » n'est pas encore classée. Feltri en parle même à la télévision. Chaque querelle politique offre une nouvelle victime de la « méthode Boffo », au moins selon les dires de la gauche. Et lui ? L'ancien directeur de *Avvenire* n'a pas de travail et cultive une si profonde amertume qu'il envoie tout valdinguer dans sa petite maison d'Onè. Tout, hormis sa lucidité face à ses choix, la nécessité de confier à Bagnasco les sollicitations continues pour des interviews, notamment par d'importants journalistes comme Ezio Mauro, directeur du quotidien *La Repubblica*. Tous l'invitent à dire enfin la vérité, à rappeler les faits, jusqu'à l'histoire, incroyable si elle venait à être confirmée, du « retournement de Bertone et Vian ».

La lettre à Bagnasco est un document cru qui donne l'état exact de la situation, définit les dangers, au point que Boffo dit s'adresser « à genoux » au cardinal :

Éminence,

Je souhaiterais tant me présenter à vous et vous montrer l'ampleur de mon désespoir. Désespoir avant tout de me trouver dans le besoin de vous importuner, tout en connaissant les soucis que vous rencontrez au quotidien. Dieu sait à quel point j'aimerais pouvoir résoudre moi-même mes problèmes. Et je suis également désespéré face au regain d'intérêt pour l'affaire qui me concerne, qui nous concerne. Je joins ici l'article de Marco Travaglio paru en première page d'*il Fatto* aujourd'hui. C'est la touche finale qui manquait au subtil jeu de persécution de ces derniers jours.

J'ignore si vous connaissez bien le journaliste Travaglio. Pour mieux le comprendre : c'est le plus pointu, le plus implacable et le plus documenté des adversaires de Berlusconi. Plus encore que Santoro. C'est le journaliste « ennemi » par excellence. Il aura certainement suivi l'émission télévisée de l'autre jour, dans laquelle Feltri faisait ses numéros de cirque. Il a entendu que s'il faisait machine arrière, Feltri serait plus indulgent ; il a entendu les insinuations au sujet des évêques ; il a entendu Feltri rappeler que je n'aurais lancé aucune procédure, pénale ou civile, et la moutarde lui est montée au nez. Comment est-il possible que Boffo continue de se taire ? Que cache-t-il et de quoi a-t-il peur ? Pourquoi ses anciens patrons (c'est son point de vue) l'ont-ils renvoyé ? Aurait-il négocié avec son bourreau, empoché une somme pour se taire, et à présent garderait le silence ? Pour des personnes comme Travaglio, on ne peut expliquer qu'après ce que l'on m'a fait je n'aie pas pris les armes et ne sois pas monté sur les barricades avec eux. En résumé, il voudrait me faire sortir de ma tanière pour que je soutienne son combat.

Que dois-je faire ? Dois-je accorder une interview pour exprimer mon point de vue et donner les détails de ma situation ? Hier encore, Ezio Mauro de *La Repubblica* s'est offert de venir chez moi pour que je lui donne l'interview à lui, le directeur. Mais *il Fatto* m'a fait la même proposition, *il Foglio*, *La Stampa*, *il Resto del Carlino*. Je n'aurais aucune difficulté à parler mais je ne suis pas encore convaincu que ce soit la meilleure chose à faire car, de fait, j'alimenterais les polémiques et finirais inévitablement par causer du tort à quelqu'un. D'autant qu'en parlant, il me serait impossible de faire l'impasse sur la partie qui incombe à Bertone et à Vian [...[12]]. Éminence, je vous le demande à genoux, si cela vous permet de saisir l'état d'esprit avec lequel je m'adresse à vous : ne pensez-vous pas que l'Église doive donner ou faire un signe quelconque qui, de son point de vue, me réhabilite aux yeux du monde ? En espérant ainsi faire tomber la fièvre... En effet, je ne vous cache pas l'idée que se sont faites certaines personnes de confiance ; les déclarations folles de Feltri ou de son voisin Travaglio, que tous savent minimiser, n'affectent pas mes collègues journalistes aujourd'hui. C'est bien au contraire le silence de l'Église qu'ils interprètent comme un fait suspect. Ils oublient même que vous vous êtes exprimé. Que vous avez fait rédiger une déclaration même après le 4 décembre, après le démenti de Feltri. Hélas, il y a eu ensuite la révélation au sujet de l'implication d'acteurs supérieurs, ravivant ainsi les soupçons. Certes, si je pouvais dire que la CEI m'aidait malgré tout, les choses seraient différentes et cela montrerait, à qui veut l'entendre, que je ne suis pas abandonné, que la CEI se montre solidaire à sa façon, que je suis simplement chez moi à attendre que le processus se termine, mais que je ne me sens pas rejeté par mon ancien éditeur… Je vous demande en y allant à tâtons : rendons-nous publique cette histoire (de l'article 2, par volonté de la CEI[13]) pour qu'elle circule et rafraîchisse un peu l'ambiance ? Y verriez-vous quelque objection ? Peut-être que oui… Ou pensez-vous, Éminence, et là je le dis vraiment du bout des lèvres, que l'on puisse donner un signal d'une autre manière ? Par ailleurs, si je déclare aujourd'hui que j'accepte l'offre d'emploi de *La Stampa*, quelqu'un suggérera-t-il dans ce climat que je change d'environnement pour telle ou telle raison ? Je ne cherche pas à vous angoisser, je ne cherche rien, Éminence. Je voudrais seulement disparaître mais cela m'est impossible, et je me retrouve donc à vous parler encore une fois en mettant la main sur le cœur, en analysant pas à pas avec vous cette affaire interminable (mais peut-être, et c'est la dernière explication que j'arrive à trouver, le tourment que je subis est trop grand pour être digéré et s'effacer dans l'Histoire, pourtant si gourmande…). Je ne trouve pas les mots pour m'excuser auprès de vous, qui êtes une personne et un évêque que j'apprécie particulièrement. Vous n'imaginez pas à quel point je suis désolé de vous déranger de cette façon.

Il est difficile de savoir si l'intervention sur Bagnasco a un quelconque effet. Certains faits persistent toujours. Le numéro 1 de la Conférence épiscopale italienne, tout de suite après la réception du fax, charge son secrétaire, don Marco Galli, de faire parvenir immédiatement la lettre à Benoît XVI en passant par son assistant personnel, Gänswein. L'affaire touche directement le sommet de l'Église : le pape, deux proches collaborateurs (Bertone et Vian) et le président de la CEI. Autre chose de sûr : après un seul mois, le 18 octobre 2010, Boffo est réintégré au sommet de TV2000, la télévision des évêques, comme directeur de chaîne. Il retourne donc exactement au même poste qu'il occupait avant les accusations de Feltri. Il n'est pas certain, en revanche, qu'il y ait eu, comme l'avancent plusieurs sources, une rencontre directe entre Ratzinger et l'ancien directeur de *Avvenire* ou que le souverain pontife ait remercié à cette occasion Boffo pour son silence.

Les évènements méritent qu'on s'y attarde. En effet, le souverain pontife avait commandé des vérifications discrètes au sujet des accusations que l'ancien directeur de *Avvenire* avait portées sur ses plus proches collaborateurs, sur Giovanni Maria Vian et le secrétaire d'État Tarcisio Bertone. On ne connaît pas les résultats de cette enquête interne, confiée selon toute vraisemblance au secrétaire Gänswein. Mais on en connaît les surprenantes conséquences : Boffo a été mis en pièces par une campagne médiatique fondée en grande partie sur des données fausses, il a rassemblé des éléments d'une gravité absolue sur les plus proches collaborateurs du pape et a décidé d'en rendre compte au secrétaire particulier du souverain pontife.

Que se passe-t-il donc ? Dans un pays normal, de deux choses l'une : si Boffo a dit la vérité, des procédures doivent être lancées à l'encontre du cardinal Bertone et de Vian. Si Boffo (qui confirme dans ses messages à huit mois d'intervalle les accusations contre ces deux personnes) a menti, il ne mérite certainement pas de poste à responsabilité et doit même être écarté du système, s'étant permis de jeter le doute sur les plus proches collaborateurs du pape. De plus, ce n'est même pas un ecclésiastique mais un laïc, il ne jouit pas du minimum de protection que le Vatican réserve à ceux qui portent la soutane.

Boffo se voit valorisé, repris, réintégré, récompensé de façon éclatante. Vian, le « porteur de venin » supposé, reste à son poste, à la direction stratégique du quotidien du Saint-Siège, tout comme le cardinale Bertone, n° 2 du Vatican.

Par politesse, je décide de parler à Boffo. C'est une rencontre difficile mais je dois me retrouver face à lui. Je choisis mes mots, les prononce calmement. Il cache un sursaut, son regard se précise, il reste muet. « Je ne les ai fait lire à personne, comment t'es-tu procuré ces lettres ? » Il ne sait rien du groupe lié à Maria, ma source principale au Vatican. Et il ajoute une observation qui me ronge l'esprit depuis ce jour. Il me dit qu'ayant lu ces missives je dois avoir peur. Je le crois sérieusement. Il doit être convaincu que la publication de ce dossier provoquera des remous dans les palais sacrés. C'est la première fois qu'un complot, qui touche aussi la politique italienne, est mis à nu. Depuis ce jour, quand je rentre chez moi à Rome, je vérifie les petits indices anti-intrusion que j'ai laissés. Il y a en effet des gens au Vatican qui se disent victimes d'un complot identique, avec une coïncidence vraiment troublante d'acteurs et de personnages secondaires. Et surtout, qui désignent là encore le cardinal Bertone comme commanditaire potentiel.

---

1. Boffo avait démissionné de *Avvenire* dans une lettre au cardinal Angelo Bagnasco le 3 septembre 2009.
2. Gabriele Villa, « Boffo, il supercensore condannato per molestie », *il Giornale*, 28 août 2009.
3. En janvier 2002, Boffo est poursuivi pour injure et harcèlement. Le 9 août 2004, le juge chargé des enquêtes préliminaires de Terni, Augusto Fornaci, signe une ordonnance pénale contre Boffo pour harcèlement (art. 660 du code pénal italien). Le journaliste écope d'une amende, qu'il paie, mais la plainte pour injure est rejetée. En septembre 2005, le journaliste Mario Adinolfi annonce la nouvelle sur son blog en évoquant « une ordonnance pénale » et le vague « directeur d'un quotidien catholique ».
4. Il convient de s'attarder sur les prises de position de Boffo au sujet du scandale sexuel qui a touché Berlusconi. Quelques mois avant « l'affaire Boffo », le journal *Avvenire* qu'il dirige avait en effet commencé à critiquer de plus en plus ouvertement le Premier ministre Berlusconi, dans l'espoir qu'il choisisse un style de vie plus chaste : « … nous continuons de souhaiter un président [du Conseil des ministres] qui sache être, avec sobriété, le miroir, le moins déformant possible, de l'âme de notre pays » (5 mai). Le 24 juillet, Boffo publie plusieurs lettres de lecteurs qui expriment

leur amertume et leur malaise face aux nouvelles concernant la vie privée de Berlusconi. Dans sa réponse, Boffo partage leurs critiques : « Les "révélations", dont nous ignorons le degré d'authenticité et qui se succèdent, à la disposition de ceux qui ont la curiosité de les lire ou de les entendre, n'ajoutent (probablement) rien à un scénario qui s'annonçait déjà potentiellement désolant. » Fin juillet, Boffo décide de publier et de répondre à une autre lettre, écrite cette fois par un prêtre surpris par le silence de l'Église sur le style de vie de Berlusconi : « Le cardinal président Bagnasco et le secrétaire général Mgr Crociata ont profité des occasions pastorales qui se sont présentées pour prendre position de façon nette au niveau des contenus comme des pratiques. Quiconque a entendu leurs interventions a compris ce qu'il y avait à comprendre : la communauté chrétienne se doit de tenir en haute estime le contenu de la foi et de ne pas céder aux compromis. » Enfin, le 12 août 2009 survient la mise en demeure du Premier ministre : « Les gens ont compris le malaise, la honte, la souffrance que la mise en demeure éclatante d'un style sobre sur nous a infligés. »

5. Feltri y a fait référence dans l'émission radiophonique *Radio anch'io* sur Radiouno le 2 septembre 2010.

6. Alessandro De Angelis, « Silvio si vendica : Max e Uolter nel mirino », *il Riformista*, 29 août 2009.

7. Gian Guido Vecchi, « Rassegna stampa del papa, è giallo : "Su Boffo tolti gli articoli polemici" », *Corriere della Sera*, 9 février 2010.

8. La note du Saint-Siège se poursuit ainsi : « Depuis le 23 janvier, se multiplient, surtout dans de nombreux médias italiens, des articles et reconstitutions concernant les affaires liées à la démission du directeur du quotidien catholique italien *Avvenire*, dans l'intention évidente de démontrer l'implication du directeur de *L'Osservatore*, au point de suggérer la responsabilité même du cardinal secrétaire d'État. Ces articles et reconstitutions n'ont aucun fondement. [...] Il est faux de dire que des responsables de la gendarmerie vaticane ou que le directeur de *L'Osservatore* ont transmis des documents à la base de la démission, le 3 septembre dernier, du directeur de *Avvenire* ; il est faux de dire que le directeur de *L'Osservatore* aurait donné – ou du moins transmis ou validé de quelque façon que ce soit – des informations sur ces documents, et de dire qu'il aurait écrit sous un pseudonyme ou inspiré des articles dans d'autres journaux. [...] Il apparaît clairement, suite à la multiplication des argumentaires et des hypothèses les plus incroyables – répétées dans les médias avec une unité vraiment singulière – que tout se base sur des convictions non

fondées, avec l'intention d'attribuer au directeur de *L'Osservatore*, de façon gratuite et calomnieuse, une action injustifiée, déraisonnable et malveillante. Cela donne lieu à une campagne diffamatoire contre le Saint-Siège, qui implique même le pontife romain. »

9. Massimo Franco, « Una ferita che rest », *Corriere della Sera*, 10 février 2010.

10. Comme le rappelle Stefano Livadiotti dans *I senza Dio – L'inchiesta sul Vaticano*, Bompiani, Milan 2011.

11. Marco Travaglio, « Boffonchiando », *il Fatto Quotidiano*, 2 septembre 2010.

12. La lettre enchaîne avec un passage féroce à l'égard de Feltri : « Je pourrais prendre les choses avec légèreté, je pourrais dire explicitement que je n'ai pas envie d'impliquer l'Église, mais même une simple phrase de ce genre laisserait déjà entendre quelque chose. D'autre part, si je me décide à parler, puis-je nier complètement ce qui semble jusqu'à aujourd'hui être la réalité des faits ? Serait-il prudent et évangélique de nier ou est-il plus prudent et évangélique de garder le silence ? Voilà ma question. De plus, je n'ai aujourd'hui aucun scrupule à lever la confidentialité sur le dossier du tribunal, mais il est certain que je déclencherais – sans même le vouloir – l'attention des médias sur les deux familles, auxquelles – bien entendu – je ne dois rien, mais avec lesquelles il m'a toujours paru plus prudent de tenir mes distances, ne connaissant pas leurs réactions. Cela ne rangerait pas l'affaire au placard et le boucan repartirait de plus belle. Voilà pourquoi jusqu'à présent, malgré tout, et malgré les mille provocations de Feltri, je préfère me taire. En revanche, lui (cet idiot) ne s'est pas tu une seule fois car il doit sentir arriver la date butoir (pour la fin du mois) de l'ordre national des journalistes qui doit confirmer ou non la sentence déjà émise par l'ordre régional de Lombardie. Il est clair qu'il ne souhaite pas les six mois de suspension de sa signature sur son journal, sanction qui doit être confirmée, surtout après la bataille récente autour de Fini. Il ne veut pas être désavoué. Et il pense ainsi, vu sa façon de parler et d'agir, atténuer ses responsabilités au sujet de mon affaire, sans réaliser qu'il aggrave son cas. Ses avocats ont échangé hier avec le mien, se disant désespérés parce qu'il n'écoute personne et agit de manière impulsive. »

13. Boffo fait probablement référence au deuxième alinéa de l'article 2 de la loi professionnelle 69/1963 de l'ordre des journalistes, qui dit textuellement : « Les nouvelles qui se révèlent être inexactes doivent être rectifiées, tout comme les erreurs éventuelles doivent être réparées. »

La corruption dans les palais sacrés

Bertone se débarrasse de l'assainisseur du Vatican

Un rendez-vous décisif entre le cardinal Tarcisio Bertone et Mgr Carlo Maria Viganò est fixé au mardi 22 mars 2011. En juillet 2009, Benoît XVI avait choisi Viganò – un prélat lombard attaché à la rigueur et à la transparence, au caractère brusque et direct, avec une vie passée dans la diplomatie vaticane – comme secrétaire général du gouvernorat, l'institution qui gère tous les achats (de l'essence aux victuailles), les marchés et les coûteuses restaurations immobilières du Vatican[1].

Viganò est inquiet. Il prévoit un rendez-vous difficile pour trois raisons. Tout d'abord, il pense s'être fait trop d'ennemis en remettant de l'ordre dans les comptes et les dépenses d'une institution névralgique pour l'économie vaticane. Travailler sur les intérêts et les coûts bouleverse les équilibres et les privilèges consolidés. Il est également convaincu que ces ennemis, perdant des affaires et des profits, se sont rapprochés les uns des autres pour se venger, en cherchant la protection des puissants. À commencer peut-être par celle de Bertone, qui ces dernières années a réussi à construire un réseau de pouvoir, en nommant des cardinaux et prélats de confiance à la tête de nombreuses institutions clés du Vatican.

La troisième raison concerne un article paru seulement quelques jours avant le rendez-vous. Un texte publié dans *il Giornale*, sans signature, rempli d'allusions et d'inexactitudes[2]. Un pavé dans la mare classique, un signe inquiétant qui annonce une tempête. L'auteur anonyme met Viganò à l'index. Il le qualifie de « serviteur sodanien [soit un fidèle du secrétaire d'État Angelo Sodano, *NDA*], allié stratégique d'un groupe défini comme hostile au changement apporté par Benoît XVI ».

La réalité est tout autre, mais cela ne doit pas être important pour le rédacteur anonyme : c'est en effet le souverain pontife lui-même qui a souhaité voir ce prélat consciencieux au gouvernorat. Puis arrive, noir sur blanc, le chef d'accusation : « En ces temps de crise, [Viganò] n'a pas réussi à donner un nouveau souffle aux finances de l'État. Sous les yeux de tous, les retards liés à la restauration de la colonnade du Bernin s'accumulent faute de financements, ou plutôt parce que celui qui devrait les trouver en est incapable, et de nombreuses personnes se plaignent des méthodes de gestion dépassées d'un petit curé de province. » En réalité, il est indéniable que Viganò a aidé de façon déterminante le président du gouvernorat, le cardinal Giovanni Lajolo, à transformer des budgets gravement déficitaires en budgets bénéficiaires. Mais la conclusion de l'article sonne comme une condamnation par contumace à l'exil : « Une nouvelle personnalité devrait assurer le rôle de secrétaire du gouvernorat suite à la promotion de l'actuel secrétaire à des fonctions plus notariales et moins opérationnelles, hors de la curie romaine, à moins d'un acte de grâce qui le porterait au rang de chef de la préfecture pour les Affaires économiques. » Une prédilection qui provoque des murmures et confirme les indiscrétions au sujet de Viganò, qui le disent déjà « démis » et destiné à un autre poste.

Ainsi, le 22 mars 2011, le prélat entre dans le Palais apostolique, monte au troisième étage, pénètre dans l'anti-chambre et, après l'attente d'usage, rencontre enfin le secré-taire d'État. Le rendez-vous dure quelques minutes et le laisse pétrifié. Bertone lui apprend qu'il devra lâcher son poste de secrétaire général avec trois ans d'avance. Pourquoi ? Le cardinal est pressé, conclut son propos en quelques mots. Il s'accroche à un motif qui paraît risible et le blâme pour les tensions au sein de l'institution. Mais son raisonnement est incohérent : s'il fallait que tous les responsables de tensions au Vatican démissionnent, ce serait l'hécatombe. Le prélat sort ses documents, montre à Bertone les budgets prévision-nels pour l'année à venir et lui explique fièrement que la rigueur a porté ses fruits : les comptes sont revenus dans le vert par ses soins, peu importe le qu'en-dira-t-on. Bertone reste impassible et le congédie.

Viganò comprend ainsi que son rêve de devenir cardinal et de prendre la place du président Lajolo vole en éclats. Les deux se saluent froidement. Ils savent l'un comme l'autre que leur conflit, qui finira des mois plus tard dans tous les journaux du monde, ne fait que commencer.

Après sa rencontre avec Bertone, Viganò n'imagine même pas qu'il arrivera bientôt à identifier les protagonistes d'un complot contre lui. Il est furieux. Il se sent humilié. Non seu-lement on ne reconnaît pas son travail, mais il est « démis » plus tôt que prévu, se voyant du même coup refuser le chapeau cardinalice que Bertone lui-même lui avait promis, bien que de manière peu commune : c'est en effet le souve-rain pontife et non le secrétaire d'État qui peut garantir cette promotion. C'est le pape qui « crée » les cardinaux.

Son caractère sévère et teigneux l'empêche d'encaisser sans réagir, mais Viganò a une vision encore trop partielle de la situation pour pouvoir choisir son premier coup. Il a besoin d'informations fiables. Les jours suivants, il rencontre à la curie trois cardinaux de référence : le président de la préfecture Velasio De Paolis, qui veille à tous les comptes du petit État, Paolo Sardi, patron de l'Ordre souverain de Malte, et Angelo Comastri, vicaire général du pape pour la Cité du Vatican. Son supérieur, Lajolo, le rassure en lui disant de ne pas s'inquiéter, mais il est clair que la situation s'accélère lorsque Viganò découvre que Bertone lui-même a déjà divulgué la nouvelle de sa destitution. Il n'a pas de temps à perdre.

C'est dimanche et le gouvernorat est fermé. Le prélat se met à travailler sur les brouillons de deux lettres incendiaires, au contenu jamais vu dans l'histoire de l'Église, qui le porteront à un conflit sans retour avec le secrétaire d'État. La première s'adresse directement à Bertone. Viganò résume leur rendez-vous du 22 mars, afin d'en laisser une trace écrite, puis il lance un direct : il exprime sa plus « ferme intention de faire la lumière sur cette affaire » et demande que soit constituée une commission d'enquête. Il revendique le droit de « savoir qui m'a accusé, de quoi je suis accusé, quelles preuves m'accablent, afin de défendre la bonne gouvernance de l'État et ma bonne foi en pareils moments, au sens du droit canonique ». Un coup obligé, « cohérent avec la transparence absolue de mes actes, avec la fidélité dont j'ai fait preuve tant d'années au service du Saint-Siège, obéissant de façon parfaitement docile aux appels répétés du Saint-Père pour faire le ménage à l'Église » :

Éminence,
Lors de l'audience qui m'a été accordée le 22 mars dernier, Votre Éminence m'informiez que vous n'aviez pas l'intention de m'accorder ce que vous m'aviez à plusieurs occasions promis fin 2007, soit ma nomination au poste de secrétaire général du

gouvernorat afin de collaborer avec l'éminentissime cardinal Lajolo à la mise en ordre des différentes activités de l'État, puis de lui succéder, le moment venu, comme président. Conscient des risques que m'apportait le ménage accompli, selon le désir de Sa Sainteté, particulièrement dans les activités à caractère économique et financier, je m'étais senti obligé d'accepter, en connaissance de cause, une telle charge, ayant confiance en l'appui de la secrétairerie d'État et de votre parole pour la mener à bien et arranger certaines situations particulièrement épineuses. Au cours dudit entretien, Votre Éminence m'informiez également que vous aviez décidé de me retirer mon poste actuel. Les déclarations de Votre Éminence m'ont laissé d'autant plus stupéfait qu'elles correspondaient exactement au contenu d'un article sans signature, dernier d'une série, publié dans *il Giornale*, attaquant gravement la vérité et ma personne, dans lequel on demandait justement à Votre Éminence de me destituer de mon poste de secrétaire général, en raison de mon incapacité totale à exercer une telle fonction[3]. [...]

Le prélat est convaincu que ses succès au gouvernorat sont indiscutables, que les chiffres budgétaires parlent d'eux-mêmes et permettent de contredire toute médisance et information remaniée. Or, ce n'est pas le cas.

Contrairement au contenu dudit article, je vous ai livré l'ébauche du budget réel 2010 du gouvernorat, sur lequel apparaît un solde positif de 34 451 797,99 euros, contre un solde négatif de 7 815 183,00 euros l'année précédente, soit une hausse annuelle de 42 266 980,00 euros. Me blessant encore davantage, Votre Éminence étiez restée parfaitement insensible à une preuve aussi grandement évidente de la mystification totale de la réalité des faits et de la grave injustice perpétrée contre la gouvernance de l'État et contre ma personne. [...] Je note que les raisons qui ont poussé Votre Éminence à changer aussi radicalement votre jugement sur ma personne sont le fruit de graves calomnies envers mon travail et moi, qui non seulement attaquent ma réputation mais représentent, dans le contexte officiel dans lequel j'exerce ma responsabilité, un véritable attentat contre le gouvernement de l'État.

Pour le souverain pontife : 550 000 euros pour la crèche

Viganò met sa lettre dans une enveloppe. Avant de l'envoyer, il en écrit une autre encore plus insidieuse, adressée directement à Benoît XVI, pour l'informer de la situation et lui donner un compte-rendu exact de ces années de coupes et de sacrifices. En effet, s'exprimer en termes aussi péremptoires à Bertone sans aviser Ratzinger serait une initiative suicidaire. Les deux missives doivent être livrées en même temps. L'archevêque choisit ses mots avec soin. Il s'adresse au Saint-Père mais il ne freine pas pour autant. Et il prévient le souverain pontife que sa mutation bloquerait l'opération de nettoyage entamée contre les « nombreux cas de corruption et de prévarication depuis longtemps enracinés ». C'est la première fois qu'un prélat dénonce, sans avertissement, de « nombreux cas de corruption », en employant un mot jusqu'alors banni au Vatican :

> Père Béatissime,
> Je me vois malheureusement contraint d'interpeler Sa Sainteté au sujet d'une situation grave et incompréhensible qui touche la gouvernance du gouvernorat et ma personne. […] Mon transfert du gouvernorat en cette période provoquerait une défaillance profonde et un découragement chez tous ceux qui ont cru possible de résoudre les nombreux cas de corruption et de prévarication depuis longtemps enracinés dans la gestion des différentes directions. Les éminentissimes cardinaux De Paolis, Sardi et Comastri connaissent bien la situation et pourraient renseigner Sa Sainteté avec connaissance et

droiture. Je place entre les mains de Sa Sainteté la lettre que j'ai adressée à l'Éminentissime cardinal secrétaire d'État, afin qu'elle en dispose selon son auguste désir, en ayant comme unique souhait le bien de la Sainte Église du Christ. Avec mes sincères sentiments de profonde vénération, je suis le très dévoué fils de Sa Sainteté.

Suivant les conseils de ceux qui l'estiment et l'encouragent, Viganò demande et obtient pour le 4 avril 2011 une rencontre avec le souverain pontife, au cours de laquelle il lui présente la situation. Il donne au pape une note confidentielle dans laquelle il détaille, formule des accusations de fautes et de privilèges, découverts dans le cadre de son activité.

Ce document mérite d'être lu intégralement car il met en évidence une impensable stratification d'intérêts. La note évoque une situation financière « désastreuse » :

Lorsque j'avais accepté une place au gouvernorat le 16 juillet 2009, j'étais bel et bien conscient des risques que j'encourais mais je n'aurais jamais pensé me retrouver face à une situation aussi désastreuse. J'en avais parlé à plusieurs reprises au cardinal secrétaire d'État, en précisant que je n'arriverais pas à accomplir mon devoir seul : j'avais besoin de son appui constant. La situation financière du gouvernorat, déjà gravement affaiblie par la crise mondiale, avait subi des pertes de 50 à 60 %, notamment en raison de l'inexpérience de ceux qui l'avaient administrée. Pour y remédier, le cardinal président avait confié, de fait, la gestion des deux fonds de l'État à un Comité de finance et de gestion, composé de grands banquiers qui se sont au final occupés davantage de leurs intérêts que des nôtres. Par exemple, en décembre 2009, dans une seule opération, ils nous avaient fait perdre 2,5 millions de dollars. Je l'avais signalé au secrétaire d'État et à la préfecture pour les Affaires économiques, qui juge, par ailleurs, illégale l'existence de ce comité. Avec ma participation constante à ses réunions, j'ai cherché à limiter l'opération desdits banquiers auxquels j'ai dû évidemment m'opposer souvent. M. Gotti Tedeschi connaît bien le fonctionnement de ce comité dont il a été membre jusqu'à sa nomination à l'IOR et sait bien tout ce que j'ai essayé de faire pour en contrôler le déroulement.

Viganò soumet à Benoît XVI les problèmes qui émergent de toutes parts dans la gestion du gouvernorat, en indiquant les économies les plus importantes, comme celle de 850 000 euros pour l'entretien des jardins du Vatican. Cette somme a permis de changer la centrale thermique qui chauffe tous les appartements et tous les bureaux du petit État :

La direction des finances de l'État et le bureau philatélique et numismatique étaient dans un piètre état : leurs directeurs respectifs étaient complètement épuisés, le personnel, en conflit l'un contre l'autre. Mon prédécesseur traitait habituellement avec le fonctionnaire qui lui était le plus sympathique, allant à l'encontre de la chaîne de commandement qui prévoit responsabilités et devoirs au sein d'une structure hiérarchique. La direction des services techniques était la plus touchée par des cas évidents de corruption : les travaux étaient toujours confiés aux mêmes entreprises, à des coûts au moins doublés par rapport à ceux pratiqués en dehors du Vatican, nos techniciens et ouvriers étaient totalement démotivés parce que les travaux, au lieu d'être exécutés par eux, étaient confiés à des sociétés extérieures à des coûts exorbitants, etc. Un royaume divisé en petits fiefs : immobilier interne, immobilier externe, gestion chaotique des entrepôts, une situation inimaginable, du reste tout à fait connue de l'ensemble de la curie. En un peu plus d'un an et demi, avec de grands efforts et malgré un boycott constant de la part de ceux qui détenaient le pouvoir depuis sans doute des décennies, j'ai essayé de reprendre la situation en main. J'ai retiré la gestion des jardins du Vatican à la direction des services techniques, confiant sa responsabilité à Luciano Cecchetti, qui travaillait aux villas pontificales. En moins d'un an, on a ainsi obtenu une économie de 850 000 euros. Cet argent a permis de rénover toute la centrale thermique de l'État. J'aurais aimé que le Saint-Père puisse la visiter pour rencontrer les ouvriers des différents laboratoires et équipements[4]. […]

L'archevêque combattif rencontre toutes sortes d'obstacles. Il précise à Benoît XVI que cette « opération de nettoyage ne fait que commencer et elle est souvent critiquée, voire clairement boycottée » par ceux qui devaient garantir, de toute évidence, leurs privilèges et leurs intérêts. Si la réforme venait à s'interrompre, « cela reviendrait donc à tout compromettre et surtout à exposer à des vengeances et à des représailles humiliantes les personnes les plus fidèles, qui m'ont suivi dans ce nettoyage ».

Les résultats obtenus ces dernières années sont criants : les coûts des travaux, et c'est une carte forte, ont pratiquement diminué de moitié, Viganò coupant dépense après dépense et ayant une influence sur chaque sortie d'argent. Un exemple parmi tant d'autres : la crèche de la place Saint-Pierre, qui en 2009 avait coûté 550 000 euros, n'en coûtera que 300 000 en 2010. Les appels d'offres ont également été « effectués dans les règles ». Concernant les fournitures, « des accords cadre avec d'importantes entreprises comme Siemens, avec des rabais de pratiquement 50 % » ont été établis. On a également renforcé les mesures de « sécurité de l'État et des villas pontificales », objets d'étranges vols, vols mis sous contrôle suite à l'inventaire des entrepôts et l'installation de caméras reliées au centre d'opération de la gendarmerie. Viganò répète les résultats encourageants du budget dont il avait déjà fait part à Bertone. Des données qui pourraient être modifiées :

On tente actuellement, avec le concours du susnommé Comité de finance et de gestion, de manipuler ce budget afin de cacher les résultats positifs de ma première année de gestion. De Paolis est au courant. Tout cela a été rendu possible grâce à un effort constant pour éliminer la corruption, les intérêts privés et les disfonctionnements largement diffusés dans les diverses administrations. Il n'est donc pas surprenant qu'on ait dirigé une campagne de presse contre moi, et des actions dans le but de me discréditer auprès de mes supérieurs, pour empêcher ma succession au poste du président Lajolo, au point que l'on me considère déjà fini.

Viganò doit être si choqué de la décision de Bertone que dans la conclusion de ce dramatique « testament moral » il commet une erreur flagrante. Il viole les règles non écrites mais statutaires de la vie du Saint-Siège, risquant de passer de l'homme qui dénonce des faits graves à celui qui veut obliger le souverain pontife à choisir son camp :

La nouvelle de l'audience que Sa Sainteté m'a accordée a été interprétée par le gouvernorat et la curie comme synonyme de ma destitution certaine du gouvernorat. Or celle-ci créerait une grande confusion et une vive protestation de la part de la grande majorité des employés au gouvernorat et à la curie. Pour les gens sains d'esprit qui aiment le Saint-Père, ma destitution éventuelle, même pour une promotion à un poste plus important, serait considérée comme une défaite difficile à avaler, qui remettrait en question leur confiance en la personne même du Saint-Père, qui a réellement à cœur de mettre de l'ordre au sein de l'Église et chez lui au Vatican. Je ne demande rien à Sa Sainteté, seulement de faire un signe qui montre aux employés du gouvernorat que le Saint-Père me donne sa confiance. Si le Saint-Père daignait me l'accorder, je suis certain que ce serait un signe formidable pour redonner confiance aux fidèles serviteurs de Sa Sainteté, qui ne souhaitent que la servir avec honnêteté, générosité et entier dévouement.

En somme, pour ceux qui aiment le souverain pontife – c'est la conclusion entendue de l'archevêque –, la destitution serait une défaite difficile à accepter, d'autant qu'elle « remettrait en question leur confiance en la personne même du Saint-Père ». Le ton n'est certes pas menaçant mais il est incorrect. Viganò met Benoît XVI face à un choix : laisser le prélat au gouvernorat, en désavouant Bertone, ou bien seconder le plan du secrétaire d'État, en rompant carrément le rapport de confiance avec ceux qui travaillent à la curie.

Que cela plaise ou non, il est clair qu'au Vatican personne ne peut se montrer agressif dans ses rapports avec le souverain pontife. Le pape exerce un pouvoir politique et spirituel absolu. Viganò a décidé de rendre public un malaise profond, en lançant une bataille fracassante dans les palais sacrés, qu'il pourrait bien perdre. Les risques sont immenses, de par le langage employé dans sa lettre et parce que ces dénonciations violent le devoir de réserve et la disposition au compromis, caractéristiques du petit État admises depuis maintenant des siècles.

Le complot contre le changement

Comme Boffo, Viganò aussi enquête pour identifier ses ennemis et comprendre leur manière d'agir. Il est convaincu que le choix de Bertone de le renvoyer malgré les résultats obtenus est le fruit « de graves calomnies contre moi et mon action ». Quelqu'un calomnie le prélat pour le mettre hors-jeu. Mais qui ? La réponse ne tarde pas à arriver. Le prélat est convaincu d'un véritable complot contre lui, de nature à pousser le secrétaire d'État à opter pour sa destitution. C'est justement à lui que Viganò envoie le 8 mai 2011 une autre lettre « confidentielle et personnelle » car « dans un esprit de loyauté et de fidélité, j'accomplis mon devoir en informant

Votre Éminence de faits et d'initiatives dont je suis absolument sûr, apparus ces dernières semaines, lancés dans le but de porter Votre Éminence à changer radicalement votre jugement sur mon compte et de m'empêcher de succéder à Lajolo en tant que président du gouvernorat, ce dont la curie est au courant depuis longtemps ».

Avant de lire cet incroyable compte-rendu, une introduction s'impose, afin d'évaluer les faits le plus correctement possible. Si ses déclarations étaient confirmées, ce qu'avance Viganò serait vraiment inquiétant. Pas à pas, jour après jour, le numéro 2 du gouvernorat reconstitue et fait le lien entre des affaires et des évènements en apparence éloignés les uns des autres, en les regroupant dans une conspiration à ses dépens, qui impliquerait des personnes de pouvoir au sein et en dehors du Saint-Siège. C'est une vision tellement singulière et, surtout, grave qu'elle laisse perplexe et incrédule. Il semble difficile de penser que le contenu entier de la dénonciation faite par le prélat soit vrai, mais il est également indéniable, après lecture de ces lettres, que Viganò s'est vu charger d'une mission délicate, stratégique et essentielle, celle d'ambassadeur du Vatican aux États-Unis. Un signe concret, une expression de confiance pleine et inconditionnelle. Si Viganò avait été un illuminé qui accuse des laïcs et des prêtres injustement, il aurait été poursuivi, isolé, mis hors d'état de nuire. On ne comprend pas comment il a pu recevoir un poste pareil, à moins de l'interpréter, un peu malignement, comme une forme d'« exil doré » pour celui qui en sait et en a vu trop :

> Des personnes dignes de confiance m'ont [...] spontanément offert ainsi qu'à son excellence Mgr Corbellini, sous-secrétaire général du gouvernorat, des preuves et des témoignages des faits suivants. Avec l'arrivée de la date butoir de passation de pouvoir au gouvernorat, dans le cadre de la stratégie mise en place pour me détruire aux yeux de Votre Éminence, on a publié plusieurs

articles dans *il Giornale* contenant des jugements calomnieux et des insinuations malveillantes à mon encontre. Déjà en mars dernier, des sources indépendantes, toutes hautement qualifiées – M. Giani [Domenico, responsable de la gendarmerie, *NDA*], M. Gotti Tedeschi, M. Vian et M. Andrea Tornielli, à l'époque vaticaniste d'*il Giornale* – avaient assuré, preuves à l'appui, l'existence d'un rapport étroit entre la publication desdits articles et M. Marco Simeon, au moins en tant que messager des feuilles provenant de l'intérieur du Vatican. Pour confirmer, et surtout compléter cette nouvelle, nous avons récolté, Mgr Corbellini et moi-même, le témoignage oral et écrit d'Egidio Maggioni, une personne bien installée dans le monde des médias, connue et estimée à la curie, entre autres, par M. Gasbarri [Alberto, directeur technique de Radio vaticane, *NDA*], par Mgr Corbellini et Mgr Zagnoli, responsable du Musée missionnaire ethnologique des Musées du Vatican. Maggioni a déclaré que l'auteur des papiers provenant du Vatican est Mgr Paolo Nicolini, délégué administratif des Musées du Vatican. Le témoignage de Maggioni est d'une grande valeur car il a reçu ladite information du directeur d'*il Giornale* lui-même, Alessandro Sallusti, avec lequel Maggioni partage une amitié de longue date.

L'implication de Mgr Nicolini, particulièrement regrettable en raison de son statut de prêtre et d'employé aux Musées du Vatican, est confirmée par le fait que ce prélat, le 31 mars dernier, à l'occasion d'un repas a confié à M. Sabatino Napolitano, directeur des services économiques du gouvernorat, dans le cadre d'une conversation entre passionnés de football, qu'on allait prochainement fêter, outre la victoire prochaine du championnat par l'Inter, un évènement bien plus important, ma destitution du gouvernorat. Napolitano avait transmis, à son tour, l'information à un collaborateur de confiance également présent au repas, avec une vantardise stupéfiante, aggravée par l'arrogance avec laquelle Nicolini était persuadé qu'il allait récupérer mon poste de secrétaire général.

Au sujet de Nicolini, ont été rapportés des comportements gravement répréhensibles vis-à-vis de son administration, depuis sa période passée auprès de l'Université pontificale du Latran où, selon le témoignage de Mgr Rino Fisichella, on a constaté des contrefaçons de factures et la disparition d'au moins 70 000 euros. On retrouve également à son compte une participation d'intérêts dans la société SRI Group, de Giulio Gallazzi, société qui doit actuellement au gouvernorat au moins 2,2 millions d'euros et qui, précédemment, avait déjà frustré *L'Osservatore Romano* (comme me l'a confirmé don Elio Torreggiani) de plus de 97 000 euros et l'APSA [entité qui gère le patrimoine immobilier du Vatican, *NDA*] de 85 000 euros (comme me l'a confirmé Mgr Calcagno). Des listings et des documents en ma possession démontrent ces affirmations et le fait que Nicolini a été titulaire d'une carte de crédit à charge dudit SRI Group, avec un plafond maximum de 2 500 euros par mois[5].

En ce qui concerne M. X, bien qu'il soit plus difficile pour moi d'en parler, comme selon les médias il semble être particulièrement proche de Votre Éminence, je ne peux malgré tout me soustraire à témoigner. D'après ce que j'ai appris en qualité de délégué pour les représentations pontificales, M. X se révèle être un calomniateur (à ma connaissance précise, à l'encontre d'un prêtre) et lui-même homosexuel. Sa tendance m'a été confirmée par des prélats de la curie et du service diplomatique. Sur cette grave affirmation que j'exprime au sujet de M. X, je suis en mesure de fournir les noms des personnes au courant de ce fait, dont des évêques et des prêtres[6].

Simeon le « conspirateur » : filleul de Bertone, Geronzi et Bisignani

Le véritable détonateur de cette affaire serait Marco Simeon, qui aurait selon la missive donné les papiers à *il Giornale* mais qui est surtout un grand protégé de Bertone depuis 2002. Son disciple. Trente-trois ans, fils d'un pompiste de Sanremo,

Simeon connaît les ficelles du Vatican. Diplômé en droit, il entame sa brillante carrière dans la ville ligure où il rencontre un de ses premiers alliés, l'évêque Giacomo Barabino. Le jeune homme se distingue en récoltant de l'argent pour les projets de la paroisse, du diocèse et de l'Église. Simeon fait preuve d'un talent extraordinaire lorsqu'il fait la promotion d'initiatives publiques brillantes, comme lorsqu'il réussit, âgé d'à peine plus de vingt ans, à faire venir dans sa ville Giulio Andreotti. Sans oublier la rencontre avec le nouveau cardinal Piacenza, qui lui confie la secrétairerie générale de la fondation qui soutient la Commission pontificale pour les biens culturels de l'Église. Afin de mieux comprendre le personnage, cela vaut la peine de lire le début du bref profil contenu dans le livre *La Colata* :

> Le moment décisif de sa vie a lieu en 2000 lorsque, grâce à ses amitiés à Sanremo, [Simeon] parvient à obtenir un rendez-vous avec le cardinal Angelo Sodano, secrétaire d'État du pape Jean-Paul II. Il lui offre en cadeau une bouteille de précieuse huile d'olive *taggiasche*, une passion du cardinal. « Dans cette salle, nous étions une dizaine de personnes apeurées, avait-il raconté à ses amis. À ce moment-là, je sors mon appareil et je lui dis : "Éminence, une photo ?" Les secrétaires me regardent, terrorisés. Mais il accepte, sourit et nous prenons une photo. » À partir de là, plus rien ne l'arrête dans sa course. En 2005, le cardinal Bertone l'appelle au conseil d'administration de l'hôpital Galliera de Gênes et, dans le même temps, le nomme prieur du Magistrato di Misericordia [fondation historique génoise vieille de cinq cent quatre-vingt-douze ans, *NDA*]. Un an plus tard, le voilà introduit au conseil d'administration de la fondation Carige[7].

Bagnasco, nouvel archevêque de Gênes, participe aux dîners conviviaux du Magistrato di Misericordia ; or, lorsque le mandat de Simeon arrive à terme en 2010, il se garde bien de le renouveler et lui choisit un notaire pour successeur, Piermaurizio Priori, qui ne fait pas dans la demi-mesure : « La précédente gestion a obligé la fondation à s'endetter [...] pour ces dîners, ces *cardinal dinners*, j'ai payé de nombreuses dettes, tous ceux qui attendaient des paiements exorbitants ont dit que ce n'était plus le cas [...] on constate bien la rupture dans les dépenses et les fastes passés de l'organisme[8]. » Mais le jeune homme ne désespère pas. Il se montre entreprenant. Une porte se ferme, cent autres s'ouvrent à lui. Il poursuit son chemin grâce à ses relations avec le banquier Cesare Geronzi qui le hisse d'abord chez Capitalia, comme responsable des relations institutionnelles, puis chez Mediobanca, engendrant tensions et frictions. Chez Capitalia, nombreux sont ceux qui ne supportent pas Simeon, à commencer par un des managers les plus proches à l'époque de Geronzi, Matteo Arpe. Même scénario chez Mediobanca où nombre de managers exacerbés par les méthodes du Ligure demandent à Geronzi la tête de Simeon au cours d'un entretien extrêmement tendu : le jeune homme sera parachuté à la RAI en tant que directeur des relations institutionnelles et internationales.

On reste également perplexe au sujet de Simeon lorsque l'on jette un œil à certaines opérations immobilières, comme la médiation dans la vente à l'entreprise Lamaro costruzioni des frères Toti d'un couvent des sœurs de l'Assomption, villa avec parc via Romania, dans le quartier Parioli de Rome. Simeon ramène chez lui 1,3 million d'euros de provision, créant ainsi des troubles à la curie. Bertone reçoit alors un rapport détaillé avec un nombre important d'annexes sur les activités immobilières du jeune homme, mais le dossier reste lettre morte. Simeon est bien un disciple du secrétaire d'État. Rien ne change, pas même lorsque des rumeurs sur son compte se répandent (comme son adhésion à l'Opus Dei, démentie par le porte-parole du mouvement Pippo Corigliano[9]), ou lorsque son nom apparaît dans des enquêtes et des écoutes sans qu'il ne soit directement inquiété pour autant.

Il est certain que Simeon est un ami fidèle de Luigi Bisignani, le même lobbyiste qui au début des années 1990 avait apporté à l'IOR, la banque du pape, une part significative de la manne Enimont, pour briser l'union de l'époque entre la Montedison de Raul Gardini et des Ferruzzi et l'ENI de Gabriele Cagliari. Ainsi, on a blanchi au Vatican le plus grand pot-de-vin jamais découvert dans l'histoire de la République italienne. Quand l'affaire Viganò éclate, Simeon confirme son lien avec Bertone dans un entretien à Carlo Tecce de *il Fatto Quotidiano* en février 2012 : « C'est un maître, il m'a toujours conseillé les meilleures voies à suivre. [...] Le Saint-Père est mon seul chef. [...] Je n'ai pas été le vaticaniste d'*il Giornale*. Viganò a reçu des informations fausses. [...] Je démens toute rupture entre le pape et Bertone. »

Dernier appel à Benoît XVI

La déclaration de Simeon pousse la tension à son paroxysme. Dans les jours suivants, la commission instituée pour évaluer les accusations émises par Viganò entend divers acteurs des affaires mises au jour par le prélat. Eux-mêmes ne parlent pas aux journalistes, étant soumis au secret pontifical. Sans attendre la conclusion des travaux de la commission, Benoît XVI se décide et choisit d'envoyer Viganò aux États-Unis. La communication officielle date du 2 juillet 2011, jour où Bertone donne *brevi manu* au prélat son acte de nomination.

La bataille semble perdue. « Il est certain qu'une vraie bataille est engagée, explique aujourd'hui un cardinal de premier plan, Viganò a donné des noms, notamment le secrétaire d'État. Et qui au Vatican ne protégerait pas le secrétaire d'État ? On protège toujours certaines personnalités publiques, sinon on risquerait d'en arriver à de graves conséquences qu'il faut éviter. » Viganò sera donc envoyé aux États-Unis. Le découragement du prélat est inimaginable. Il cherche malgré tout à sauver les meubles en misant sur un ajournement de son transfert. Ainsi, le 7 juillet, il s'adresse directement au souverain pontife dans une nouvelle lettre. Il le prie de faire déplacer la date de quelques mois pour éviter que le fait soit vu « comme une punition ». Et il émet une fois encore des critiques :

Père Béatissime,

En d'autres circonstances, une telle nomination aurait été un motif de joie et un signe de grande estime et de confiance à mon égard mais, dans le contexte présent, elle sera perçue par tous comme un verdict de condamnation de mes actes et donc comme une punition. Malgré les graves dégâts portés à ma réputation et les échos négatifs que cette mesure provoquera, je ne peux répondre que par ma pleine adhésion à la volonté du pape, comme je l'ai toujours fait durant mon service déjà long au Saint-Siège. Face à cette épreuve difficile, je réaffirme avec une profonde foi mon obéissance absolue au Vicaire du Christ. L'entretien que Sa Sainteté m'a accordé le 4 avril dernier m'avait apporté un grand réconfort, tout comme la nouvelle de l'institution par le pape d'une commission spéciale *super partes*, chargée de clarifier la délicate affaire dans laquelle je suis impliqué. Il m'avait paru raisonnable alors d'espérer que toute mesure à mon encontre serait prise en tenant compte des résultats de ladite commission[10]. J'ai été d'autant plus blessé en apprenant, suite à mon audience avec le cardinal secrétaire d'État le 2 juillet dernier, que Sa Sainteté partage le sentiment […] selon lequel je serais coupable d'un climat nauséabond au gouvernorat, rendant les rapports entre la secrétairerie générale et les responsables des bureaux toujours plus ardus, au point de justifier ma mutation.

À ce sujet, je tiens à assurer à Sa Sainteté que la vérité est tout autre. Les autres cardinaux membres de la Commission pontificale du gouvernorat, qui savent bien comment j'ai agi ces deux dernières années, pourraient la renseigner en toute objectivité, n'étant pas impliqués dans cette affaire, et prouver facilement l'inexactitude des informations qui lui ont été communiquées sur mon compte et auront motivé sa décision à mon sujet. Devant malheureusement m'occuper personnellement d'un frère prêtre plus âgé, gravement affaibli par une attaque cardiaque qui l'affecte peu à peu mentalement, j'angoisse à l'idée de devoir partir justement maintenant alors que je pensais être en mesure de résoudre en l'espace de quelques mois ce problème familial qui me préoccupe. Sainteté, pour les raisons que je viens d'exposer, je m'adresse à elle avec confiance afin de lui demander, au vu de ma bonne réputation, de retarder le temps nécessaire à la mise en application de sa décision, qui en ce moment sonnerait comme une condamnation injuste à mon égard, fondée sur des comportements qui m'ont été attribués à tort. Je lui demande aussi de confier une enquête sur cette affaire, qui implique également deux cardinaux, à un organe véritablement indépendant, telle la Signature apostolique. Ainsi ma mutation serait perçue comme une évolution normale et me permettrait, entre autres, de trouver plus facilement une solution pour mon frère prêtre. Si Sa Sainteté me le permet, je désirerais ardemment, au nom de la vérité, pouvoir lui fournir personnellement les éléments nécessaires à la clarification de cette affaire délicate, de laquelle le Saint-Père a certainement été tenu à l'écart. Avec une profonde vénération, je renouvelle à Sa Sainteté mes sentiments de dévotion filiale.

Pourquoi ou dans quelles conditions sont impliqués deux cardinaux, qu'ont-ils bien pu faire, on ne l'a jamais compris. Viganò évoque cet élément particulier pour souligner les pressions qui peuvent entrer en jeu dans cette affaire. Il reste de vastes zones d'ombre dans une période de grande tension pour la petite citadelle, comme en témoignent les lettres anonymes acerbes qui atterrissent pile à ce moment-là dans les boîtes aux lettres des cardinaux et prélats, dirigées aussi bien contre Bertone, cible de menaces de mort, que contre Giuseppe Sciacca, déjà indiqué comme successeur de Viganò au gouvernorat. La mutation fait du bruit et crée un profond malaise.

Des cardinaux et la gouvernante du pape
pour défendre Viganò

Un front interne et hétérogène se monte pour défendre le prélat, en lançant des initiatives individuelles et collectives. Divers cardinaux de haut rang se mêlent à l'affaire, même parmi les plus âgés : Giovanni Battista Re, l'ancien secrétaire d'État Angelo Sodano, le bibliothécaire de la Sainte-Église romaine, et le Suisse Georges Cottier, théologien de la Maison pontificale. Certains vont discuter avec le secrétaire du souverain pontife, d'autres écrivent directement à Benoît XVI. Le cardinal Agostino Cacciavillan fait un pas en avant au nom de tous, fort de son passé de diplomate comme Viganò. Au début du mois d'août, Cacciavillan s'adresse à Mgr Giovanni Angelo Becciu, substitut de la secrétairerie d'État, afin que ce dernier donne « à la bienveillante considération du Saint-Père la note confidentielle jointe », lit-on sur un carton rempli à la main par le cardinal. Le document en question sonne comme un appel à Ratzinger de revenir en arrière. C'est presque une pétition qui atterrit sur le bureau de Benoît XVI, demandant de ne pas envoyer le prélat hors des murs, mais de le promouvoir, en lui assurant d'être créé cardinal.

Cacciavillan a écrit la note après avoir entendu les autres cardinaux du groupe, peut-être parce qu'il connaît l'engagement et les contraintes que représente le poste aux États-Unis, ayant été nonce apostolique dans le pays pendant huit ans. Il est bien placé pour évoquer le problème de l'âge de Viganò. En effet, ce dernier fête ses soixante et onze ans le

16 juin 2012, il est donc trop âgé : les États-Unis sont un pays étendu, connaissant des problématiques pénibles qui requièrent, comme il l'écrit à Benoît XVI, « un engagement extraordinaire face à la quantité de travail, de déplacements ». L'âge avancé pourrait aussi bien provoquer « un malaise personnel » du candidat nonce que susciter la défiance de la communauté des évêques :

> Les évêques des États-Unis pourraient l'accueillir avec surprise, perplexité. Pourquoi un homme d'un tel âge, avec un rôle important au Vatican, n'obtient pas une promotion sur place ? À Washington, tous les nonces provenaient d'une autre nonciature ; pourquoi envoyer maintenant un secrétaire du gouvernorat ? Des suspicions en découleraient […], et l'on entendrait à nouveau certaines déclarations parues notamment dans la presse, qui évoquent un « éloignement punitif », alors que Mgr Viganò se dit victime, qu'il aurait subi un traitement injuste […] Ou bien y avait-il quelque tensions et conflits entre lui et ses supérieurs. Dans tous les cas, on entendrait des bruits désagréables et fâcheux, qu'il vaudrait évidemment mieux éviter.

Cacciavillan présente donc un argument solide pour colmater la brèche. Il soutient même que la nomination de nonce relèverait, selon l'Église américaine, d'un *diminutio* suspect, et non du principe classique de *promoveatur ut amoveatur*. À ce sujet justement, confirmant le vieux dicton, le cardinal juge sans hésitation qu'« une mutation promotion à Rome *et quidem* à la préfecture pour les Affaires économiques est bien plus normale et compréhensible, destinée au regretté Mgr Pietro Sambi ». Une destitution suivie d'une promotion, alors. Le plan présenté au souverain pontife semble déjà décidé dans les détails après les échanges avec Re, Sodano et les autres cardinaux. Mgr Sciacca, successeur de Viganò au gouvernorat, a lui aussi été entendu pour éviter qu'il ne s'offense[11].

Ce plan n'est pourtant pas du tout approuvé au sein du Palais apostolique. Ainsi la passation de pouvoir a lieu en septembre : Viganò abandonne son bureau au gouvernorat à Mgr Sciacca. Un mois plus tard, surprise, le prélat obtient pourtant un nouveau soutien significatif et inattendu. Ce soutien n'obéit à aucune logique ni aucun jeu de pouvoir. C'est celui d'une des seules femmes que le souverain pontife écoute : Ingrid Stampa, la fidèle gouvernante de Benoît XVI, qui au début de l'automne vit des jours profondément amers, comme les rares autres occupants du palais qui abrite la « famille » du Saint-Père. Au fond de son cœur, elle espère que Viganò reste quoi qu'il arrive au Vatican, peut-être même à la préfecture pour les Affaires économiques, comme le suggèrent les cardinaux. Certes, Viganò perdrait son poste au gouvernorat, mais il ne subirait pas l'offense d'un éloignement que tout le monde verrait comme une punition : devoir quitter le petit État au cœur de Rome après une vie passée entre les murs de la Cité léonine. Stampa espère en parler directement au pape, en choisissant, entre ses prières du soir, les mots les plus justes pour tenter d'influencer d'une manière ou d'une autre des choix qui semblent désormais définitifs. Avec un certain courage, elle se présente en personne à Benoît XVI au cours d'un entretien sans doute entre septembre et octobre 2011. Le contenu du rendez-vous n'est pas connu mais l'issue n'est guère réjouissante. Et le malaise entre les murs s'accroît. Ma source, Maria, se rappelle : « Nous voyions tous l'histoire de Viganò comme celle d'un prélat courageux, victime d'une conspiration. Le Saint-Père ne semblait pas comprendre l'ampleur de cette affaire, sans doute parce qu'il n'était qu'en partie informé ou qu'on le tenait à l'écart. »

Toute initiative semble vouée à l'échec. À présent, le destin de Viganò est écrit. Ratzinger ne le défend pas. Il laisse même carte blanche à son premier collaborateur, ennemi juré du désormais ancien secrétaire général du gouvernorat. Bertone est impatient de le voir loin des jeux de la curie romaine. En novembre, Viganò se prépare pour son vol intercontinental : il va prendre le poste de Mgr Sambi, décédé à Baltimore en juillet. Le matin du 7 novembre a lieu la rencontre d'au revoir glaciale avec le pape, une audience rituelle. Depuis quelques semaines, un nouveau président occupe déjà la place qu'il convoitait : en effet, au 1er octobre, le cardinal Giuseppe Bertello, nonce apostolique en Italie, a pris le poste de Lajolo[12]. Pourtant, les ennuis de Viganò ne sont pas terminés. D'autres péripéties l'attendent aux États-Unis.

La défense unie du Vatican

Lorsque l'histoire d'une supposée opération anti-corruption dépasse les remparts de la Cité léonine dans l'émission *Gli Intoccabili* sur la chaîne La7 consacrée à l'affaire, le Vatican fait bloc, défendant même au début Viganò, avant de l'abandonner en prenant la défense unie, en apparence, de Bertone. On insiste alors sur deux points centraux, que ce soit dans les premières communications du père Lombardi que dans le document diffusé plusieurs semaines plus tard, signé par Lajolo et le nouveau sommet du gouvernorat[13] : il n'y a ni corruption ni complot.

Le Saint-Siège suit la même ligne directrice. On nie toute possibilité de corruption ; le cardinal De Paoli, président émérite de la préfecture qui contrôle les affaires économiques du Vatican, joue un peu avec les mots : « Il n'y a pas véritablement de corruption. Sans doute quelques manques d'exactitude, mais ce n'est ni de la malveillance ni de la mauvaise foi, nous pouvons tous manquer d'exactitude dans la vie[14]. » Si Viganò a réussi à faire des économies en réduisant, comme il est prêt à le démontrer, les coûts des commandes de 50 %, c'est uniquement par talent et non parce qu'il avait quelque chose à y gagner.

Autre point : on nie tout complot contre le prélat. Son départ outre-Atlantique doit, au contraire, être vu comme une mission prestigieuse. « En somme, poursuit De Paolis angélique, il a conservé l'estime du pape, car envoyer un nonce à Washington est une très grande responsabilité… Malgré les oppositions, rien n'a détérioré véritablement son image. Le Saint-Père lui accorde toujours sa confiance et son estime, il l'a justement nommé nonce. » Ses dénonciations étaient-elles donc fondées mais mal formulées ? « Moi, je n'en sais rien, expédie De Paolis, les problèmes sont à analyser sous différents angles… parfois un angle de vue s'impose par rapport à un autre… ce sont des questions liées aux personnes et à leurs différentes perceptions qui font partie de la vie… Il y a des sensibilités différentes[15]. »

Le coup suivant consiste à donner une explication crédible à l'accusation formulée par Viganò contre des cardinaux et des prélats. L'ancien supérieur du prélat lombard, le cardinal Lajolo, s'en charge dans un entretien à Tgcom24. Il dédramatise l'affaire en faisant passer les accusations de Viganò pour les « déclarations d'une âme blessée ». En somme, leur auteur « a suivi de mauvaises pistes », cumulant ainsi « erreurs » et « contradictions ». S'ensuit alors un chapelet de démentis, de corrections. On minimise le rôle de Viganò, on relativise ses accusations. Pendant que quelqu'un comme Simeon nie activement la thèse du complot et tout désaccord avec Viganò, quelqu'un comme Nicolini, pourtant impliqué et accusé directement par Viganò, reste simplement à son poste de responsable administratif des Musées du Vatican, innocent et imperturbable. Le quotidien *La Repubblica* souligne en mars 2012 qu'il y a « pourtant eu une procédure "de destitution" décidée en juillet dernier par la commission de discipline du Vatican. "Si Nicolini est encore là après notre jugement, cela signifie qu'il est bien protégé *in alto loco*", se plaignent des représentants de ladite commission de discipline, où il semble que quelqu'un soit prêt à en appeler au pape. »

Lajolo offre une vision minimaliste des évènements : « Viganò a formulé des accusations parce qu'il s'est cru injustement visé par des articles de presse qui l'ont profondément blessé. Pour trouver des responsables, il est parti de soupçons, finalement infondés, et a suivi une mauvaise piste, qui l'a amené à concevoir son affaire dans un contexte plus large avec une série de réflexions qu'un examen attentif et désintéressé révèle faussées. Il ne me semble pas que l'on puisse parler de sanction à son encontre. Le poste de nonce apostolique aux États-Unis est une charge très prestigieuse, qui lui donne l'occasion de prouver sa valeur. » Et les coûts de la crèche ? « Il n'y a aucuns frais injustifiables », conclut le cardinal.

Afin de comprendre l'action de Viganò, il vaut peut-être mieux s'adresser à celui qui a travaillé avec lui. Celui qui a vécu jour après jour l'action de nettoyage des comptes, son bras droit au gouvernorat, Mgr Giorgio Corbellini, mémoire historique de l'institution. Corbellini entre au gouvernorat en 1992, du temps du puissant cardinal vénézuélien José Rosalio Castillo Lara, et il y reste dix-neuf ans, jusqu'en septembre 2011. Lorsque je prononce, au cours de notre rencontre en janvier 2012, le nom de Viganò, le prélat a comme un sursaut. Il se crispe, me demande si notre entretien est vraiment nécessaire. « Oui, pour comprendre. » Selon Corbellini, l'œuvre de Viganò a été essentielle dans la mesure où il a cherché à aligner l'activité du gouvernorat « avec les principes fondamentaux du Saint-Père », bien qu'il puisse toujours rencontrer des difficultés parce que « la présence des hommes entraîne toujours des risques ». De son point de vue, Viganò « s'est beaucoup attaché à une transparence maximale pour l'attribution des marchés. Le Vatican est un chantier permanent, ce n'est pas évident : il faut gérer et restaurer des bâtiments et des structures de grande valeur, et ne pas intervenir entraîne par la suite un besoin d'intervention bien plus coûteux. Nous avons décidé de nous concentrer sur des secteurs spécifiques qui paraissaient problématiques, comme le cas des jardins, où il n'y avait pas de gestion intelligente. Il ne s'agissait pas d'inexactitudes mais d'un manque d'ordre généralisé de la gestion des comptes : en un an, nous sommes parvenus à économiser, je crois, la moitié des dépenses habituelles, autour de 700 000 euros, que l'on a utilisés pour une intervention qui n'était pas prévue : la nouvelle centrale thermique. »

Mais est-il vrai que chaque fournisseur du Vatican a un ange gardien ? « Ce n'est pas une mauvaise chose, il faut savoir garder ceux qui ont fait du bon travail. Nous avons conçu avec Viganò un registre qui n'existait pas formellement, bien qu'il y eût certainement déjà une liste de fournisseurs habituels. Maintenant, il est aussi vrai que, pour les appels d'offres, nos supérieurs se réservent la possibilité d'opérer des choix en ne s'arrêtant pas uniquement à l'aspect économique. »

La faillite des diocèses américains

Novembre 2011. À peine installé à Washington dans l'élégant immeuble du 3339 Massachusetts Avenue qui abrite la nonciature, dans le quartier diplomatique de la capitale, le nouvel ambassadeur, Mgr Carlo Maria Viganò, retrouve sur son bureau les problèmes qu'il venait tout juste de laisser au Vatican : recadrer les comptes, imposer la rigueur. Le groupe auquel appartient ma source poursuit l'histoire du prélat nouvellement diplomate : « Pour lui, m'explique Maria un soir chez moi devant deux pizzas encore dans leurs boîtes, cette surprise est un pied de nez. Il n'est pas agréable pour un homme précis, pointilleux, exigeant et surtout amer de devoir résoudre des questions d'argent et de mauvais comportement après avoir été éloigné de Rome et envoyé dans une sorte d'exil "doré" justement à cause de ses dénonciations ouvertes de mauvaise gestion d'argent au Vatican. » Sur son bureau, le diplomate découvre des dossiers critiques, à traiter immédiatement et sans faux pas. En effet, ses rapports avec la secrétairerie d'État se sont tendus avec l'épilogue désastreux de son bras de fer avec Bertone.

Viganò en a beaucoup vu au cours d'une carrière diplomatique de prestige, mais il ne lui était jamais arrivé de subir une tornade comme celle qui s'est abattue sur les comptes de l'Église aux États-Unis : les procès des prêtres pédophiles et leurs lourdes conséquences économiques. Une histoire qui dure depuis déjà dix ans. Après les signes avant-coureurs de 2001, l'affaire éclate en 2002 dans le diocèse de Boston, contraint à payer 6,2 millions de dollars aux victimes de prêtres pédophiles, les incitant ainsi à éviter les tribunaux. En 2007, les diocèses américains avaient déjà déboursé 900 millions de dollars en accords et négociations entre avocats. Et ce n'était que le début. Ces dernières années, la somme a grimpé de façon démesurée. Comme l'écrit le vaticaniste de *La Stampa*, Giacomo Galeazzi[16], on compte « 4 500 cas de pédophilie dans l'Église des États-Unis, avec 2,6 milliards de dollars de dédommagements payés jusqu'à aujourd'hui[17] ». Ces sommes font exploser les comptes des curies. Sept ont déjà déposé le bilan à causes de scandales liés à des abus sexuels. Le redressement judiciaire du diocèse de Milwaukee a été suivi par la faillite de celui de Fairbanks, qui a payé des dédommagements à 150 victimes d'abus en 2008.

La première affaire qu'affronte Viganò lui est signalée par Mgr William Francis Malooly, évêque de Wilmington. Le diocèse s'étend sur l'ensemble du Delaware et la côte est du Maryland, avec 230 000 fidèles. Le scandale des abus sexuels sur mineurs par des prêtres de son diocèse avait motivé la décision de présenter en 2009 une demande de mise en faillite afin de régler les nombreux contentieux en cours. Après des années de batailles judicaires, se profile à l'horizon le paiement d'un dédommagement colossal de 77 millions de dollars, comme l'expliquera en février 2012 un porte-parole de l'évêque au *Washington Post*. Pour cette raison, Malooly avait déjà cherché plusieurs mois auparavant à prendre des mesures d'urgence. Le 7 octobre 2011, il avait envoyé un rapport confidentiel à la nonciature pour obtenir un prêt de 10 millions de dollars. Cet argent était vital pour redresser les comptes et pouvoir honorer le dédommagement prévu lors des négociations. Le nouveau nonce analyse les comptes et s'aperçoit que les fonds manquent. Le phénomène de dédommagements risque de mettre l'Église catholique à genoux aux États-Unis. Ainsi, le 23 novembre, Viganò adresse le problème directement au Saint-Siège. Il fait préparer un message codé, en utilisant des codes cryptés qui rappellent ceux de la Seconde Guerre mondiale. Le message doit être envoyé tout de suite à Rome pour faire comprendre que la situation pourrait s'accélérer. Viganò frappe fort. Le destinataire est un des cardinaux les plus en vue, Piacenza, préfet de la Congrégation pour le clergé, ligure comme Bagnasco. Le texte est direct :

> Je souhaite communiquer à la Congrégation pour le clergé les informations suivantes : avec le rapport n° 14.180 en date du 7 octobre de cette année, a été envoyée au dicastère la demande de l'Excellentissime Mgr Malooly, évêque de Wilmington, pour un prêt d'une somme de 10 000 000 $ (dix millions de dollars américains), afin de payer les frais imposés par la Cour fédérale de faillite. Le prélat a besoin de trois semaines pour contracter le prêt en question. Compte tenu de l'urgence du délai, je vous prie de faire parvenir à ma nonciature une réponse à cette requête. †Viganò

Le nonce s'inquiète de voir des affaires comme celle de Wilmington affaiblir davantage l'Église aux États-Unis et lui faire perdre en puissance, surtout en vue du délicat rendez-vous des primaires pour les présidentielles américaines, moment important dans les relations entre la communauté des évêques américains et les partis démocrate et républicain. Évidemment, lorsque l'affaire Viganò devient publique en février 2012, les rapports entre la nonciature américaine et la secrétairerie d'État subissent un nouveau coup de froid et mettent Viganò en difficulté. Dans un premier temps, ses ennemis le désignent comme la source qui aurait transmis les documents aux médias, éventualité impossible lorsque l'on connaît la discrétion du prélat qui, contacté plusieurs fois par fax, courriel et téléphone à la nonciature, n'a jamais répondu. L'aspect le plus problématique de la question concerne les rapports entre la communauté des évêques des États-Unis et le Saint-Siège. Si le diplomate en charge de créer le lien avec le Vatican est désapprouvé par celui-ci, qui pourra entretenir ces rapports ? Une délégation d'évêques américains traverse l'Atlantique pour trouver des réponses. Viganò doit encore les donner.

---

1. Né à Varèse en 1941, ordonné prêtre en 1968, Viganò a été nonce apostolique au Nigeria dans les années 1990, puis en 1998 il est devenu délégué pour les représentations pontificales au sein de la secrétairerie d'État.
2. Le 12 mars dans le quotidien de via Negri dans la rubrique « Sotto la Cupola » (« Sous la coupole », *NDT*) sort un article au titre évocateur : « Le finanze del Vaticano non decollano : cercasi governatore » (« Les finances du Vatican ne décollent pas, il faut un gouverneur », *NDT*), signé avec des initiales fantaisistes « TOs ». Plusieurs mois plus tard, au début de l'année 2012, le directeur Alessandro Sallusti ne révèle pas l'identité cachée derrière « TOs » mais explique que l'auteur de l'article est une source interne au Saint-Siège, qui fournit déjà certains articles.
3. Dans sa lettre, Viganò souligne encore qu'après la publication de l'article Bertone n'a pas réagi, le laissant ainsi « profondément amer face à l'absence de la moindre expression de solidarité de la part

de Votre Éminence à mon égard, de regret et même de détachement de votre part du contenu et du ton diffamatoire de l'article en question, contrairement à Andrea Tornielli, vaticaniste d'*il Giornale* maintenant à *La Stampa* car il était en désaccord complet avec son directeur sur ce genre d'articles anonymes, qu'il qualifie de "mafieux", fondés sur des papiers provenant du Vatican ». Au cours des mois suivants, Tornielli, prenant ses distances et critiquant malgré tout l'article, niera avoir employé le terme « mafieux ».

4. Viganò a aussi accompli une réorganisation des bureaux, en introduisant des critères de transparence dans l'assignation des tâches avec un contrôle de l'état d'avancement et des dépenses : « J'ai constitué trois nouveaux bureaux près du secrétaire général : un bureau d'acquisition de biens et services, le bureau de contrôle interne et le bureau de programmation et contrôle de gestion, définissant de nouvelles procédures pour l'ouverture de travaux, garantissant sa gestion économique et une analyse avant une vérification en cours d'opération et une phase expérimentale pour tous.

5. Viganò se montre assez dur au sujet de Mgr Nicolini : « Nicolini est concerné par un autre chapitre : sa gestion des Musées du Vatican. Il y aurait tant de choses à dire à ce sujet, sur différents aspects de sa personnalité : vulgarité du comportement et du langage, arrogance et prétention vis-à-vis des collaborateurs qui ne montreraient pas un servilisme absolu, préférences, promotions et engagements arbitraires à des fins personnelles ; les plaintes parvenues aux supérieurs du gouvernorat de la part d'employés des Musées sont légion. Ils le voient comme une personne sans scrupule et privée de sens sacerdotal. Les comportements de Nicolini non seulement représentent une grave violation de la justice et de la charité mais sont même répréhensibles judiciairement, du point de vue du droit aussi bien canonique que civil. Si aucune mesure administrative ne devait être prise à son encontre, il serait de mon devoir de saisir la justice. »

6. Un manager laïc qui travaillait au Vatican est également montré du doigt comme conspirateur présumé : « Cette action de dénigrement et de calomnie à mon égard a aussi été menée par Saverio Petrillo, qui s'est senti blessé dans son orgueil par une enquête conduite par la gendarmerie pontificale. Cette enquête faisait suite à un vol survenu l'année dernière dans les villas pontificales dont ledit Petrillo n'avait informé ni ses supérieurs au gouvernorat ni la gendarmerie. Autre motif de son attitude envers moi, la décision prise par le président Lajolo (et non par moi) de confier la gestion des serres des villas à Luciano Cecchetti, responsable des jardins du Vatican, avec

l'intention de créer une synergie entre les besoins de ses derniers et les ressources disponibles dans les villas pontificales, dont la gestion annuelle coûte 3,5 millions d'euros. Les témoignages ne manquent pas quant au comportement inacceptable de M. Petrillo, puisqu'il s'en est venté publiquement ("Viganò a dépassé les bornes et doit être renvoyé du gouvernement") devant des personnes loyales qui m'en ont parlé, depuis l'appartement privé jusqu'aux couloirs du gouvernorat. »

7. Ferruccio Sansa, Andrea Garibaldi, Antonio Massari, Marco Preve, Giuseppe Salvaggiulio, *La Colata*, Chiarelettere, Milan, 2010.

8. Al.C., « Il cardinal dinner di Simeon ? La cena dei debiti », *il Secolo XIX*, 31 décembre 2010.

9. Un courriel publié le 14 juin 2011 par *il Secolo XIX*, signé Pippo Corigliano, porte-parole de l'Opus Dei, explique que « Simeon ne peut être "apparenté" à l'Opus Dei, ce n'est pas un fidèle de la prélature ».

10. Pour Viganò, il est en effet important que la commission termine ses vérifications « afin que ne soit pas puni un homme qui, par devoir professionnel, avait signalé à son supérieur immédiat, le cardinal Lajolo, des faits et des comportements gravement répréhensibles que Mgr Corbellini, sous-secrétaire général, avait du reste déjà dénoncés plusieurs fois, documents à l'appui, à ce même supérieur, en vain, bien avant mon arrivée au gouvernorat, et qui, face à un manque de réaction du cardinal, s'était senti le devoir d'en référer à la secrétairerie d'État ».

11. La lettre de Cacciavillan au souverain pontife se poursuit ainsi : « Mgr Sciacca, homme et prêtre de grandes qualités et de grands talents (avec néanmoins quelques défauts), confirme, comme il l'a toujours pensé et déclaré, sa disponibilité pour une nomination à la préfecture pour les Affaires économiques (secrétaire, évêque) déjà décidée depuis longtemps. En outre, il souhaite vivement que cette nomination soit publiée en même temps que celle du nouveau président du gouvernorat, dans l'hypothèse où Viganò continue ses activités quelque temps au gouvernorat avec le nouveau président. J'épaule chaudement ce désir de Sciacca, pour différentes raisons. Ainsi, les incertitudes au sujet du prélat seraient terminées, tout comme les commentaires à son sujet. Si Viganò reste au gouvernorat, par exemple pendant deux mois, avec le nouveau président, le calme devrait, espérons-le, revenir. L'archevêque Viganò accepterait alors volontiers d'être nommé au poste de préfet de la préfecture pour les Affaires économiques du Saint-Siège. Sciacca,

déjà secrétaire évêque dans ce service, serait ravi de travailler avec Viganò comme président. Mgr Giorgio Corbellini pourrait quant à lui être nommé secrétaire du gouvernorat. »

12. Le 2 septembre, le cardinal Lajolo enverra une lettre de remerciement à Benoît XVI, dans laquelle il souligne les difficultés qu'il a rencontrées : « Du fond du cœur, je remercie le "Patron de la Vigne" pour ce bureau comme pour tous ceux auxquels j'ai été appelé au cours de mes années de sacerdoce, sans jamais en attendre autant. Les moments difficiles n'ont pas manqué, pour des questions extérieures comme pour des questions internes au bureau, mais j'ai toujours pu compter sur l'aide de la Divine Providence et le soutien bienveillant de Sa Sainteté. »

13. Dans le long communiqué, plusieurs semaines après la diffusion des lettres de Viganò, l'ancien et le nouveau sommet du gouvernorat réagissent aux accusations de l'ancien secrétaire général : « Les affirmations ne peuvent que donner l'impression que le gouvernorat, au lieu d'être un instrument de gouvernance responsable, est une entité instable, aux prises avec des forces obscures. [...] Ces affirmations sont le fruit de jugements erronés ou alors elles se fondent sur des craintes sans preuves, voire ouvertement contredites par les principales personnalités données comme témoins. [...] Les investissements financiers, confiés à des gestionnaires extérieurs, ont subi des pertes importantes pendant la crise internationale de 2008. Selon les critères comptables définis par la préfecture pour les Affaires économiques du Saint-Siège en harmonie avec les critères établis en Italie, les pertes en question ont été étalées également sur l'exercice de 2009, qui a vu un déficit de 7 815 000 euros. Il convient également de souligner que, malgré les pertes financières, la gestion économique et fonctionnelle du gouvernorat est restée bénéficiaire. Le passage d'un résultat négatif à un résultat positif en 2010 a été dû à deux facteurs principaux : la gestion des investissements financiers du gouvernorat, confiée par le cardinal président à l'APSA en 2009, et surtout les excellents résultats des Musées du Vatican. Les marchés pour de nouvelles œuvres de qualité, comme la restauration en cours de la colonnade de la place Saint-Pierre ou la construction de la fontaine de San Giuseppe, sont attribués par appels d'offres dans les règles et après examen par une commission *ad hoc*, instituée chaque fois par le président. Pour les travaux de moindre importance, la direction des services techniques fait appel à son propre personnel ou à des entreprises externes qualifiées, bien connues, sur la base des tarifs

en vigueur en Italie. La présidence exprime sa pleine confiance et son estime aux illustres membres du comité de finance et de gestion et les remercie pour leur précieuse contribution, exécutée avec un professionnalisme reconnu, en y consacrant beaucoup de temps, sans aucune charge pour le gouvernorat, dans l'espoir de pouvoir encore profiter de leurs conseils à l'avenir. La présidence confirme également sa pleine confiance envers les directions et les collaborateurs variés, qui se sont révélés être, après un examen approfondi, soupçonnés et accusés sans fondement. »

14. Entretien accordé à l'auteur, janvier 2012.
15. Entretien accordé à l'auteur, janvier 2012.
16. Giacomo Galeazzi, « Lo sconvolgente viaggio nello scandalo pedofilia che ga travolto molte comunità », *La Stampa*, 6 mars 2012.
17. L'estimation des dédommagements aux victimes de prêtres pédophiles aux États-Unis la plus crédible reste celle du site Vaticaninsider.it qui évoque 3 milliards de dollars destinés à clore les affaires. Un chiffre à décomposer en deux parties : 2 milliards de dédommagements effectifs, 1 milliard de frais de justice et de décisions extrajudiciaires. Il faut ajouter à cela 2 milliards de « dégât d'image », selon l'estimation de deux experts, Michael Bemi, président du National Catholic Risk Retention Group, et Patricia Neal, consultante du programme de protection des enfants de l'Oklahoma, intervenus à la conférence organisée par le Saint-Siège à l'Université grégorienne de Rome, le 8 février 2012. Le chiffre pourrait être bien plus élevé si l'on tenait compte du fait que plusieurs diocèses ont conclu des accords privés pour le dédommagement des victimes, dont on ne connaît pas le contenu. Bemi et Neal, consultants de l'Église catholique aux États-Unis, ont demandé aux sommets ecclésiastiques du monde entier « combien d'hôpitaux, de séminaires, d'écoles, d'églises, de centres pour femmes et enfants auraient pu être construits avec cet argent ». Ils ont aussi rappelé les « milliers de bons prêtres, religieux et ministres du culte qui ont été touchés par le scandale des abus, en devant faire face au manque de confiance et au mépris des gens ».

La joyeuse machine des dons

La crise des oboles et le dépôt du pape

Les États-Unis sont un pays stratégique de l'échiquier financier de la Sainte Église romaine, et l'Italie et l'Allemagne sont le poumon financier du catholicisme dans le monde. Certes, l'affaire de pédophilie a mis à mal les finances, avec le dédommagement des victimes, mais elle occasionne également des dommages indirects. Le scandale compromet l'image de l'Église et engendre en conséquence une baisse des dons. Prenons le seul denier de Saint-Pierre, soit l'ensemble des dons au pape par les fidèles d'églises, d'instituts de vie consacrée, les sociétés de vie apostolique, fondations et personnes privées : en 2010, les fonds récoltés n'atteignaient « que » 67 millions de dollars. Avec une réduction de 20 % par rapport aux 82,5 millions de 2009, déjà loin du record de 100 millions, atteint en 2006. Une réduction significative qui trouve des explications diverses. Le porte-parole du Vatican, le père Federico Lombardi, minimise le phénomène à la diffusion des chiffres en juillet 2011 : « La diminution de 2010 correspond en partie à une chute généralisée des donations à mettre en relation avec la phase de troubles économiques. Il y a aussi le fait qu'en 2009 deux donations individuelles considérables, inhabituelles, avaient fait gonfler les rentrées d'argent. »

L'évolution des finances est sans nul doute une des principales préoccupations du Vatican. La joyeuse machine des dons n'engrange plus les recettes d'autrefois, quand on pouvait compter sur la générosité des fidèles toute l'année. Sans argent, on se voit obligé de renoncer au pouvoir. Aujourd'hui, il n'y a qu'à la veille des festivités consacrées que ces soucis disparaissent, lorsque arrivent à la place Saint-Pierre, comme dans une crèche vivante, des oboles, en monnaie ou en chèques généreux du monde entier.

Noël et Pâques voient de véritables processions. Des frères franciscains avec des cartes et des enveloppes remplies de billets, des entrepreneurs qui apportent des chandeliers en argent ou des chèques colossaux, des lobbyistes, des aristocrates fortunés et des journalistes. Autour du pape s'anime la foule hétéroclite des dons qui voit le souverain pontife comme une référence, un catalyseur. Du reste, comme le stipule la Loi fondamentale introduite par Jean-Paul II : « Le Souverain Pontife, Souverain de l'État de la Cité du Vatican, possède les pleins pouvoirs législatif, exécutif et judiciaire[1]. » C'est lui qui décide. Au-delà d'être le pasteur de 17 % de la population mondiale, il est le guide d'un royaume sans frontières dont le Saint-Siège constitue le cœur battant. 4 500 évêques, 405 000 prêtres, 865 000 religieux, sans oublier les diacres permanents, les missionnaires laïcs et plus de 2 millions de catéchistes se réfèrent à lui. Sans parler bien sûr des fidèles catholiques. Certains donnent par plaisir, en phase avec l'esprit chrétien. Certains espèrent se racheter et obtenir le pardon. D'autres cherchent une bénédiction. Et d'autres enfin sortent leur portefeuille par pur intérêt. On offre pour se faire valoir, pour le renouvellement de son poste ou d'un marché. Ou alors seulement pour obtenir une audience ou une photo.

Le souverain pontife donne de sa personne pour garantir un flux continu d'argent dans les caisses. Que ce soit dans des campagnes qui impliquent le monde catholique tout entier, comme la récolte de l'Année sainte, le denier de Saint-Pierre et la destination d'une part symbolique des impôts, de 8 ‰ en Italie. Ou avec des initiatives personnelles et des moments privés. Tous ceux qui viennent aux audiences, les rares privilégiés qui réussissent à obtenir le fameux billet pour un baisemain, laissent une obole en échange d'un baiser sur la bague papale et d'une photo de famille. Sur le billet est indiqué le nombre de personnes autorisées à entrer et la date de l'audience qui se tient le mercredi dans la salle Paul VI, place Saint-Pierre, soit au deuxième étage du Palais apostolique. Tout cela est réservé aux généreux élus qui peuvent profiter d'une rencontre avec le pape en privé. Comment dit-on déjà ? À votre bon cœur.

Il n'est pas simple de calculer des moyennes statistiques car les chiffres ne sont pas rendus publics, comme grand nombre des budgets des organismes qui contribuent aux finances de l'Église. Mais en une seule journée, d'après les indiscrétions recueillies et les documents à disposition, on peut estimer que les audiences permettent de récolter des sommes de 40 000 à 150 000 euros.

Les collaborateurs de Benoît XVI se chargent de tenir les comptes. Les opérations s'effectuent en majorité par ordinateur mais certaines notes sont encore traitées à la main. À ces documents comptables viennent s'ajouter les piles de billets et de chèques, prêts à être emportés à l'IOR, dans le coffre-fort des cardinaux, où le souverain pontife dispose de différents comptes de dépôt sous un nom d'emprunt avec une procuration à Mgr Georg pour les virements et les crédits. On parle en général de « dépôt du pape », un fonds personnel et secret sur lequel circulent différentes sommes, des utiles de l'IOR au denier de Saint-Pierre, que le souverain pontife destine aux œuvres de bienfaisance.

Nous connaissons la situation comptable du 1ᵉʳ avril 2006 : 50 000 euros encaissés, 41 680 en espèces, 6 625 par chèques, le reste en devises étrangères. En passant ensuite au peigne fin la comptabilité des dons entre les audiences publiques, privées et les donations, on note que les prêtres et les diocèses apportent le plus d'oboles de toute la chaîne de générosité. Parmi les bienfaiteurs du moment, on trouve les frères mineurs de l'Ombrie, l'Œuvre diocésaine des pèlerinages de Lugano, le monastère allemand Kloster Mallersdorf, le sanctuaire de Notre-Dame-de-la-Fontaine et quelques sujets comme Javier Echevarría, prélat de l'Opus Dei, et le président de l'IOR de l'époque, Angelo Caloia, qui a offert 5 000 euros en espèces.

Chaque obole cache un personnage et une histoire digne d'être racontée. Grâce aux documents en notre possession, nous pouvons reconstruire justement les donations de Caloia, entrepreneur milanais symbole des cercles financiers du Vatican, passé en 1989 chez Mediocredito, antenne centrale de l'IOR, l'institut laissé par Marcinkus, qui risque d'être arrêté pour la faillite du Banco Ambrosiano. Caloia sera le dernier des grands fidèles laïcs choisis par Jean-Paul II à quitter le Vatican, trois ans après la « révolution tranquille » entamée par le pape allemand. Dans les premiers mois du nouveau pontificat, Caloia espère sans doute être reconduit une nouvelle fois, après vingt ans passés au sommet de l'institut de crédit. Il cherche donc à mettre en avant ses activités bancaires. Il divulgue à la secrétairerie d'État et dans les palais sacrés les résultats obtenus par l'IOR, capable de récolter 5 milliards d'euros auprès de ses clients. Par ailleurs, il se montre aussi particulièrement généreux. Quelques jours passent et, le 23 avril 2006, il envoie encore un don substantiel. Ce sont cette fois 50 000 euros, si l'on en croit l'affectueuse lettre qu'il adresse au pape : « all.50.000,00 R/24-Avril/2006. »

Le ton est singulièrement obséquieux. Caloia définit la somme comme un « signe modeste ». De 50 000 euros :

> Père Béatissime,
> Les journées pascales et les grands messages du Saint-Père ont rempli nos cœurs de joie. Le premier anniversaire de son arrivée sur le trône de Pierre a été pour nous la confirmation du grand don que le Seigneur Jésus a fait à sa [*sic*]. Remerciant de bon cœur le Très Haut pour la grâce à laquelle il nous fait toujours participer et exultant à l'idée de continuer à profiter de sa bienveillance paternelle, j'exprime à Sa Sainteté, en mon nom personnel et au nom du personnel de tout l'Institut, un profond sentiment de gratitude et le souhait sincère que l'Esprit-Saint l'assiste toujours dans son haut ministère. Que le Saint-Père accueille un modeste signe qui l'aide dans ses œuvres de bien et qu'il nous bénisse tous, nous et nos familles.

On ne sait pas précisément si le banquier utilise de l'argent personnel ou celui de l'IOR, des sommes qui finiront de toute manière à la disposition directe du souverain pontife, comme le prévoit son statut et comme l'avait indiqué en 1998 le même Caloia, puisque les utiles de la banque sont directement gérés par le pape[2]. La missive est écrite sur le papier à en-tête de l'IOR et inclut l'habituelle bénédiction à tous les employés. Quelques années passent et au printemps 2009 sort mon livre *Vatican S.A.* sur les malversations commises à l'IOR dans les premières années de l'ère Caloia et le blanchiment du pot-de-vin géant Enimont, passé au moins en partie des mains de Bisignani au prélat de la banque, Donato de Bonis. À la mi-mai, je rencontre Caloia à l'hôtel Ambasciatori de Rome, via Veneto. Je lui donne une des premières copies de l'essai. Il le feuillette et devient blanc. Il ne lâche que quelques mots : « À présent, je dois vous saluer, je dois aller me défendre. » De qui, Caloia ? « De ceux qui utiliseront votre livre contre moi. » Nous étions en mai ; en été, Bagnasco, dans une conversation au Vatican, dira que le livre « permettra de restructurer les organismes qui amènent plus d'ombre que de lumière ». En septembre, Caloia se voit « révoqué » prématurément. Aujourd'hui, l'IOR, aux prises avec de nombreux et d'excessifs troubles, travaille à davantage de transparence dans ses activités.

Pour en revenir aux « aumôniers » et à la journée du 1er avril, il faut reconnaître une personne qui mérite la palme de la ténacité. En effet, 30 % des dons mentionnés ce jour-là ont été offerts par une sœur d'une influence rare parmi les ecclésiastiques : la très puissante abbesse des Brigittines, Tekla Famiglietti, qui, partant de Sturno, un petit village de Campanie, est devenue ambassadrice des papes et cheftaine de sœurs présentes aux quatre coins du monde.

Il y a bien quatre versements distincts sans indication du nom des personnes qui ont transféré ces sommes à la sœur. Ce n'est pas une nécessité. La discrétion est un signe caractéristique de cette sœur supérieure, adorée par Jean-Paul II et son secrétaire particulier, don Stanislaw Dziwisz, pour les initiatives des Brigittines à Cuba, en Pologne et dans les pays de l'ex-bloc soviétique. Les légendes et vérités se mélangent à son sujet : « On dit, confie aujourd'hui Nunzio Pupi d'Angeri, diplomate excentrique ami de Castro et d'Arafat et ambassadeur du Belize en Italie, qu'un des quatre numéros en mémoire sur le téléphone du bureau de Jean-Paul II était justement celui de sœur Tekla[3]. » Andreotti la présente comme un « général de corps d'armée », si importante que dans les années 1980 il la fera bénéficier des sommes d'argent du compte « fondation cardinal Francis Spellman » que l'homme sept fois président du Conseil avait ouvert à l'IOR[4]. Et l'abbesse se sent chez elle dans la banque du pape, où Pietro Orlandi a travaillé pendant dix-huit ans, après la disparition de sa sœur Emanuela en 1983, une affaire encore irrésolue : « Quand mère Tekla venait au guichet, se rappelle

Orlandi lors de notre entrevue, elle apportait d'énormes sommes d'argent et donnait des pourboires consistants sans regarder les gens dans les yeux[5]. »

10 000 euros et une demande d'audience pour Vespa

C'est surtout à la veille du 25 décembre que les dons sont les plus considérables et que l'agenda du Saint-Père, que nous avons pu voir, se remplit. Il suffit de jeter un œil au mois de décembre 2011, quand Benoît XVI a fixé de nombreux rendez-vous, et de voir qu'arrivent de copieux dons sur son bureau, de la part d'ecclésiastiques et de laïcs du monde entier. Une lettre sort du lot, celle accompagnée d'un chèque de 10 000 euros que Bruno Vespa, le journaliste télévisé le plus connu en Italie, a adressé aux œuvres du pape le 21 décembre : « Cette année encore, je me permets de mettre à votre disposition, et au nom de ma famille, une petite somme pour les œuvres de charité du pape. Je souhaite à Sa Sainteté et à vous, cher don Giorgio, de passer une Noël en toute sérénité et une nouvelle année de travail riche. » Après quelques lignes laissées blanches et les indications du numéro et du montant du chèque, le journaliste ajoute à la main : « P-S : Quand pouvons-nous avoir un rendez-vous pour saluer le Saint-Père ? Merci. » Vespa envoie une somme d'argent pour les œuvres pieuses de Ratzinger et profite de l'occasion pour demander un rendez-vous. Le secrétariat du souverain pontife, probablement le père Georg, ajoute un mémo à l'attention du pape : « Je donne signe de vie pour la nouvelle année », concernant le rendez-vous souhaité.

À la veille de Noël, Benoît XVI lit la missive et demande que l'on adresse des remerciements pour l'obole. Ces journées sont intenses, certaines sommes proviennent notamment du sommet du système bancaire italien. Giovanni

Bazoli, président du conseil de surveillance d'Intesa Sanpaolo et acteur de la finance catholique, envoie 25 000 euros
comme « contribution pour vos œuvres de charité », mettant
le chèque de banque au nom de Mgr Georg Gänswein. Un
« don spécial pour le Saint-Père » arrive également de la part
de Dieter Rampl et Federico Ghizzoni, président et directeur général d'Unicredit, au cardinal Bertone qui transmet-
tra au pape. Les banquiers profitent de l'occasion, dans leur
missive, pour affirmer la place centrale de ce dernier dans
la société d'aujourd'hui, partageant l'esprit de l'encyclique
Caritas in veritate. Et ils soulignent l'attention qu'ils portent
aux marchés financiers d'Europe de l'Est, où Unicredit a des
filiales. Les cadeaux, du moins une partie de ceux que le
pape reçoit, sont ensuite redistribués aux employés du petit
État. C'est le cas à la fête de la Befana pour les employés des
services de sécurité, à commencer par les cent cinquante gendarmes. « Afin de donner une valeur à la fête », le chef de la
gendarmerie, Domenico Giani, obtient en décembre 2012
que le père Georg destine certains dons à l'évènement « qui
cette année sera particulier, avec la présence des enfants et
des familles », comme il l'écrit dans une note.

Le Vatican ne réceptionne pas uniquement de l'argent
mais aussi des cadeaux en tout genre, comme des denrées
alimentaires, des jambons, de la charcuterie et même du
précieux jambon cru espagnol Serrano. C'est justement
l'homme à tout faire Giani, qui transporte les cartons de
jambon cru en forme de violon et autres douceurs jusqu'à
l'appartement privé, qui réceptionne en décembre 2010 le
paquet, directement du producteur. Ce dernier est en réalité
le père de Marisa Rodriguez, la correspondante de la chaîne
publique espagnole TVE, qui tient à faire un cadeau au
souverain pontife. En y ajoutant évidemment une lettre :
« L'enveloppe pour le Saint-Père, écrit Giani dans un billet
d'accompagnement, est à l'intérieur de la boîte. »

Même des truffes

Jusqu'à la porte de bronze arrivent même de précieuses truffes, estimées à 100 000 euros. Quelques mois avant la charcuterie, le père Leonardo Sapienza, chargé du protocole de la préfecture de la Maison pontificale, l'organisme qui veille sur l'appartement privé et celui des audiences de Benoît XVI, reçoit une proposition inédite. L'entrepreneur piémontais Antonio Bertolotto voudrait offrir au pape des truffes. S'il reçoit l'aval du Saint-Siège, il est déterminé à se charger de l'œuvre de bienfaisance d'Alba qui se déroule chaque année au château de Grinzane Cavour. Mais que feront les ecclésiastiques avec toutes ces douceurs divines ? Sapienza n'en sait trop rien. Il ignore comment répondre et demande au père Georg ses lumières avant que celui-ci ne donne son consentement. On portera les truffes à la maison (sans doute l'appartement pontifical) et, au pire, on mangera ces mets précieux avec des tagliatelles aux œufs pendant quelques semaines. Mais ce n'est pas possible : pour profiter au maximum des saveurs, explique le généreux industriel, la truffe doit être consommée dans les quatre jours.

Bertolotto a les idées claires : il voudrait offrir les truffes à l'audience du 17 novembre. Père Sapienza fait de son mieux. Il assure qu'il s'agit d'un bon catholique, en bons termes avec l'évêque de Coni. En résumé, il fait une bonne action et non un geste excentrique. Les Allemands sont généralement prudents et mesurent les risques. Pourquoi de la truffe ? Parce que l'industriel a fait savoir à quelques amis qui fréquentent le Vatican qu'il est resté bouche bée en lisant ce que Benoît XVI a écrit sur le thème de la sauvegarde de la Création. Ainsi, après les vérifications de circonstance, le consentement est donné. Les truffes sont réceptionnées et finissent derrière les remparts de la Cité léonine pour être envoyées directement à la cantine de Caritas, pour la joie des sans-abri.

Des millions à la fondation du pape

On en a toujours su peu ou rien concernant le dépôt du Saint-Père à l'IOR. On sait qu'il inclut divers comptes courants parmi lesquels le n° 39887, ouvert le 10 octobre 2007 et au nom du souverain pontife, pour des projets humanitaires et d'étude théologique. Le pape a fait mettre sur ce compte 50 % des droits d'auteur de son énorme production de livres, un catalogue de plus de cent trente titres. La somme est substantielle : 2,4 millions d'euros ont été transférés depuis mars 2010 à la fondation vaticane « Joseph Ratzinger Benoît XVI », la jumelle de la Stiftung allemande, ouverte à l'automne 2008, dont le siège est à Munich et le compte courant, à la Hauck&Aufhauser, impénétrable banque privée avec des filiales au Luxembourg, en Suisse et en Allemagne.

Le premier virement de 290 000 euros est arrivé du compte du pape à l'IOR. La fondation allemande est gérée par d'anciens étudiants du souverain pontife et travaille à la diffusion de la pensée du pape, en décernant notamment des bourses d'études. De son côté, la fondation vaticane récolte les droits d'auteur, organise des conférences, fait la promotion des études théologiques. Le sommet de la fondation se joue sur deux niveaux : un comité scientifique, avec les cardinaux Bertone, Ruini et Angelo Amato, et un conseil d'administration tenu par Mgr Giuseppe Scotti, président de la Librairie éditrice du Vatican.

Le seul laïc présent au conseil, le vice-président Paolo Cipriani, figure peu connue du grand public, est le spécialiste de l'argent et des finances. Directeur général de l'IOR depuis octobre 2007, ce Romain, père de deux enfants, est l'homme clé de la banque du pape. Cipriani provient de l'univers des instituts de crédit gérés par le puissant banquier catholique Cesare Geronzi qui, avant d'aller à la tête de Mediobanca, occupait le sommet de la banque Santo Spirito et de la Banca di Roma. Cipriano a défendu les intérêts de ces deux instituts à Londres, New York et au Luxembourg. C'est l'homme qui gère les comptes de la fondation en suivant les indications du père Georg, selon la volonté expresse de Benoît XVI[6].

Le pape est à contrecourant : si les entreprises du monde entier sont en crise, le compte de sa fondation est dans le vert. Pour l'année 2012, on annonce un bénéfice de 1 033 000 euros, notamment grâce aux gains nets de la gestion financière confiée à des experts comme Cipriani et aux rentrées d'argent de ses livres pour 1,5 million d'euros. Les dépenses restent significatives, voire élevées. Les coûts opérationnels atteignent 170 000 euros, plus 100 000 euros pour un colloque qui se tient chaque année à Bydgoszcz (Pologne) et 270 000 euros pour l'édition 2011 du prix annuel Ratzinger pour les études théologiques et la diffusion de la foi, organisée par la fondation. L'année précédente, les coûts opérationnels avaient atteint 152 000 euros, le colloque avait coûté 90 000 euros tandis qu'environ 240 000 euros avaient été dépensés pour le prix. Gian Gaetano Bellavia, conseiller fiscal et consultant de différentes procures, explique que « ces chiffres montrent qu'il ne s'agit pas d'une fondation pauvre mais d'une structure qui génère des utiles qu'elle remet dans sa liquidité. Les chiffres indiquent un important disponible. En effet, au 31 décembre 2010, 240 000 euros de gains nets obtenus peuvent faire penser à des disponibilités financières de plusieurs millions d'euros. Il est étonnant de voir l'année suivante la décision du Vatican de fermer le compte non pas au 31 décembre mais au 30 novembre alors qu'il n'en avait aucune obligation. De son côté, la recette financière a diminué de moitié, personne n'a donc été très chanceux, comme la majorité d'entre nous, communs des mortels. La multiplication des profits a généré des utiles substantiels, et la tendance devrait se poursuivre en 2012, à contrecourant de la situation économique mondiale[7]. »

Les mouvements d'argent de la fondation peuvent aussi créer des fictions dans les palais sacrés, voire des situations paradoxales, comme la décision de récompenser M. Manlio Simonetti, philologue et historien du christianisme. Le savant a reçu une subvention de 50 000 euros de la fondation de Ratzinger, même après la publication en 2010 d'un essai « très problématique sur la composition des Évangiles et le développement théologique au cours des premiers siècles ». La question n'est pas anodine, du moins du point de vue de la curie romaine, s'il est vrai que « le livre se détache clairement de la ligne de pensée du volume de Joseph Ratzinger-Benoît XVI, *Jésus de Nazareth* », comme on peut le lire sur le procès-verbal du comité scientifique, rédigé par Mgr Luis Ladaria, qui le 3 novembre 2011 se réunit dans les bureaux du cardinal Bertone. La situation semble surréaliste : Simonetti, dont les positions divergent avec celles exprimées par le pape dans ses livres, a obtenu un prix prestigieux allant avec l'argent que le pape lui-même reçoit de ses propres essais. Parmi les cardinaux, Ruini et Bertone en tête, une grande gêne s'installe au cours de la réunion. Le père Georg demeure pantois mais ne dit rien. En revanche, le cardinal Amato se montre particulièrement sévère : « Avec ce livre, Simonetti est allé au-delà de son champ de compétence et s'est aventuré sur des terrains dont il ignore tout. » En bref, la situation est intolérable. Amato réclame que l'on « perfectionne la méthode de sélection des candidats » et souligne qu'« il faudra indubitablement consulter le Saint-Père ». Il suggère alors de trouver des candidats « en demandant la collaboration des recteurs et doyens des instituts romains » afin d'éviter que cette situation ne se répète.

L'offense de l'IOR

Les comptes de la fondation font la fierté de Cipriani, même si son rôle ne fait pas l'unanimité au sein du Palais apostolique. En effet, Cipriani fait l'objet d'une enquête pour blanchiment, tout comme le président de l'IOR Ettore Gotti Tedeschi, pour des opérations effectuées par l'institut de crédit que le parquet de Rome trouve suspectes. Il ne semble pas opportun de continuer à confier la gestion opérationnelle de la banque et de la fondation du souverain pontife à un laïc soupçonné justement de blanchiment au cours de ses activités au Vatican. Le scandale éclate en septembre 2010, avec la saisie de 23 millions d'euros. La somme déposée sur un compte de l'IOR de la filiale romaine du Credito artigiano devait être envoyée sur un compte jumeau ouvert à la JP Morgan de Francfort (20 millions d'euros). Les 3 millions restants devaient aller à la Banca del Fucino. Avec un bémol : la réclamation qui engendre les enquêtes est partie dudit Credito artigiano car les opérations ont été effectuées sans que le client titulaire du compte sur lequel a été déposé l'argent n'ait été informé et sans mention des motifs des transferts. Les relations entre l'IOR et le système bancaire italien sont surveillées par la Banque centrale italienne, qui porte son attention sur tous les instituts de crédit de la péninsule. Lorsque Mario Draghi succède à l'ultraconservateur catholique Antonio Fazio à la tête de la Banque centrale, l'IOR se voit défini comme un institut œuvrant depuis un pays extracommunautaire (les faits le prouvent). Le système de crédit italien doit donc se montrer vigilant.

Gotti Tedeschi se défend en soutenant qu'il s'agit d'une opération de caisse et donc sans client, le père Lombardi cherche à répondre à l'accusation en parlant de malentendu, mais la tension s'aggrave. Dans une note, Gotti Tedeschi laisse entendre au secrétaire particulier du pape qu'il y aurait actuellement une conspiration contre le Vatican, soutenant que ses recherches d'un commanditaire l'ont conduit à « émettre légitimement des soupçons sur le rôle d'un actionnaire du *Corriere della Sera* », dirigé par Ferruccio de Bortoli :

> *Compte-rendu synthétique confidentiel adressé à Mgr Georg Gänswein*
>
> [...] L'ordre de transfert, signé par le directeur et le sous-directeur, d'un compte IOR à un compte IOR, concernait une opération de trésorerie pour un investissement en *bund* allemands. Le directeur a expliqué au magistrat en charge de l'enquête que l'ordre a été donné avec l'explication d'un transfert de fonds, avec la certitude qu'aucune information complémentaire sur le destinataire n'était nécessaire. Le Credito artigiano travaille avec l'institut depuis vingt ans et devrait savoir comment ont été constitués les fonds. On sait que l'ordre de transfert a été confirmé, malgré l'absence d'accord écrit, ce retard étant imputable au même Credito artigiano, où dormaient 28 millions d'euros inutilisés. Sur sept banques avec lesquelles travaille l'institut en Italie, des accords similaires ont déjà été définis avec au moins cinq d'entre elles, comme le confirme le fait que le même jour (6 septembre) 20 millions d'euros avaient été transférés du compte IOR sur la DB [Deutsche Bank ?, *NDA*] au compte IOR JP Morgan-Francfort. Il faut noter également l'étonnante rapidité (inhabituelle selon les experts) des évènements. Le Credito artigiano signale l'opération avec l'autorisation du président du groupe bancaire, également conseiller de l'institut [l'IOR, *NDA*] à l'UIF (unité d'information financière de la Banque centrale italienne). La Banque centrale italienne informe cinq jours plus tard le parquet de Rome et la nouvelle atterrit dans la presse avant que nous en soyons informés ou que l'on nous demande des explications. [...] Pendant les auditions, le magistrat en charge de l'enquête ne donne aucune indication sur l'hypothèse d'un délit de blanchiment nié au cours des interrogatoires ou dans les actes. On a pu

lire ces informations dans les journaux (*Corriere della Sera*). Le comportement du *Corriere* est curieux, vu l'importance donnée, en première page, aux nouvelles du jeudi 21 avant d'être modifiées le jour suivant, vendredi 22, en page 11. Un comportement aussi curieux permet d'émettre légitimement des soupçons sur le rôle d'un actionnaire du *Corriere*. Après l'interrogatoire, l'avocat de l'institut décide de recourir au Tribunale del riesame pour avoir les fonds disponibles. Ce recours semble avoir dérangé le magistrat chargé de l'enquête qui (toujours selon la presse) cherche à démontrer avec des faits précédents (2009) qu'il existait d'autres opérations qui confirmeraient la non-transparence de l'institut.

Dans les premières semaines, on assiste à une forte opposition entre le Vatican et le parquet. Mais les magistrats persistent dans leur démarche qui sera appuyée par le Tribunale del riesame : les normes anti-blanchiment ont été violées, la somme doit restée sous saisie. La sentence provoque la colère publique de Gotti Tedeschi, qui dénonce une « attaque véhémente contre la crédibilité de l'Église lancée à peine six mois après la sortie de l'encyclique *Caritas in veritate*, avec des attaques envers la personne du pape, les faits liés à la pédophilie, et qui se poursuit à présent avec les affaires dans lesquelles on m'implique ».

Pour cela, on lit déjà dans la note une stratégie défensive sur tous les fronts, expliquant comment se comporter avec les magistrats, la conduite à adopter face aux médias, ou que répondre aux organismes et congrégations, clients de l'IOR :

– Stratégie défensive : la stratégie défensive initiale, caractérisée par un fort ressentiment envers le magistrat chargé de l'enquête, a été modifiée, incluant dans le collège des défenseurs, aux côtés de M. Scordamaglia, Mme Paola Severino [qui deviendra ministre de la Justice sous le gouvernement Monti, *NDA*]. Avec l'intention de chercher immédiatement le dialogue avec le magistrat chargé de l'enquête pour clarifier, évidemment, mieux ou sous un autre angle les comportements et produire de cette façon les conditions nécessaires au déblocage des fonds et le classement des enquêtes. Si cet objectif se révélait irréalisable, il faudrait déposer un recours en Cassation. Le recours présente des risques à ne pas sous-estimer (renvoi en jugement), et la date butoir pour le recours est fixée au 14 novembre. Le 28 octobre, nos avocats rencontreront les magistrats.

– Stratégie de communication : jusqu'à aujourd'hui, les stratégies de défense et de communication ont reposé sur notre « volonté de faire ». Il semble à présent nécessaire d'adopter une stratégie de communication plus active, sur les « choses déjà faites », par exemple : la lettre envoyée au Gafi et la réponse encourageante de son président. La constitution de la commission de mise en œuvre de notre programme afin de remplir les conditions demandées et la nomination du président de l'Autorité interne de surveillance (cardinal Nicora), etc.

– Stratégie de relation avec les organismes et les congrégations : les affaires en cours pourraient perturber et froisser les organismes et les congrégations. Certaines banques […] en concurrence avec notre institut sur les « clients Organismes religieux » ne se gênent pas. Il faut protéger la réputation de l'institut, et pas seulement par la voie judiciaire. Dans cette optique, nous discutons actuellement avec tous les acteurs économiques de ces organismes et avons déjà organisé un colloque le 3 novembre (dans la Salle des bénédictions) avec 1 200 responsables d'organismes religieux invités, pendant lequel je débattrai des faits et des perspectives économiques avec le ministre Tremonti et le secrétaire général ibéro-américain Iglesias. Avec la présence du cardinal Bertone qui présentera les travaux.

En réalité, le déblocage des 23 millions attendra le mois de juin suivant, quand le parquet y sera disposé, après l'entrée en vigueur de nouvelles normes anti-blanchiment et de transparence au Vatican.

Mais trois lignes du rapport se révèlent très instructives. Elles présentent au père Georg et donc au souverain pontife un thème qui deviendra central dans les mois suivants lors des négociations avec le gouvernement italien, mené par Silvio Berlusconi :

– Stratégie d'anticipation des possibles problèmes à venir : j'ai commencé à discuter avec le ministre Tremonti des solutions d'un problème futur qui pourrait nous inquiéter et qui concerne les questions fiscales. Il serait peut-être utile de songer à un traité sur la taxation.

Gotti Tedeschi prévoit donc l'arrivée d'une nouvelle taxation à la charge des organismes et structures ecclésiastiques. Il rencontre déjà le ministre italien Tremonti dans un jeu d'influences réciproques. La note révèle un formidable canal diplomatique avec le gouvernement Berlusconi et confirme à tous que la cohabitation de ces deux États, l'Italie et le Vatican, se module souvent avec des ingérences et des accords inviolables. À l'horizon se profile la question des exonérations de la taxe sur les biens immobiliers, l'ancienne ICI. L'Union européenne pourrait demander à l'Italie de supprimer ce privilège de l'Église, ce qui influerait sur ces rapports secrets qui lient les palais du pouvoir romain aux cardinaux derrière leur porte de bronze.

---

1. Il s'agit de la nouvelle Loi fondamentale de l'État de la Cité du Vatican qui remplace celle voulue par Pie XI, de 1929. Elle a été publiée le 26 novembre 2000 dans le supplément des *Acta Apostolicae Sedis*, dédiés justement aux nouvelles lois du Saint-Siège.
2. « Nous dépendons directement du Saint-Père, auquel nous versons chaque année nos utiles. » Riccardo Orizio, « Nella dealing room vaticana », *Corriere della Sera*, 20 juillet 1998.
3. Entretien accordé à l'auteur, janvier 2012.

4. Gianluigi Nuzzi, *Vatican S.A.*, Hugo & Cie, Paris, 2010.
5. Entretien accordé à l'auteur, janvier 2012. Quelques mois après les donations à Benoît XVI, mère Tekla se retrouve au centre des attentions des diplomates américains. Un télégramme confidentiel rédigé par l'ambassadeur auprès du Saint-Siège, Francis Rooney, au département à Washington, sur les possibles interventions à Cuba après Castro le montre : « Mère Tekla nous a dit de travailler avec Licencia Caridad, chef du ministère des Affaires religieuses, et avec Eusebio Leal Spengler que Castro a assigné à la construction d'une nouvelle structure pour elle. Elle croit que Spengler peut connaître des personnes probablement d'intérêt pour les États-Unis comme leaders potentiels une fois que le gouvernement sera tombé. [...] La mère est très connue à Rome (bien qu'elle soit controversée) et nous nous sommes entretenus avec elle par le passé. Nous évoquons le contenu de cette conversation car elle peut être intéressante quant aux nouvelles de santé de Castro et aux contacts suggérés. [...] L'abbesse nous a dit que, par le passé, elle avait été de nombreuses fois dans la résidence de Castro, pour y rencontrer à son habitude son secrétaire particulier, Carlos Valenciaga Diaz. Ainsi, elle avait souhaité y aller une nouvelle fois mais Castro avait été trop faible et malade. Diaz lui avait dit qu'il avait perdu vingt kilos et qu'il n'était que l'ombre de lui-même. Pas de cancer mais une hémorragie à l'estomac. Une pièce de la maison avait été transformée en chambre d'hôpital. » Stefania Maurizi, *Dossier Wikileaks – Segreti italiani*, Bur, Milan, 2011.
6. Par exemple, le 9 décembre 2011, le secrétaire particulier demande un transfert de 25 000 euros à la fondation allemande jumelle à Munich pour les bourses d'études de deux filles africaines et 5 000 euros pour aider une femme iranienne dans le besoin.
7. Entretien accordé à l'auteur, mars 2012.

L'ingérence sacrée sur l'Italie

Tremonti étudie une stratégie sur l'ICI avec Bertone

En 2006, les radicaux Marco Pannella et Emma Bonin dénoncent à la Communauté européenne le privilège que l'Italie aurait accordé à l'Église en l'exonérant du paiement de l'ICI (impôt communal sur les biens immobiliers) sur les bâtiments qui ne sont pas utilisés à des fins religieuses. Sont ainsi visés les biens « commerciaux », les hôpitaux, les écoles et collèges dont l'exonération de taxe n'a pas été prévue par les accords du Latran. Conformément à la lenteur de la justice et de la bureaucratie, ce n'est qu'en 2010 que l'antitrust européen lance une procédure d'infraction contre l'Italie, accusée d'« aides d'État » à l'Église catholique ni prévues, ni acceptables.

La position communautaire est une bombe à retardement pour l'État italien. Si une condamnation parvient de Bruxelles pour violation des règles de la concurrence et aide d'État illégitime, le privilège du passé devra être révoqué. L'Italie devra exiger de l'Église qu'elle paie tout ce qu'elle n'a pas déboursé jusqu'à présent. Un détail d'importance : la sentence est rétroactive et ferait démarrer le comptage à 2005, avec beaucoup d'intérêts. Combien exactement ? C'est là que commence l'éternel ballet de chiffres à l'italienne. On parle de 100 millions à la CEI, qui reprend une analyse de Vieri Ceriani, alors secrétaire d'État à l'Économie. L'ANCI, association des communes d'Italie, évoque 500 à 600 millions. Mais certains avancent même des chiffres plus élevés : « Selon les estimations non officielles de l'Agenzia delle entrate [le fisc italien, *NDT*], écrit l'agence de presse ANSA le 23 février 2012, il s'agirait d'une somme potentielle de 2 milliards d'euros par an. »

Le risque pour l'État italien est de se retrouver pris en étau. D'une part, la condamnation, de l'autre, la difficulté de récolter des impôts impayés depuis huit ans. L'entreprise s'annonce ardue. Comment se rattraper vis-à-vis d'une multitude de contribuables, parmi lesquels des congrégations, des organismes et des instituts religieux ? Et ce dans un pays catholique aux précédents éloquents. Lorsque la garde des finances était entrée à la curie, à Naples, en août 1998, pendant l'enquête sur le cardinal Michele Giordano (finalement acquitté), cela avait failli entraîner un conflit diplomatique entre le gouvernement Prodi de l'époque et la secrétairerie d'État[1].

D'un autre point de vue, la question s'insère dans un contexte qui complique tout : face à la récession mondiale, à la crise économique qui touche les familles, à la mise en place de nouvelles taxes et coupes budgétaires, il apparaît difficile de justifier des aides et de maintenir des privilèges. La question de l'ICI remet en cause la taxation d'une part importante de l'immense patrimoine de l'Église en Italie. Par commodité, on pourrait diviser les propriétés immobilières de l'Église en trois grands groupes : éducation et culture, santé et assistance, structures ecclésiastiques. La première compte 8 770 écoles, dont des universités, des maternelles, classes primaires et secondaires, ainsi que les musées. La santé compte moins de biens, avec 4 712 centres, dont 1 853 maisons de soins et hôpitaux ; les centres pour la défense de la vie et de la famille atteignent désormais le chiffre de 1 669 à travers la péninsule italienne. Enfin, les structures ecclésiastiques comptabilisent 50 000 biens immobiliers, dont 36 000 paroisses[2].

Considérant le poids de l'électorat catholique (ligne officieuse du gouvernement Berlusconi), il faut trouver une voie qui permette d'éviter des dégâts à l'Italie comme à l'Église. À l'été 2011, c'est l'état d'alerte générale : l'Union européenne peut se décider d'un instant à l'autre et il faut trouver une solution. Au Parlement, le travail reprend après la pause estivale et le ministre de l'Économie Tremonti évalue la situation avec ses plus proches collaborateurs, fixant leurs priorités et les possibles issues. L'Italie risque fort d'être condamnée. L'exonération de l'ICI accordée à l'Église est impossible à digérer pour l'Union européenne « laïque ». Attendre passivement la sentence mettrait l'Italie dans la position inconfortable de devoir ensuite demander à l'Église les taxes impayées, attisant ainsi un contentieux politique et médiatique dangereux pour tout le monde. Avec une vision « laïque », ce serait l'occasion de récupérer d'énormes sommes, la procédure pourrait offrir un flux inattendu d'argent dans les caisses d'un État dont les comptes sont dans le rouge. Mais cette position ne fait pas l'unanimité. Bien au contraire. Obéir à la décision communautaire est donc impossible. Il faut trouver un autre chemin. Pendant ces jours-là, Tremonti rencontre un ami de longue date, M. Gotti Tedeschi, président de l'IOR. Derrière la porte de bronze, ils comptent tous les deux de solides alliés.

Tremonti et Gotti Tedeschi s'attaquent à nouveau au thème de l'ICI dont ils avaient déjà commencé à débattre pendant l'été 2010 au cours de rencontres à huis clos sur le système d'imposition. Ils décident de réfléchir ensemble dans l'optique de proposer à leurs supérieurs, Belusconi d'une part et Bertone et Ratzinger de l'autre, des alternatives réalistes afin d'éviter la saignée imminente. Une règle d'or des hautes sphères des palais sacrés consiste à ne pas soumettre de problèmes lorsque l'on ne peut pas proposer au moins deux solutions valables. La rencontre se fait de manière pragmatique. Le banquier est conscient que le Vatican ne mesure pas encore l'ampleur de ce qu'il pourrait se passer. Cela inquiète justement Tremonti qui approuve ses suggestions. Il n'y a plus de temps à perdre. Ils décident d'informer Bertone et Ratzinger de la situation, de la façon la plus détaillée et réaliste possible, en présentant d'emblée des solutions. Les documents qui sortent pour la première fois du Vatican nous permettent ainsi d'identifier les couloirs diplomatiques, les liens et les alliances entre cardinaux et ministres, en ne se concentrant pas sur des indiscrétions mais bel et bien sur les documents destinés à Benoît XVI et à ses plus proches collaborateurs.

Toutes ces informations proviennent de la note intitulée « Synthèse du problème ICI » que Gotti Tedeschi adresse à Bertone. Le banquier les définit comme « des suggestions confidentielles que m'a transmises le ministre du Trésor [de l'Économie, *NDA*] », Tremonti. Une phrase révélatrice d'un effort commun du Saint-Siège et du gouvernement Berlusconi pour résoudre la question ICI. Le document est destiné à plusieurs interlocuteurs, tous des experts. Une copie arrive à l'attention de Benoît XVI par le biais du secrétaire du souverain pontife, le père Georg :

> *Confidentiel. Synthèse du problème ICI (Note pour SER [Son Éminence Révérendissime, NDA] le Cardinal Tarcisio Bertone, suggestions confidentielles du ministre du Trésor).*

En 2010, la Communauté européenne lance une procédure contre l'État italien pour « aides d'État » inacceptables à l'Église catholique. Ladite procédure expose aujourd'hui l'Italie à un risque de condamnation et à l'obligation de collecter les taxes impayées depuis 2005. Ces taxes doivent être payées par l'État italien qui s'arrangera avec la CEI (suppose-t-on) mais on ignore avec quels organismes et congrégations. Puisque la Commission européenne ne semble pas disposée à changer de position, il y a trois possibilités :

– abolir les exonérations ICI (Tremonti ne le fera jamais) ;

– défendre la réglementation en vigueur en se limitant à vérifier les activités commerciales réelles et calculer la valeur de « l'aide d'État » distribuée (ce n'est pas une solution à long terme) ;

– modifier l'ancienne norme contestée par la CE (art. 7, alinéa bis DL 203 de 2005 qui s'appliquait aux activités de nature commerciale « exclusive »). Cette modification doit entraîner une nouvelle norme qui définisse une catégorie pour les bâtiments religieux et crée un critère de classification et de définition de la nature commerciale (selon les superficies, le temps d'utilisation et les profits générés). L'ICI ne se paie qu'à partir d'une certaine superficie utilisée, d'un certain temps d'utilisation et de certains profits. Dans la pratique, ces paramètres une fois acceptés permettraient de déclarer un bâtiment religieux commercial ou non.

La route à suivre est donc de modifier la réglementation, en supprimant le *vulnus* et l'ambiguïté qui empêchait de définir précisément quels locaux, hormis les lieux de culte, généraient un bénéfice commercial, par la vente. C'est le seul moyen de bloquer l'action de la Commission européenne :

Pour l'heure, la CEI (qui d'autre ?) approuve la nouvelle procédure. Cette approbation efface les demandes passées (de 2005 à 2011) et la Communauté européenne ([Joaquín] Almunia [commissaire européen à la concurrence, *NDA*]) doit l'accepter. Le temps disponible pour débattre est très limité. Mgr [Mauro] Rivella [sous-secrétaire et directeur de

131

l'Office national pour les problèmes juridiques de la CEI, *NDA*] est le responsable de la CEI qui jusqu'à présent s'est occupé de la procédure. On nous suggère de l'encourager à accélérer la tenue d'une table de discussion après avoir exposé la volonté des dirigeants du Saint-Siège. L'interlocuteur au sein du ministère des Finances est Enrico Martino (neveu du card. Martino). Je peux vous conseiller sur la façon de débattre avec le commissaire Almunia afin qu'il nous laisse un peu de temps (jusqu'à fin novembre) et n'accélère pas la conclusion de la procédure.

Ettore Gotti Tedeschi – 30 septembre 2011

Il faut gagner du temps pour configurer une nouvelle norme qui amenuise le risque de condamnation. Dans cette optique, Gotti Tedeschi suggère la conduite à adopter avec le commissaire européen à la concurrence, l'Espagnol Joaquín Almunia. Entretemps, les techniciens doivent travailler sans plus attendre et développer les conseils de Tremonti. Bertone et Benoît XVI apprécient cette proposition car elle éloigne le nuage de la condamnation, évite les critiques ultérieures et fixe des paramètres précis. Le pape met son *nihil obstat*. En octobre, après un an d'échanges, on semble être arrivés à une entente parfaite. Mais la situation évolue très vite, le futur du gouvernement Berlusconi s'assombrit. Les équilibres politiques sont voués à changer radicalement. Début novembre, Berlusconi démissionne, le gouvernement tombe.

Concernant l'ICI, la crise politique sonne comme une mauvaise blague. On retourne en arrière, comme dans le jeu de l'oie. Ainsi commence le compte à rebours : d'un côté l'Italie et le Vatican doivent éviter la condamnation de l'UE, de l'autre il faut avoir le temps de construire une solution approuvée par tous les nouveaux interlocuteurs.

La machine diplomatique repart et ne tarde pas à récolter ses premiers fruits. L'Europe émet des signes d'apaisement, la date de la sentence que Gotti Tedeschi annonçait pour fin novembre glisse au mois d'avril. Il faut travailler encore et intensément pour préparer la norme qui permette d'échapper à une amende monstre. L'arrivée de Corrado Passera et de Mario Monti au gouvernement, avec une forte présence de ministres et de secrétaires d'État en phase avec le Saint-Siège et les différentes âmes de l'Église, évite de repartir totalement de zéro. Andrea Riccardi, fondateur de la Communauté de Sant'Egidio [et nouveau ministre de la Coopération internationale et de l'Intégration, *NDA*], renoue les liens entre l'État et le Vatican, et Bertone peut compter sur un très proche collaborateur du Premier ministre Monti. La situation, déjà complexe, s'aggrave avec la crise économique plus générale qui touche le pays : Monti doit éviter le scénario grec, trouver de l'argent, et devra demander des sacrifices aux Italiens. Comment le faire sans s'attaquer aux castes, aux privilèges, dont ceux de l'Église ? En décembre, quand le Premier ministre propose sa réforme, il ne supprime pas l'exonération accordée aux organismes de culte à profits commerciaux. Ce choix fait monter la pression. La polémique éclate. Nombreux sont ceux qui, des députés du Parti démocrate aux mouvements laïcs, exigent que le nouveau Premier ministre fasse payer l'ICI à l'Église sur ses biens, comme le payent déjà les citoyens. *Avvenire* se défend sans concession et réfute les accusations de privilèges.

En réalité, l'accord entre l'Italie et l'Église catholique est indispensable pour éviter le couperet de l'Europe. La situation décrite par Tremonti dans sa note privée est encore d'actualité. Sa suggestion est la meilleure, le coup gagnant. Bagnasco est le premier à l'affirmer quand, à la mi-décembre, il se dit prêt à « clarifier la formulation de certains points de la loi pour lesquels des précisions se révéleraient nécessaires ». Bertone soutient la ligne du nouveau Premier ministre et se montre ouvert à la discussion : « Le problème de l'ICI est particulier, à étudier et à approfondir, mais l'Église fait sa part du travail, notamment en soutenant la tranche la plus faible de la population, et donc accomplit, me semble-t-il, une activité en faveur de la société italienne. » Toutefois, le problème ne semble pas résolu pour autant : les modifications n'émanent pas d'une concession aimable des cardinaux, contrairement à ce qu'on attend d'eux publiquement. Ce n'est pas une simple clarification mais un besoin urgent. En effet, il convient de rappeler encore une fois que, si la situation ne change pas, la Commission européenne risque de condamner l'Italie en lui faisant payer une somme astronomique, qui sera inévitablement demandée à l'Église. Ni Bertone ni Bagnasco ne font référence à cet aspect de la question, leurs déclarations sonnent comme de généreuses concessions.

À la mi-février 2012, Monti annonce une révolution : l'ICI s'appliquera aux biens de l'Église. Elle ne sera pas applicable sur les structures religieuses mais sur celles à revenu commercial : hôtels, écoles et hôpitaux. En somme, jouir d'une structure ou d'un espace de prière à l'intérieur d'un bâtiment ne suffira plus à être exonéré. Pour le fisc, c'est la « destination première » du bâtiment qui prévaudra, en tenant compte de la part entre usages commercial et religieux. Les lieux de culte seront encore affranchis du paiement des taxes, mais l'action met les activités commerciales des ecclésiastiques sur le même plan que les autres. L'Union européenne salue rapidement ce choix : « Un progrès sensible, commente le porte-parole d'Almunia. Nous espérons pouvoir clore la procédure d'infraction contre l'Italie. »

L'affaire Ruby sur le bureau du pape

Le nouveau gouvernement Monti assure « gérer » la question ICI de manière équitable et referme un dossier qui pouvait faire dérailler les exécutifs. Du moins en Italie. La prudence démontrée dans les rapports avec l'Église était assez prévisible : les personnalités les plus influentes du Vatican sont intervenues dans la formation de ce gouvernement technique. Le Premier ministre a reçu *in pectore* des recommandations, des mois avant l'arrivée de Monti. Les dirigeants de l'Église œuvrent pour la garantie d'une passation favorable après la chute du pouvoir berlusconien. Ce n'est pas un hasard si, plusieurs semaines avant la formation du nouveau gouvernement, l'ancien directeur de *Avvenire* Boffo, maintenant à la tête de TV2000, la télévision de la CEI, ami personnel du cardinal Bagnasco, insistait sur le rôle actif des catholiques en politique, en donnant des noms que l'on retrouvera ensuite parmi les choix de Monti, tel Lorenzo Ornaghi et Andrea Riccardi. Le vaticaniste Andrea Tornielli écrit à ce sujet :

La nouvelle composition du gouvernement inclut trois ministres qui ont été acteurs de la conférence de Todi : Ornaghi, Riccardi et Corrado Passera. Francesco Profumo (Éducation nationale), Paola Severino (Justice) et Piero Gnudi (Tourisme et sport) sont également catholiques. Et la tranche démocrate-catholique est bien représentée au sein de l'exécutif, avec le nouveau ministre de la Santé, Renato Balduzzi, professeur à l'Université catholique depuis un an, qui se voit assigner un dicastère certainement plus important que celui attribué à son recteur. […]

Ornaghi est certainement le ministre le plus essentiel à la Sainte Église romaine. Politologue, élève du noble père de la Ligue du Nord Gianfranco Miglio, président de l'antenne pour le volontariat sous l'impulsion du ministre de la Santé de l'époque, Roberto Maroni, en 2001, Ornaghi, né à Villasanta, dans la province de Monza en 1948, est à la tête de l'Université catholique depuis 2002. Il n'est pas seulement en bons termes avec Bagnasco, il est aussi bien installé au Vatican. […] Ces derniers mois, Ornaghi a soutenu le cardinal Dionigi

Tettamanzi qui résistait contre la tentative de Bertone de changer les têtes de l'institut Toniolo, le « coffre-fort » de l'Université catholique[3].

Ornaghi lui-même a obtenu une rencontre à huis clos avec don Georg après que Monti lui eut demandé de rentrer dans l'exécutif en tant que ministre. Il est allé consulter le secrétaire particulier de Benoît XVI pour savoir ce qu'en pensait le souverain pontife. La réponse : *Nulla quaestio*. On murmure dans les couloirs du Saint-Siège que de cette façon le résultat obtenu serait double : un ministre de confiance et un prestigieux poste vacant de recteur de l'Université catholique de Milan. Mais Ornaghi a tenu bon et a conservé pendant des mois les deux casquettes. Riccardi est une autre référence extrêmement solide comme ministre de la Coopération, compte tenu du réseau international dont jouit la communauté qu'il a fondée. Monti, pour sa part, ne bénéficie pas de relations particulières au Vatican mais peut compter sur le vice-secrétaire Federico Toniato, s'il devait rencontrer et échanger avec Bertone sans filtre ni intermédiaire.

L'arrivée de l'équipe de Monti transforme le climat des relations entre les deux États. Cela se traduit dans les choix de prélats et de cardinaux. En pratique, on archive la documentation provenant du palais Chigi, siège du Conseil des ministres, et de représentants de centre-droit pour soutenir la thèse de la persécution judiciaire subie par Silvio Berlusconi depuis 1994. Une documentation exceptionnelle qui se retrouve dans les dossiers privés de Benoît XVI et qui illumine certains moments fondamentaux qui ont amené à la crise du gouvernement Berlusconi.

À l'hiver 2010, en plein scandale Ruby, de son vrai nom Karima El Mahroug, jeune fille nord-africaine qui a participé aux fêtes nocturnes des résidences de Silvio Berlusconi alors qu'elle était mineure, un document sans signature arrive au Palais apostolique. Le monde catholique est alors divisé sur le silence absolu que le Vatican gardait sur l'affaire. Certains blâmaient l'attentisme et le malaise du Vatican, l'absence d'une critique publique des mœurs privées du Premier ministre[4], tandis que d'autres estimaient au contraire que l'Église n'avait pas à s'exprimer sur le sujet.

Le document, découpé en plusieurs paragraphes, s'ouvre sur une réflexion autour de la justice italienne, critiquant sévèrement la magistrature, qui agit selon son libre « arbitre », avec « irresponsabilité ». La seule affaire à laquelle il est fait expressément référence est une histoire à laquelle l'Église est assez sensible : l'affaire d'Eluana Englaro, la jeune femme lombarde qui après dix-huit ans de coma végétatif est décédée à la suite de l'arrêt de sa nutrition artificielle, après moult polémiques et décisions de justice.

> L'application tordue de certains principes abstraits, la déformation progressive des canons de procédure pénale, le manque de sanction rigoureuse des abus et l'affaiblissement des garanties ont fait des parquets et des ministères publics une sorte de corps séparé de l'État. [...] L'inadéquation absolue du système disciplinaire et la dérive corporatiste de l'organe autogouvernant de la magistrature ont ouvert la voie à l'affaiblissement du système de garanties, au profit des suspects. [...] Ma reconnaissance générale de la « jurisprudence créative » (le cas Eluana Englaro en est un exemple éclatant), ou « légiférer par le biais d'une décision », en cas de vide juridique ou même en présence de lois non appréciées par les tribunaux, a détruit le lien entre l'exercice de la juridiction et la loi de l'État.

Cette préface sert à introduire l'« affaire Berlusconi », marquée par une « magistrature politisée ». Le Premier ministre serait victime d'« un harcèlement judiciaire articulé en 105 enquêtes, 28 procès et 2 560 audiences. Pourtant, le tout n'a jamais donné lieu à la moindre condamnation : 5 procès sont en cours et les autres se sont conclus par 10 acquittements et 13 classements sans suite. L'affaire Ruby est donc traitée de front, avec un message à peine voilé : attention à ne pas critiquer le Premier ministre, la réalité n'est pas celle que l'on croit. On liste alors les anomalies supposées qui n'ont pas étaient retenues par les juges :

> L'affaire dont on parle depuis des semaines, la fameuse « affaire Ruby », est déconcertante du point de vue institutionnel, de par les abus criants qui l'ont caractérisée et qui persistent. En résumé, toute l'enquête sur le président du Conseil, Silvio Berlusconi, par le parquet de Milan, accomplie avec un déploiement impressionnant de moyens, est parfaitement illégitime, viciée par une triste incompétence fonctionnelle et territoriale. [...] Le manque reconnu de compétence, au-delà de démontrer le caractère abusif des enquêtes, a privé le président Berlusconi de son juge naturel, garanti par la Constitution à tout citoyen et faisant partie de ses droits fondamentaux. [...] Pendant un an, le parquet de Milan a soumis les invités de la résidence privée du Premier ministre à une sorte de « filature technologique » à travers des écoutes téléphoniques et des listes de numéros d'appel, surveillant de fait la maison de Berlusconi au mépris de toute immunité parlementaire. [...]

Depuis que l'affaire a fait le tour du monde fin octobre, les palais sacrés s'enferment dans un silence total. Certes, *Avvenire* et *Famiglia Cristiana* se montrent tous deux critiques à l'égard du Premier ministre. Mais le Vatican ne fait aucune déclaration, aucun commentaire. Sur une affaire marquée par des accusations de relations sexuelles avec une mineure, l'axe avec le palais Chigi vacille mais tient bon, avant de s'effondrer à l'automne suivant. Mais pendant cette semaine, la défense de Berlusconi relayée au Vatican sert à freiner une avalanche inévitable.

Il faut attendre fin janvier 2011, quand Bertone décide de prendre une position officielle. Il rappelle d'abord que la curie n'intervient pas, pour éviter bien entendu d'être accusée d'ingérence. Il demande publiquement plus de « moralité et de légalité » de la part des politiques italiens et le respect de valeurs telles que la famille. Malgré un ton policé et prudent, le signal est clair. La lune de miel entre Berlusconi et les palais sacrés s'achève, par affinité, besoin ou intérêt, ce sont les historiens qui le diront. Quand sa vie privée finit dans le domaine public, le Premier ministre devient indéfendable aux yeux des ecclésiastiques. Ses ambassadeurs et conseillers les plus proches et les plus fidèles, Letta et Tremonti, ne parviennent plus à contenir le malaise et la gêne croissante derrière la porte de bronze.

Le dîner secret avec Napolitano

Dans les sphères du pouvoir, le malaise croissant avec Berlusconi met en exergue la meilleure entente entre Joseph Ratzinger et le président de la République italienne, Giorgio Napolitano. Au-delà des attributions officielles, l'attention et l'influence de l'Église sur l'activité législative du Parlement sont très fortes, notamment sur les sujets sensibles : égalité scolaire, euthanasie, famille, couples de fait, avortement et, comme nous l'avons vu précédemment, impôts et ICI[5]. La considération dont jouit Napolitano au Vatican est moins connue. En soi, le personnage n'est pas déterminant pour choisir ceux qui vont gouverner, mais ces dernières années il a assumé un rôle institutionnel absolument central, étant devenu arbitre et conseiller écouté.

Depuis l'élection de 2006, on a progressivement reconnu au Président une place d'interlocuteur majeur sur l'échiquier italien, capable de jouer un rôle essentiel dans les moments cruciaux, comme cela se produira ponctuellement au cours de l'automne 2011 avec le lent passage de témoin de Berlusconi à Monti, préparé depuis des mois, et la formation d'un premier gouvernement de techniciens.

L'agenda officiel des relations institutionnelles montre une série croissante de rencontres, d'entretiens et de messages avec Napolitano après sa première visite officielle en novembre 2006, à peine quelques mois après avoir prêté serment. En avril 2008, Napolitano offre un concert à Benoît XVI en l'honneur du troisième anniversaire de son pontificat. Trois mois plus tard, c'est le pape qui annonce une visite en octobre au Quirinal, résidence du président de la République italienne[6], rompant ainsi une tradition de peu d'exceptions. Début décembre, Napolitano se rend à son tour dans le petit État pour la commémoration des soixante ans de la Déclaration universelle des droits de l'homme. Quelques semaines passent quand, début 2009, diplomatie et protocole sont de l'histoire ancienne. Dans une discrétion absolue, il faut organiser une rencontre, restée jusque-là secrète mais dont nous avons les preuves : un dîner privé au Vatican entre les conjoints Napolitano et Benoît XVI, le 19 janvier 2009.

Les préparatifs dans les palais sacrés démontrent l'importance des relations entre le pape et le président de la République. L'homme en charge du rendez-vous n'est autre que le numéro 3 de la secrétairerie d'État, un des plus proches collaborateurs du cardinal Bertone : Mgr Dominique Mamberti, ministre des Affaires étrangères du Saint-Siège. Avec le conseiller diplomatique Mgr Antonio Filipazzi[7], Mamberti définit les sujets à débattre et à soumettre directement au souverain pontife. Filipazzi est un spécialiste des questions italiennes, qu'il suit depuis 2002. Il explique aujourd'hui : « Quand Wojtyła ou Ratzinger ou encore le secrétaire d'État devaient rencontrer Ciampi ou Napolitano, mon bureau préparait les rapports pour accompagner le Saint-Père ou le secrétaire au rendez-vous avec les sujets les plus intéressants selon nous[8]. »

On rédige donc une note préparatoire, un document qui traduit bien la *moral suasion*[9]. Le rapport pour le dîner du 19 janvier commence par une brève biographie privée. Elle retrace les étapes de la carrière politique du président Napolitano[10] avant d'aborder, dans le deuxième paragraphe, ce que le titre annonçait déjà, des « thèmes intéressants pour le Saint-Siège et l'Église en Italie ». Le ton est direct, les indications, explicites, dignes d'un programme de parti politique. Le premier point, souligné, concerne la valeur et le caractère central de la famille :

> Il convient de mettre en avant le *favor familia* de l'art. 29 de la Constitution, pour pallier notamment la décroissance démographique toujours plus inquiétante. Dans cette optique, il pourrait se révéler utile d'avoir : un système d'impôt sur le revenu des familles qui tienne compte, en plus du niveau de revenu perçu, du nombre de membres dans chaque famille et donc des dépenses pour l'entretien global de la famille ; la prévision d'aides et de soutien à la natalité qui ne soient pas seulement *una tantum* ; l'adoption de mesures pour encourager la réalisation de services pour la petite enfance. Dans le même temps, il faut éviter l'égalité législative ou administrative entre les familles fondées sur le mariage et les autres types d'union. Deux représentants du gouvernement (Brunetta et Rotondi) ont malheureusement fait des annonces en ce sens.

Une synthèse efficace des indications que l'Église voudrait suggérer en matière de famille, de politique sociale et démographique, sans cacher son inquiétude quant à l'ouverture, « malheureusement », de deux ministres du gouvernement Berlusconi aux couples de fait. Dans les palais sacrés, on répète que la famille doit rester sur le modèle traditionnel, « fondée sur le mariage ».

141

Ce n'est que le premier point. Le rapport passe ensuite à de nombreuses questions d'actualité, de l'égalité scolaire aux « thèmes éthiques sensibles », comme l'euthanasie. Et c'est la première fois que le voile est ainsi levé sur d'importants éléments des coulisses du pouvoir : des suggestions à Benoît XVI sur la façon d'influencer le président de la République quant à la conduite sociale, économique et politique à adopter.

Thèmes éthiques sensibles. Sur l'hypothèse d'une intervention législative en matière de soins de fin de vie et de fins anticipées de traitement, il faut avant tout exiger une réaffirmation nette du droit à la vie, un droit fondamental de tout être humain, indisponible et inaliénable. De ce fait, il faut exclure toute forme d'euthanasie, active ou par omission, directe ou indirecte, et toute absolutisation du consensus. Il convient d'éviter l'acharnement thérapeutique tout comme l'abandon thérapeutique.

Égalité scolaire. Le problème attend toujours une solution, alors que disparaissent de nombreuses écoles égalitaires, avec des conséquences sensibles pour l'État. Il convient de trouver un accord sur les modalités de l'intervention financière, afin de compenser les récentes interventions jurisprudentielles qui remettent en cause la légitimité de la situation actuelle.

Situation socioéconomique générale. Elle s'inscrit dans un sentiment d'insécurité, aggravé par le contexte économique mondial. Dans son discours de fin d'année, Napolitano a largement abordé la manière dont l'Italie doit et peut affronter la crise actuelle. Des craintes subsistent face au phénomène d'immigration de personnes provenant de pays pauvres ; le président Napolitano s'était particulièrement attardé sur le thème de l'accueil de ces immigrés lors de son discours à l'occasion de la visite du Saint-Père au Quirinal.

Benoît XVI pourrait également demander à Napolitano de lui faire « plaisir » en trouvant une solution aux incompréhensions et tensions autour des sujets les plus importants en Italie. En effet, les critiques et les incompréhensions se poursuivent sur des thèmes qui touchent Napolitano lui-même et le président de la Chambre des députés, Gianfranco Fini :

> *Église catholique et lois raciales.* Le président Napolitano avait exprimé son regret face à la critique de *L'Osservatore Romano* suite au discours du président Fini concernant les lois raciales instaurées par le fascisme, auquel l'Église elle-même ne se serait pas opposée. L'opinion exprimée par le président Fini, qui ne tient pas compte de la situation de non-liberté alors en vigueur, a oublié les prises de position de Pie XI contre ces mesures, les condamnant aussi bien par principe que par le *vulnus* du concordat de 1929. Des pasteurs italiens de haut rang se sont également fait entendre, comme le cardinal Schuster de Milan, réaffirmant la condamnation de l'antisémitisme. Cette accusation de « complicité » de l'Église, fondée sur des jugements historiques mal articulés, a déplu.
>
> *Loi sur les sources du droit de l'État de la Cité du Vatican.* Une forte polémique médiatique a éclaté autour de cette loi, qui remplace celle de 1929. La polémique, sans doute causée par une explication malheureuse du texte et par le caractère sommaire habituel des modes de communication, n'a pas de raison d'être. Avant toute chose, aucun pacte entre le Saint-Siège et l'Italie n'a été touché, s'agissant d'un acte souverain du Vatican. En outre, la législation italienne n'est pas assimilée totalement et automatiquement. Ce n'était pas le cas en 1929, ça ne l'est pas aujourd'hui. Aujourd'hui comme en 1929, la législation italienne constitue une source de normes supplémentaires à la réglementation de l'État de la Cité du Vatican.

Dans les rapports interétatiques, il est normal de voir apparaître des conflits sur différentes affaires, et des clarifications sont alors nécessaires à l'apaisement entre institutions. Il est tout aussi naturel de voir des accords communs sur l'économie et la politique étrangère[11]. Mais les indications spécifiques d'intervention sur la politique italienne ne sont-elles qu'une préparation au rendez-vous ou sont-elles représentatives de son contenu ? Il serait en effet grave de pouvoir seulement imaginer qu'un président de la République soit sujet à des pressions ou même juste à des doléances et des conseils sur l'activité législative de son pays. C'est comme si Napolitano recevait des critiques d'Obama sur la politique sociale de l'Italie ou sur d'autres lois et normes spécifiques. On ignore si et en quels termes Benoît XVI a exprimé ces inquiétudes à Napolitano, puisque le véritable contenu des entretiens n'est connu que de ses seuls participants.

Rappelons tout de même que la *moral suasion* du Vatican se veut subtile, ne prévoit que quelques mots. Peut-être une simple allusion qui marque l'importance, l'actualité et surtout la sensibilité de l'Église sur un sujet particulier. On fait également attention à l'interlocuteur, et il est bien connu que Napolitano n'est pas un « bigot », il n'a pas d'attitude obséquieuse envers le Vatican. Les thèmes suggérés lèvent en tout cas pour la première fois le voile sur le contenu de rencontres resté jusqu'alors secret et dont on ne trouve aucune trace dans les communiqués officiels. En réalité, les notes officielles mettent en avant des macro-thèmes classiques de la diplomatie avec une « harmonie significative quant aux grands sujets des droits de l'homme », une convergence « sur la paix et la cohabitation des peuples » et la défense des droits humains.

La recommandation de Letta, les agents secrets et la papamobile

Même dans la vie quotidienne, dans les problèmes de tous les jours, entre les palais du pouvoir politique à Rome et le Vatican, le flot de pressions, de recommandations, de faveurs et d'affaires semble continu et admis. Deux États dont les cœurs battent souvent à l'unisson. Leurs liens se retrouvent dans des réalités les plus diverses. On en voit largement la trace, même fragmentée, dans les documents récoltés.

Ainsi, à l'automne 2010, une demande de recrutement a lieu au sujet d'un journaliste, qui émane du sous-secrétaire Gianni Letta et parvient directement au directeur de l'ANSA, Luigi Contu. Ce dernier refuse. Il s'adresse le 26 novembre à Letta dans un billet :

> Cher Gianni,
> Le confrère dont tu m'as parlé est très talentueux. Malheureusement, nous ne pourrons engager personne pendant encore un an et demi. Ne t'inquiète pas, je ferai tout mon possible pour le soutenir, l'aider à grandir, le valoriser, sincèrement, Luigi Contu.

Le directeur de l'ANSA ne donne pas son aval. Le lendemain, le bras droit de Berlusconi photocopie la lettre et la passe à un prélat du Palais apostolique, très probablement au secrétaire du pape, le père Georg. Il joint à la photocopie une note manuscrite :

> Monseigneur Révérendissime,
> Comme vous le voyez, votre confiance est récompensée. R. la mérite tout autant, car il est très talentueux. Hélas, la situation de l'ANSA ne permet pas d'aller plus vite que la musique. Il faut être patient et attendre. Mais cette attente sera active et attentive. Et nous chercherons, tant que possible, à l'écourter. Je m'y attèlerai volontiers et avec fierté. Saluez R. et le maréchal. Je vous adresse mes respectueuses pensées avec un salut dévoué et, si vous me le permettez, amical, Gianni Letta.

Sur le bureau du secrétaire particulier de Benoît XVI parviennent également des demandes de recommandations et de rencontres de toute sorte, apportées aussi bien par des ecclésiastiques que par des civils. Domenico Giani, l'ancien agent secret aujourd'hui à la tête de la gendarmerie, la police interne du Vatican, est très actif. En octobre 2011, il envoie au collaborateur de confiance de Benoît XVI un rappel de cinq demandes de rendez-vous différentes, provenant aussi bien de généraux de corps d'armée que de vendeurs de la papamobile :

Rév.me Mgr Georg Gänswein
Secrétaire Particulier de Sa Sainteté
Appartement Privé

Monseigneur Révérendissime,
Je vous dérange pour vous demander d'envisager la possibilité que les personnalités listées ci-dessous, qui se sont adressées à moi ces derniers temps, puissent être reçues par Votre Seigneurie Illustrissime et Révérendissime, selon les modalités et les délais qui vous paraissent les plus adéquats, afin d'évoquer les sujets détaillés ultérieurement :
– Préfet Salvatore Festa : souhaiterait s'entretenir sur des sujets à caractère personnel et sur de nouvelles missions liées à son service.
– GCA Corrado Borruso : vice-commandant général de l'armée des carabiniers et actuellement conseiller de la Cour des comptes, souhaiterait vous rencontrer pour vous remercier suite au service rendu comme officier supérieur de l'armée.
– Entreprise automobile Renault : souhaiterait vous rencontrer, *si possible le 7 ou 8 novembre prochain*, pour définir certains aspects légaux liés à la donation d'un véhicule électrique doté de systèmes de technologie avancée au Saint-Père, à utiliser dans la résidence estivale de Castel Gandolfo.
– Dr Andreas Kleinkaufe, Dr Rubenbauer. Entreprise automobile Mercedes : souhaiteraient vous rencontrer, *si possible entre les 24 et 26 octobre prochains*, pour définir certains aspects légaux liés aux améliorations techniques à apporter à la nouvelle papamobile. Il s'agit d'un rendez-vous urgent.

– Dr Giuseppe Tartaglione. Entreprise automobile Volkswagen : souhaiterait vous rencontrer pour définir certains aspects légaux liés à la donation d'un nouveau véhicule PHAETON élaboré en fonction des besoins du Saint-Père. […]

Hormis la course prévisible entre les entreprises automobiles pour offrir à des fins marketing des véhicules de tout type et pour tout besoin, Mercedes en tête qui réclame une audience afin de débattre les améliorations des prestations de la papamobile de dernière génération, c'est surtout la première demande de rendez-vous qui est intéressante. Giani s'investit pour une rencontre avec le préfet Festa, autrefois en place à Sienne et à l'époque directeur général de l'inspectorat de la sécurité publique auprès du Vatican. Quelques jours plus tard, le 7 novembre, Festa écrira lui-même à Gänswein une brève lettre de remerciement.

> Monseigneur Révérendissime,
> J'ai parlé avec mon ami Domenico [selon toute vraisemblance Giani, commandant de la gendarmerie, *NDA*] et je suis resté sans voix ; ce sera difficile, mais avec l'aide de Notre Seigneur et avec votre autorité indiscutée, nous pouvons trouver une solution. Avec mon affection de toujours, je vous prie d'agréer mes sentiments les plus dévoués, Salvatore Festa.

Une petite feuille a été jointe à cette brève lettre, avec quelques remarques qui pourraient aider à la comprendre :

> Préfet Festa, services secrets,
> – chef de la police
> – plus ancien préfet
> – la question de l'âge n'est pas un problème
> – Dr Letta ?! dix ans plus tard

Les « nouvelles missions liées à son service » que Giani évoque dans la lettre à Gänswein pour demander un rendez-vous avec Festa, ami depuis de longues années et collègue irremplaçable depuis 2003 pour garantir la sécurité du pape, concerneraient-elles un poste aux services secrets ? On ne sait pas. Tout comme on ignore si, et dans quelle mesure, le Saint-Père est au courant de l'activité de son secrétaire particulier.

Il est sûr que le Saint-Siège peut compter sur de formidables alliés dans les services secrets italiens. À commencer par le préfet Francesco La Motta, déjà directeur du fonds pour les lieux de culte du ministère de l'Intérieur, c'est-à-dire le bureau qui administre les dépenses pour les églises propriétés de l'État italien, et devenu ensuite sous-directeur vicaire de l'AISI, anciennement SISDE, d'où provient également Giani, qui travaillait dans ce « centre » d'agents secrets en Toscane.

La Motta est un ami de Gianni Letta, en bons rapports avec Luigi Bisignani[12]. Fait rare dans les services de renseignements, on a affaire à toute une famille d'agents secrets : le fils Fabio fait lui aussi partie des services secrets, en couple avec Barbara Matera, présentatrice télé et eurodéputée PDL depuis 2009. Quand éclate le scandale de Noemi et des autres filles qui passaient leurs soirées et leurs nuits chez Berlusconi, le Premier ministre de l'époque se défend en prenant La Motta comme garant du sérieux et du professionnalisme de ses parlementaires : « Barbara Matera est diplômée en sciences politiques, c'est Letta qui me l'a recommandée, elle est fiancée au fils d'un de ses amis préfets. » Un réseau sur plusieurs plans qui traduit bien la force d'un bloc au pouvoir, la possibilité de compter sur des amitiés transversales dans les services secrets et les forces de police. De plus, La Motta est gentilhomme de Sa Sainteté, un titre honorifique particulier que l'on reçoit directement du pape et qui mérite de s'y attarder un instant.

Selon le vaticaniste Paolo Rodari, le titre de gentilhomme est le « sceau, noir sur blanc, d'un lien tout particulier que l'on obtient directement avec le pape. On fait alors partie de la "famille pontificale". Deux conditions : le prestige et les mérites personnels[13]. » Ce titre n'a cependant pas toujours été décerné aux honorables : on comptait aussi parmi les gentilshommes de Sa Sainteté des malfaiteurs tels Umberto Ortolani (de la loge maçonnique P2) ou, plus récemment, Angelo Balducci, l'ancien président du Conseil supérieur des travaux publics. Pourtant, Benoît XVI s'était montré très clair lorsqu'il les avait tous reçus en audience en 2006 : « Chers gentilshommes, pour avancer sereinement, la barque de Pierre a besoin de nombreuses fonctions cachées, qui, avec les autres plus apparentes, contribuent au déroulement régulier de la navigation. » Parmi les « fonctions cachées », on aimerait connaître celle de l'unique homme politique de l'Histoire choisi comme gentilhomme : Gianni Letta. D'autant que le rôle dont jouissent les gentilshommes dans le culte est assez restreint. En effet, il se limite officiellement à saluer et occuper un invité du pape en attente d'une audience avec le souverain pontife dans l'appartement de représentation. En vérité, le titre de gentilhomme est un titre honorifique prestigieux car il témoigne d'un lien indissoluble avec les ecclésiastiques. Hormis de rares cas, un gentilhomme n'est jamais révoqué, il jouit d'une nomination à vie[14].

À l'occasion, ces relations peuvent être utiles dans la grande toile des échanges entre les deux États, surtout lorsque les personnes qui ont à cœur la sécurité de la curie romaine font un écart au règlement ou lorsque quelqu'un transgresse les relations entre l'Italie et le Vatican. Comme le montrent les documents que nous avons pu nous procurer, voilà ce qu'il peut se passer : habillé en civil, un individu se faufile par la Porta Sant'Anna, dans le plus grand secret, et mène des opérations sous couverture en Italie. Écoutes téléphoniques, perquisitions, filatures, nous le verrons dans le prochain chapitre. Il arrive aussi que l'on doive faire la lumière sur une sombre plaque immatriculée SCV, « Stato Città del Vaticano », retrouvée criblée de balles dans une rue de la capitale.

---

1. Le cardinal Michele Giordano s'était opposé à la perquisition, annulée par le procureur de Lagonegro suite à la remise spontanée des documents. Giordano indiquait notamment les normes de l'accord concordataire entre l'Italie et le Saint-Siège de 1984. Le cardinal s'était exprimé lors d'une conférence de presse tenue le 23 août 1998, comme le montrent les dépêches ANSA du soir même avec pour titre « Le cardinal Giordano cite les normes du concordat » : « Rien ne change au fait que les garanties prévues par l'art. 2 du texte du concordat permettent de s'opposer à l'autorité de la police et à l'autorité judiciaire italienne en cas de perquisitions et actes de saisie dans les bureaux et les archives de la curie diocésaine : "L'Église jouit de la liberté d'organisation et d'exercice publique du culte, d'exercice du magistère, du ministère spirituel, et de la juridiction en matière ecclésiastique. L'article 7, alinéa 1 de la Constitution italienne reconnaît la souveraineté de l'Église dans son propre ordre." Dans le cas présent, il s'agirait d'activités qui relèvent de la sphère juridique d'un sujet souverain et celle-ci est donc soustraite à toute ingérence de l'État italien. »

2. Valentina Conte, « Ici dalla Chiesa 600 milioni, ecco la stretta sugli immobili », *La Repubblica*, 17 février 2012.

3. Andrea Tornielli, « Mario e i suoi fratelli cattolici », Vaticaninsider. it : « Proche de Ruini et impliqué dans le projet culturel de l'Église italienne, il est responsable du changement des équilibres au sein de l'université fondée par le père Gemelli en la mettant entre les mains des dirigeants de l'épiscopat. Le nouveau ministre des Biens culturels est un homme réservé et prudent, qui ne s'est jamais surexposé, malgré son rôle de recteur. Un représentant typique "de l'Italie sainement modérée" selon un ami de longue date. »

4. Alors que c'est à la fin du mois d'octobre qu'éclate l'affaire qui fera le tour de la presse internationale, il faudra attendre janvier 2011 pour que le cardinal Tarcisio Bertone prenne une position officielle, même indirecte, sur cette histoire. Il appellera publiquement à plus de « moralité et de légalité » de la part des politiques italiens et au respect de valeurs telles que la famille.

5. Au siècle dernier, pour exercer la continuité de ce conditionnement, le parti de la Démocratie chrétienne, *in primis*, mais aussi d'autres comme le Parti socialiste (PSI) ou le Parti communiste (PCI) ont été des références. Après la chute de la Ire République et l'échec de la reconstruction d'un parti catholique, la transversalité entre les partis a été une stratégie pour réaffirmer le principe déjà cher au cardinal Camillo Ruini pour qui « la politique rencontre inévitablement la religion et particulièrement la foi chrétienne ». Le pontificat de Ratzinger mise justement sur cette rencontre pour réaffirmer les principes de la doctrine sociale de l'Église. Même s'il y a déjà eu tant de contradictions évidentes, comme dans les rapports irréguliers avec les gouvernements Berlusconi. Il est difficile de se rappeler, surtout aujourd'hui, combien l'ancien Premier ministre italien a tenté de donner au fil des années une image de pratiquant catholique dévoué et obséquieux. En vérité, il a profité du formidable talent dont Gianni Letta, son sous-secrétaire d'État, parfaitement en phase avec Bertone, a fait preuve avec le Vatican, comme du talent moins visible de Giulio Tremonti, le conseiller fiscal qui avait permis l'introduction du 8 ‰ à l'Église. Sans eux, l'hypocrisie de cette lune de miel se serait rapidement affaissée. Au lieu de cela, l'usure a été lente, avec une perte progressive du consensus dans le monde catholique, avant qu'il ne disparaisse définitivement suite à l'affaire intolérable des jeunes filles dans les résidences publiques et privées du Premier ministre. Il reste cependant indéniable que Silvio Berlusconi a fait preuve, dans le nouveau millénaire, d'une capacité à rassembler, à unifier et à interpréter les exigences de mondes éloignés les uns des autres ou, du moins, si éloignés de ses propres désirs immédiats et quotidiens. Cela reste néanmoins peu de choses face à la capacité des palais sacrés à non seulement influencer mais également anticiper la politique italienne.

6. C'est une visite importante. L'ANSA écrit alors : « Il faut avoir à l'esprit qu'en soixante-neuf ans, de 1939 à aujourd'hui, le pape ne s'est rendu au Quirinal que huit fois, neuf en tenant compte de la venue de Pie XII justement en 1939, lorsque l'endroit était encore occupé par la Maison de Savoie. Benoît XVI est le cinquième pape à se rendre en visite officielle au Quirinal, palais pontifical jusqu'en 1870, lorsque Pie IX l'a abandonné après la fin des domaines territoriaux du Vatican. »

7. Filipazzi restera à la secrétairerie d'État jusqu'en mai 2011, dans la section qui s'occupe des rapports avec l'Italie, avant d'être promu nonce apostolique en Indonésie.

8. Entretien accordé à l'auteur, mars 2012.
9. La note intitulée « Rencontre avec le président de la République italienne Giorgio Napolitano » est datée du 19 janvier 2009, signée par Mgr Mamberti, rédigée par Mgr Filipazzi, adressée à « Sa Sainteté ».
10. La biographie concise de Napolitano multiplie également les détails sur sa vie privée qui n'intéressent généralement pas la diplomatie internationale. Comme le choix d'une cérémonie civile pour le mariage du président de la République, célébré en 1959 : « Giorgio Napolitano est né à Naples le 29 juin 1925 et a obtenu son diplôme de droit à l'Université de Naples en 1947, avec une thèse d'économie politique sur le développement raté du Mezzogiorno. Il a connu Clio Maria Bittoni (née en 1935) à l'Université de Naples, où elle aussi a été diplômée en droit. Ils se sont mariés civilement en 1959. Les conjoints Napolitano ont deux fils, Giulio et Giovanni. Le président Napolitano s'est inscrit en 1945 au Parti communiste italien (PCI) et en a fait partie jusqu'à la transformation de ce dernier au sein des Démocrates de gauche (DS) qu'il rejoint. Après avoir assumé des fonctions au niveau régional, il devient en 1956 dirigeant national du PCI. Il a été élu à la Chambre des députés pour la première fois en 1953 et y est resté, hormis sous la IVe législature, jusqu'en 1996. Le 3 juin 1992, il a été élu président de ladite Chambre des députés, remplissant cette fonction jusqu'en avril 1994. De 1989 à 1992 puis de 1999 à 2004, il a été membre du Parlement européen. Sous la XIIIe législature, il a été ministre de l'Intérieur et de la Coordination de la protection civile du gouvernement Prodi, de mai 1996 à octobre 1998. Le 23 septembre 2005, il a été nommé sénateur à vie par le président de la République Carlo Azeglio Ciampi. Le 10 mai 2006, il a été élu président de la République et a prêté serment le 15 mai 2006. Il s'est rendu en visite officielle au Vatican le 20 novembre 2006. Le 24 avril 2008, il a offert à Sa Sainteté un concert en l'honneur du troisième anniversaire de son pontificat. Le 4 octobre 2008, Sa Sainteté s'est rendue en visite au Quirinal. »
11. Voici le passage consacré aux sujets de politique étrangère : « La situation actuelle dans la bande de Gaza, avec les espoirs ranimés par la trêve et les perspectives d'une solution définitive, aura un impact sur la décision concernant le pèlerinage apostolique du Saint-Père en Terre sainte. L'attention portée au continent africain, que le Saint-Père visitera en mars prochain et qui sera au centre d'une assemblée du synode des évêques : la question peut intéresser

l'Italie qui endosse cette année la présidence du G8. On rappelle que deux sœurs italiennes enlevées au Kenya, où un missionnaire a été assassiné ces derniers jours, sont encore aux mains de leurs ravisseurs. »

12. Une note de la garde des finances envoyée aux procureurs de Naples qui enquêtent sur Bisignani explique que « des officiels de haut rang du corps des carabiniers, de la garde de finances, et même des préfectures de la République demandent de façon répétée un rendez-vous ou même la possibilité de pouvoir communiquer par téléphone avec Bisignani ». Comme le préfet Mario Esposito et le préfet Francesco La Motta, sous-directeur vicaire de l'AISI, le service secret civil, qui utilisait le pseudonyme « Imperia ».

13. Paolo Rodari, « La dura selezione di quegli uomini in frac che stazionano a San Damaso », *il Foglio*, 6 mars 2010.

14. Umberto Ortolani et Angelo Balducci ont tous deux été révoqués.

Mgr 007, mission Italie

Filatures à Parioli

Les frontières entre l'Italie et le Vatican ne sont pas toujours respectées. Officiellement, aucun pays au monde ne peut envoyer sa police d'État franchir les frontières avec son voisin et mener des enquêtes sans autorisation particulière. Cela n'est prévu par aucun accord international, ce serait une attaque aux prérogatives et à la souveraineté de l'État. Il peut bien sûr y avoir des cas spécifiques de collaboration sur des enquêtes communes à des groupes d'enquêteurs de différents pays qui travaillent ensemble sur des affaires conjointes, ou des accords particuliers pour des opérations mixtes comme celles des années 1990 entre l'Italie et l'Albanie contre les trafiquants d'êtres humains et l'immigration clandestine. Mais jamais d'opérations non entendues, d'actions dites « sous couverture », semblables au cas de l'enlèvement en 2003 à Milan, d'Abou Omar qui avait conduit au tribunal les participants à la descente de la CIA pour enlever l'imam de Milan et le transférer en Égypte. Les accords de Latran et ceux qui régulent les rapports entre l'Italie et la Sainte Église romaine ne prévoient aucune exception dans ce domaine.

Au Vatican, les enquêtes sont menées comme dans n'importe quel pays du monde dans le but de combattre le crime et la corruption, en utilisant des technologies dernier cri, comme les micros les plus sensibles capables d'enregistrer même les soupirs d'un confessionnal. Ainsi au début du printemps 2008, des micros ont été activés à l'intérieur du bureau du directeur des services techniques, l'ingénieur Pier Carlo Cuscianna. Une enquête a été ouverte pour activités illégales présumées « commises dans le cadre de la direction des services techniques », selon les documents à notre disposition. Le directeur a joué le rôle de témoin sans le savoir.

Cuscianna n'est pas un civil parmi tant d'autres au Vatican. Passionné d'énergies alternatives et auteur de différents livres[1], entrepreneur innovant, l'ingénieur est une référence en matière de manutention. On lui doit, par exemple, l'installation de 2 400 panneaux photovoltaïques réalisée sur le toit de l'immense salle Paul VI, inaugurée en novembre 2008. Avril marque cependant un tournant, lorsqu'une enquête vaticane en bonne et due forme est lancée sur le territoire italien, dans le quartier Parioli au nord de Rome :

> Le soussigné ST, dans le cadre des enquêtes pour activités illicites présumées […], par le biais d'écoutes téléphoniques, a découvert que :
>
> À 10 heures hier, 28 avril 2008, l'ingénieur Pier Carlo Cuscianna, parlant au téléphone avec sa compagne de manière « vive », a appris par cette dernière l'arrivée d'un plombier chez eux. L'ouvrier, dont il a été impossible de définir l'identité, de même que l'entreprise à laquelle il appartient, aurait été engagé par l'ingénieur Cuscianna pour installer des sanitaires dans la salle de bains de son habitation. AC a tout de suite été mis au courant de l'évènement. CD se tenait, lui, sous la maison du directeur pour pouvoir photographier l'ouvrier en question, tandis que le soussigné poursuivait l'écoute.

À 15 heures, le soussigné s'est rendu sous l'habitation du directeur des services techniques pour rejoindre CD qui, s'y trouvant depuis 10 h 30, avait pu photographier le supposé ouvrier sorti définitivement par le portail de la maison en question dix minutes plus tard. Les soussignés, espérant qu'il soit venu travailler avec sa propre voiture, afin de pouvoir noter sa plaque d'immatriculation et remonter jusqu'aux informations du propriétaire, ont pris l'individu en filature. Celui-ci est toutefois monté dans le tramway n° 19, piazza Ungheria, et a disparu. En pièce jointe, les photos tirées[2].

Au-delà de cette affaire en soi, d'un intérêt relatif car ne pouvant être reconstituée entièrement à partir des documents à disposition, il est surtout étonnant de découvrir que des personnes en service au Vatican ont dépassé les murs d'enceinte et ont mené des activités d'investigation avec filature de citoyens italiens sur le territoire italien. Et cela ne s'arrête pas là. Des surveillances en embuscade et des prises de photographie auraient eu lieu. Comme si de rien n'était.

Il serait intéressant de savoir si et quel type d'autorisations ont été accordées, par qui, et dans quel but. Mais il semble hautement improbable que les autorités italiennes aient officiellement accordé à qui que ce soit de pouvoir mener ces activités.

Afin de mieux juger des évènements, il est sans doute utile de rappeler certains précédents dans les rapports judiciaires tourmentés entre l'Italie et la Cité du Vatican. En 1987, Marcinkus et ses collaborateurs Luigi Mennini et Pellegrino de Strobel avaient fait l'objet de mandats d'arrêt pour la faillite de la banque Ambrosiano de Roberto Calvi, mais la police italienne n'avait pu les arrêter car les trois hommes ne sortaient plus du Vatican. Et ils n'en sortirent pas avant que la Cour de cassation n'annule les décisions. Un autre cas remonte à 1996, lorsque le « promoteur de justice » au Vatican (qui correspond aux procureurs en Italie) Carlo

Tricerri avait fait appel à la gendarmerie pour perquisitionner l'appartement d'un ecclésiastique à Borgo Pio, quartier romain voisin du Vatican. Là encore, on ignore si et quelles autorisations ont été accordées[3].

En 1998, le commandant des gardes suisses, Alois Estermann, sa femme, Gladys Meza Romero, et le vice-caporal Cédric Tornay sont tués par balle. La version officielle veut que ce dernier soit l'assassin du couple et se soit donné la mort. Bien qu'elle doute du motif officiel, il est bien sûr impossible pour la police italienne de mener l'enquête puisque la tragédie a eu lieu sur un sol étranger. Et la frontière est restée infranchissable.

En clair, chaque police enquête au sein de son propre État. La garde suisse pontificale et la gendarmerie peuvent agir seulement sur le territoire du Vatican. D'ailleurs, quelques mois après la descente à Parioli, la préfecture de la Maison pontificale avait diffusé un document interne pour rappeler les règles concernant les services et les missions qui leur sont assignées compte tenu des tensions et jalousies entre les gardes suisses et les gendarmes. Subdivisé en neuf paragraphes, le document est très précis. Après avoir rappelé les compétences générales de chacun, le point n° 7 dit textuellement, avec une partie explicitée en gras :

> À propos de la surveillance, de la sécurité et de la protection du Saint-Père **à l'intérieur du territoire du Vatican** hors du Palais apostolique, ces activités sont exercées principalement par le corps de la gendarmerie qui veille et patrouille sur tout le territoire. Les corps sont tous deux présents dans la basilique Saint-Pierre et dans la salle Paul VI.

Évidemment, on ne fait aucune allusion aux enquêtes hors des murs de la Cité léonine. Du reste, impossible d'en envisager dans d'autres parties de l'Europe. Il suffit d'imaginer ce qu'il adviendrait si des carabiniers allaient prendre quelqu'un en filature à Paris ou si Scotland Yard envoyait des agents en mission à Milan, Berlin ou Madrid.

Les conseils à Benoît XVI sur Emanuela Orlandi

Jusqu'à aujourd'hui, on ne savait rien de cette opération de renseignement sur le sol italien, avec filatures entre les maisons de Parioli. Seuls les documents présents, recueillis par Maria et les autres ces dernières années, permettent de lever le voile sur cette affaire. Difficile d'imaginer combien d'enquêtes vaticanes en Italie sont passées inaperçues. Les services secrets du Saint-Siège ont très souvent alimenté les fantasmes, mais jamais rien de concret n'avait été découvert au cours du siècle dernier.

Une fois cependant, un agent de la gendarmerie en civil a été découvert en pleine action dans le cœur de Rome, durant une manifestation pour réclamer la vérité sur Emanuela Orlandi, la jeune fille disparue en 1983. Samedi 21 janvier 2012, dans l'après-midi, Pietro Orlandi, frère d'Emanuela, se tient devant l'église Sant'Apollinare à Rome pour la manifestation de protestation contre le silence du Saint-Siège. Quelques centaines de personnes se sont retrouvées sur la place face à la basilique où, étrange mais vrai, est enterré Enrico De Pedis dit Renatino, le chef de la bande de la Magliana, l'organisation criminelle qui contrôlait la ville dans les années 1990. Un lieu symbolique : le chef pourrait avoir eu un rôle dans l'enlèvement et la disparition de la jeune fille.

Lunettes noires, armé d'un téléobjectif, un homme prend sans scrupule des photos des manifestants, des bannières, des tracts, de ceux qui prennent la parole pour réclamer la vérité sur la fille Orlandi. Parmi eux se trouvent différents citoyens du Vatican et des personnes qui travaillent dans les palais sacrés. Elles reconnaissent le photographe comme étant un des agents de la gendarmerie du Vatican. Il s'agit de Francesco Minafra, depuis plus de cinq ans au service de Domenico Giani. Qui l'a envoyé ? À quoi serviront ces clichés ? La garde mobile de Rome découvre que Minafra s'y trouvait avec un collègue. L'histoire arrive jusqu'au Parlement, où le leader du centre-gauche Walter Veltroni demande des éclaircissements à la ministre de l'Intérieur, Anna Maria Cancellieri, qui attend la conclusion des enquêtes.

Pietro Orlandi l'ignore mais cet évènement n'a rien d'un cas isolé. Benoît XVI est très attentif à l'histoire de sa sœur. Le souverain pontife suit de près l'affaire et ce depuis longtemps. Don Georg, son premier assistant, lit avec attention toutes les informations que Giani parvient à obtenir. D'un côté, une famille en quête de vérité, de l'autre, une institution, le Vatican, où une règle d'or persiste : un secret n'en est plus un dès lors que plus d'une personne est au courant. Pietro Orlandi avait déjà rencontré début décembre le père Georg, auquel il s'adresse à nouveau le 15 décembre dans une lettre. Il le remercie de leur entretien et lui dit que toute sa famille est persuadée que « Sa Sainteté par ses mots pourra sensibiliser les consciences des personnes prêtes à trouver la vérité ». Il lui annonce également que « lors de l'Angélus du dimanche 18, de nombreuses personnes qui ont adhéré à la lettre adressée au pape [une pétition pour la vérité qui a récolté 45 000 signatures, *NDA*] seront présentes place Saint-Pierre dans l'espoir que Sa Sainteté consacre, durant l'Angélus, une pensée et une prière à Emanuela. Ce geste pourrait marquer le début d'une nouvelle voie vers la vérité. »

Orlandi se montre déterminé à découvrir la vérité sur la disparition de sa sœur. Et dans les palais sacrés, on s'interroge sur l'acceptation ou non de la requête : est-il opportun que le pape adresse une pensée à Emanuela ? Les documents montrent que les plus proches collaborateurs de Ratzinger en discutent pendant des jours, en réunions et dans des courriers envoyés à Benoît XVI. Le prélat de Vénétie Giampiero Gloder, chef des petites mains qui assistent le pape dans l'écriture de ses textes, est un des premiers à intervenir. Il discute de l'affaire Orlandi, et en particulier de la demande du frère concernant l'Angélus, avec le père Lombardi et Mgr Ettore Balestrero, un des premiers collaborateurs de Bertone à la secrétairerie d'État. Tous les trois arrivent à la même conclusion : Ratzinger ne doit pas intervenir sur l'histoire de la jeune fille. La moindre déclaration sur l'affaire rallumerait les projecteurs internationaux sur une histoire qui dure depuis maintenant presque trente ans. Indirectement, on reconnaîtrait un « rôle » du Vatican. Cela est impensable.

Balestrero évoque cette position à Bertone qui acquiesce : « Envoyons peut-être une lettre à M. Orlandi », se disent les ecclésiastiques. Il faut pourtant trouver une stratégie alternative et en faire part au souverain pontife. Gloder s'en charge à nouveau. Le lendemain, une bonne occasion se présente pour venir sonner à l'appartement privé. En effet, Gloder vient tout juste d'intégrer les corrections apportées au texte de l'Angélus que le pape lira place Saint-Pierre et il doit rendre le document au père Georg. Ainsi, il joint au discours une note sur l'affaire Orlandi :

> Concernant la mention de l'affaire Orlandi, après avoir entendu le père Lombardi puis de nouveau Mgr Balestrero, nous avons conclu qu'il n'était pas opportun d'évoquer l'affaire. Le frère de la jeune Orlandi soutient fortement l'idée d'une omerta à plusieurs niveaux au Vatican sur la question. Si le pape devait seulement nommer l'affaire, cela appuierait son hypothèse, démontrant pratiquement que le pape « n'y voit pas clair ». Nous verrons selon l'évolution de la situation si nous pourrons écrire une lettre à M. Orlandi, signée par le substitut dans laquelle on exprimera l'affection du pape mais également le manque de nouveaux éléments à la connaissance de notre autorité (il faudra la travailler sérieusement). Le Cardinal est prévenu, il est d'accord.

Benoît XVI lit et relit la note. Gloder est toujours synthétique et efficace. Samedi 17 décembre, veille de l'Angélus, le pape réfléchit encore au texte, s'attardant sur une
des premières phrases après le salut aux fidèles. Elle semble
prophétique : « En contemplant l'icône superbe de la Sainte
Vierge, au moment où elle reçoit le message divin et donne
sa réponse, nous nous voyons illuminés intérieurement
par la lumière de vérité qui émane, toujours nouvelle, de
ce mystère. » « Lumière de vérité », mot pour mot. Tout
le monde la réclame mais elle est difficile à trouver. Sur le
bureau, entre les dossiers de Ratzinger trône un nouveau
message de la secrétairerie d'État sur les manifestations du
lendemain, place Saint-Pierre. Elles sont toutes surveillées
de près, comme celle d'Orlandi et son groupe. Le prélat responsable écrit à ce sujet :

> J'ai donné des instructions à Domenico Giani : personne
> ne doit pénétrer la place avec des banderoles ou des pancartes
> contenant des messages offensants ou des slogans de protesta-
> tion. Le lieu et le moment de prière ne doivent être ni violés
> ni instrumentalisés à des fins de propagande.

Le lendemain, Ratzinger approuve l'incitation de ses
cardinaux et ne prononce pas un mot au sujet de la fille
disparue. Dans la rue, le groupe est sous surveillance, les
agents de la gendarmerie en civil s'assurent que tout se passe
comme prévu. L'Angélus est parfait. Aucun incident, aucune
démonstration, aucune fausse note. Giani, l'ancien agent
secret, est satisfait. L'action de prévention de la gendarmerie
en sort renforcée. Et Giani envoie un mot au secrétaire particulier du souverain pontife :

> Cher don Georg, je vous transmets la note envoyée aux
> supérieurs concernant la participation à l'Angélus ce jour
> d'un groupe dans le cadre de l'affaire Emanuela Orlandi, dont

nous avons parlé, avec les tracts distribués. Respectueusement, Domenico G.

Y est joint un document envoyé à la secrétairerie d'État sur la surveillance des manifestants qui réclament la vérité sur la jeune Orlandi :

Ce matin, un groupe d'environ 60 personnes, parents, amis et soutiens de l'initiative portée par M. Pietro Orlandi, frère d'Emanuela, citoyenne vaticane disparue en Italie le 22 juin 1983, se sont rassemblées place Saint-Pierre pour donner vie à une manifestation dans le but de réclamer au Saint-Père « Vérité et Justice pour Emanuela Orlandi ». Les participants, réunis au Château Saint-Ange, ont rejoint la place Saint-Pierre et, après avoir écouté calmement la récitation de l'Angélus, tandis que le Saint-Père rentrait dans ses appartements, ont scandé le nom d'Emanuela. Pour l'occasion, certains caméra-mans et photographes qui suivaient le groupe ont été infor-més des procédures d'accréditation pour les images de la place Saint-Pierre et invités à attendre place Pie XII.

Dans les mois suivants, un conflit s'intensifie entre les magistrats du parquet qui enquêtent sur la disparition d'Emanuela et de Mirella Gregori, une autre jeune fille dis-parue dans des circonstances analogues la même année 1983, le Vatican et le gouvernement par le biais du ministre Can-cellieri. Au centre du contentieux, la tombe où est enterré De Pedis et que personne n'ouvre, bien qu'elle soit sur le sol italien et non dans une zone extraterritoriale du Vatican.

Du moins jusqu'à la fin du mois d'avril 2012, quand le père Lombardi intervient avec une note pour rappeler les huit appels publics lancés par le pape Jean-Paul II pour la libération de la jeune fille et pour écarter tout doute sur le fait que « les institutions ou personnalités vaticanes » ne font pas « tout leur possible ». Qu'en est-il de la sépulture indigne de De Pedis à l'église ? « Il n'y a pas d'obstacle à ce que la tombe soit inspectée et la dépouille, ensevelie ailleurs. » Mais au moment où ce livre part à l'imprimerie, personne ne compte l'ouvrir. Surtout que, après tant d'années, ceux qui devaient, éventuellement, mettre de l'ordre à l'intérieur auront eu tout le temps du monde. Vingt-neuf ans.

Cartouche calibre 22

D'après ce que l'on a pu comprendre des documents en notre possession, les gendarmes ont dû appeler les carabiniers de Rome la nuit du 9 décembre 2010, lorsqu'ils ont été victimes d'une affaire sans précédent dans l'histoire vaticane. Après être allés dîner dans un restaurant de la capitale avec des collègues d'une délégation d'Interpol, les gendarmes ont retrouvé leur voiture bleue laissée sur le parking criblée de balles. Une voiture sans insigne, juste la plaque « SCV », ou Stato Città del Vatican. La situation est délicate. Elle requiert de la discrétion, comme le montre un rapport de service :

> Vers 22 h 45 hier, le personnel de ce corps de gendarmerie en sortant du restaurant Da Arturo, via Aurelia antica au numéro 411, au terme d'un dîner avec des fonctionnaires d'Interpol conviés au Vatican pour une visite institutionnelle, a remarqué que la voiture Volkswagen Passat immatriculée SCV 00953, utilisée ces jours-ci pour divers déplacements, a été endommagée par des tirs d'arme à feu. La vitre arrière était en effet complètement détruite et la voiture présentait trois petits impacts comme autant de coups de pistolet sur le flanc droit. Par terre, près de la voiture, on a retrouvé quatre douilles (calibre 22) mais aucune trace des balles[4].

Les gendarmes appellent le Vatican et entrent en contact avec le nouveau cardinal Ferdinando Filoni, alors substitut de la secrétairerie d'État, autrement dit le ministre de l'Intérieur du Saint-Siège. Le collaborateur de confiance de Bertone envisage les scénarios les plus divers : le geste d'un illuminé ou un avertissement ciblé ? Dans le doute, il prend deux décisions. Envoyer immédiatement d'autres agents de la gendarmerie devant le restaurant, afin d'avoir la situation sous contrôle et de comprendre, tant que possible, le fil des évènements. Ensuite, faire appeler sur-le-champ le noyau opérationnel des carabiniers pour qu'ils puissent lancer une enquête, à suivre minute par minute :

Il convient de préciser que le véhicule était garé devant le restaurant, aux abords du grillage de l'espace *Mediaset*, zone souvent utilisée par les clients de l'établissement, mais n'empêchait pas le passage des piétons. Juste devant le véhicule, à quelques mètres, était garée une autre voiture de la gendarmerie, elle aussi utilisée pour l'occasion, passée totalement inaperçue. Plusieurs personnes ont été entendues mais aucune n'a été en mesure de fournir des informations utiles aux investigations ; seul un employé du restaurant, sans préciser l'horaire, a entendu des bruits, mais n'y a pas prêté attention pensant qu'il s'agissait de pétards. L'analyse des images prises par la caméra de surveillance installée à l'entrée du restaurant ne donne aucun indice, l'appareil étant pointé vers le mur extérieur du bâtiment et non vers la chaussée.

Les carabiniers agissent rapidement et informent avec un zèle inédit les gendarmes. En l'espace de douze heures, ils procèdent à tous les contrôles balistiques, font le point sur leurs découvertes et concluent qu'il n'est pas nécessaire de saisir la voiture pour enquête ultérieure. Ainsi le véhicule est rendu :

Immédiatement après les contrôles nécessaires, la voiture a été emportée au poste « Bravetta » des carabiniers non loin de là. À 12 h 30 aujourd'hui, après des vérifications balistiques supplémentaires, le personnel de la gendarmerie a récupéré son véhicule, ce dernier n'ayant pas été soumis à saisie. L'évènement laisse à penser à un acte de vandalisme par un déséquilibré qui, passant par hasard via Aurelia antica et voyant une voiture avec une plaque d'immatriculation vaticane, aurait voulu accomplir un geste de démonstration ou d'intimidation, certainement poussé par des ressentiments d'ordre personnel.

Un élément joue en faveur de l'hypothèse d'un acte fou : selon les affirmations des experts en balistique, l'auteur du geste a pris de grands risques physiques en tirant sur une voiture d'aussi près, et ce malgré le faible calibre des balles.

Ce rapport fait ressortir un détail étrange. « Aucune trace des balles », lit-on. Où ont donc atterri les quatre projectiles et comment se fait-il que l'on n'en retrouve pas un seul ? D'accord, une ogive a peut-être éclaté contre un mur ou l'asphalte après avoir traversé la voiture, mais les autres ? Mystère. Le véhicule est immédiatement rendu au Vatican, sans délai, sans de longues vérifications et complications administratives qui auraient sans doute touché un citoyen « normal » qui, un soir, après un agréable dîner à base de poisson avec un collègue, sortant du restaurant, aurait retrouvé sa voiture criblée de balles. Compte tenu de la délicatesse de la situation, on a dû communiquer aux carabiniers, restés dans le respect de la procédure en remettant un procès-verbal avec les détails techniques au parquet, d'enquêter rapidement afin d'éviter sans doute que les médias n'interceptent la nouvelle.

Napoléon au Vatican

Cette fois encore, Domenico Giani, directeur des services de sécurité, a réussi à gérer une situation délicate et par certains aspects inquiétante. C'est finalement la version

« minimaliste » qui est retenue, d'un épisode qui aurait certes pu être l'acte isolé d'un fou mais pourrait être assimilé à un acte d'intimidation peu creusé. Du reste, Giani jouit de la pleine confiance des cardinaux de haut rang. Il n'y a donc aucune raison de douter de sa parole. Si ce n'est un billet anonyme qui circule de temps à autre sur son compte. « Ce n'est que de la jalousie, répète-t-il, on m'envie parce que je sers le pape. »

Il y a encore quelques années, Giani était absolument ignorant des « choses » vaticanes, il ne connaissait que son amour pour l'Église, lui un des fondateurs de la Comunità giovanile del Sacro Cuore et de l'association à but non lucratif reconnue d'utilité publique Rondine-Cittadella della Pace. Né en 1962 à Arezzo en Toscane, marié, deux enfants, diplômé en pédagogie à l'Université de Sienne, lit-on sur le groupe Facebook à son nom, Giani est un ancien maréchal de la garde des finances sans ambitions particulières, du moins jusqu'en 1993 quand Jean-Paul II visite le sanctuaire de la Verna, dans la province d'Arezzo. Giani en est originaire et se distingue comme responsable des « Volontaires de la Miséricorde » de la ville toscane, au point que l'évêque de la ville de l'époque, Mgr Flavio Roberto Carraro, le présente au commandant Camillo Cibin, chef de la gendarmerie qui s'appelait alors « corps de vigilance ».

Une vraie entente naît entre les deux hommes. Cibin le soutient auprès de Mgr Giovanni Battista Danzi, depuis 1995 puissant secrétaire général du gouvernorat. Giani ne rate pas cette occasion. Grâce à une loi spéciale, il parvient à être promu au grade de lieutenant pour ensuite se mettre en disponibilité lorsque, en 1999, il est appelé de l'autre côté de la porte de bronze comme adjoint du chef de la gendarmerie. Danzi le veut au Vatican et Giani finira par remplacer Cibin en 2006, après l'avoir secondé pendant les années qui ont précédé sa retraite. Des années pendant lesquelles la gendarmerie cherche à obtenir un rôle névralgique dans l'échiquier de pouvoir au Saint-Siège. L'efficacité du centre d'opérations, ouvert en 2000 et presque inaccessible à tous, y a sans doute contribué. Le directeur, assimilé en Italie à un général de corps d'armée, bien qu'il ne commande que cent cinquante gendarmes, en ouvre l'accès à très peu d'entre eux, comme le vice-inspecteur Gianluca Gauzzi Broccoletti, originaire de Gubbio en Ombrie, né en 1974. À l'intérieur, se trouve l'équipement qui a gagné la légendaire appellation de « Digit Deo », une sorte de grande oreille capable de capter n'importe quelle conversation. Un appareil qui contribue à la sécurité du Vatican, assurée également grâce à la très haute technologie d'entreprises israéliennes qui ont installé des systèmes de contrôle dans chaque endroit sensible.

La gendarmerie peut compter en interne sur de véritables experts de la sécurité, comme le même Gauzzi Broccoletti, actionnaire à 18 % d'Egss Advising de Civitavecchia dont certains bureaux sont installés au sein même de la darse romaine. Egss s'occupe de sécurité sur tous les plans : du matériel d'écoute à la sécurité télématique. En résumé, Broccoletti est au Vatican fonctionnaire de police, et en Italie entrepreneur dans le secteur de la sécurité, qui commercialise et tient à sa disposition des technologies et des instruments parfaitement légaux, prêts à toute éventualité. Parmi les actionnaires de Gauzzi Broccoletti, on retrouve également un autre commissaire de la gendarmerie : Stefano Fantozzi, qui travaille au secrétariat administratif et détient 23 % de l'entreprise. Une autre société spécialisée dans la sécurité, elle aussi propriété d'un gendarme, a installé son siège à Civitavecchia. Il s'agit de la Consulting Security de Enzo Sammarco, commissaire au laboratoire technique de la gendarmerie depuis 1980.

La naissance d'un futur conflit d'intérêt du fait des rôles doubles de ces gendarmes est une hypothèse a priori impossible à exclure. En Italie, par exemple, les agents de police ont interdiction d'exercer d'autres activités professionnelles ou de remplir des fonctions sociales dans des entreprises privées. Mais nous sommes là face à des activités qui se déroulent dans deux États théoriquement souverains et distincts, bien que voisins.

Croche-pied à la secrétairerie d'État

La gendarmerie a donc vu son rôle et son pouvoir croître ces dernières années. Les incidents diplomatiques, entre jalousies, envies et incompréhensions, n'ont pourtant pas manqué. À la fin de l'automne 2008, la secrétairerie d'État découvre par exemple que quelques mois auparavant, en septembre, le règlement de la police était entré en vigueur sans que le service de Bertone ne soit consulté. Une situation qui ne passe pas inaperçue dans les palais sacrés : cette décision du gouvernorat, dont dépend la gendarmerie, enfreint les règles et les précédents et engendre un bras de fer entre Bertone et le numéro 2 du gouvernorat, Mgr Renato Boccardo. Le climat tendu transparaît dans la note du service juridique signée par Mgr Felice Sergio Aumenta, minutante comme don Gänswein :

> On part du fait que le règlement a été approuvé et est entré en vigueur le 29 septembre 2008. On se limitera à deux observations : une de fond, l'autre de forme. Il est extraordinaire que ledit règlement ait été approuvé sans l'avis de la secrétairerie d'État, comme cela aurait été non seulement opportun mais nécessaire. Il ne s'agit pas simplement (et ce serait déjà assez) d'obéir à la Loi fondamentale qui prévoit une « concertation avec la secrétairerie d'État » sur les matières de la plus haute importance mais aussi de respect vis-à-vis de la *Secreteria Status eu Papalis*, d'autant qu'il s'agit de la sécurité du

souverain pontife. Sans oublier la nécessité de coordination avec la GSP [garde suisse, *NDA*], avec l'ordre judiciaire de l'État de la Cité du Vatican et avec les administrations du Saint-Siège, qui relèvent tous des compétences de la secrétairerie d'État. [...] Pour conclure, le règlement expirera en septembre 2010. Il faudra peut-être conserver pour cette date les observations formulées. [...] Envoyer maintenant des notes critiques ne donnerait aucun résultat pratique. Si les supérieurs le souhaitent, ils peuvent répondre au SER Mgr Boccardo qui remercie de l'aimable envoi du règlement, en ajoutant qu'« Il ne manquera certainement pas d'envoyer ici le texte avant confirmation définitive, en concertation nécessaire avec la secrétairerie d'État ».

Plusieurs prélats interviennent afin de trouver un compromis : « Je proposerais, écrit un cardinal, une formulation plus précise et incisive du genre : on prend acte que le document a été approuvé *ad experimentum* par ce gouvernorat. En considérant que, dans divers articles, des modifications et des précisions seraient nécessaires, il ne manquera évidemment pas de soumettre le texte à la secrétairerie d'État avant confirmation définitive, après la concertation prévue par la Loi fondamentale de l'État de la Cité du Vatican. » En effet, il ne s'agit pas seulement d'une question de rôles mais aussi de discipline dans son devoir : « Nous partageons les analyses et les suggestions exprimées dans les deux notes », observe Mgr Filipazzi de la section pour les rapports avec les États. Le rôle du gouvernorat est fondamental vis-à-vis des relations avec les zones extraterritoriales ; il devrait être clarifié dans le respect du traité du Latran. En effet, une des modifications touche justement ce sujet :

Concernant les devoirs de la gendarmerie dans les zones extraterritoriales, les lois font autorité. Ainsi, le personnel, subordonné comme dirigeant, lorsqu'il rend service dans les zones extraterritoriales ne pourrait agir sous le même qualificatif que sur le territoire du Vatican, mais devrait se présenter comme personnel « envoyé par le Saint-Siège ».

À présent, un seul chemin permettrait d'éviter toute rupture : « On pourrait signaler délicatement au cardinal président du gouvernorat les observations que les supérieurs retiendraient nécessaires, en vue des modifications opportunes qui seraient effectuées en 2010. » Ainsi l'on pourra prendre en compte les indications de l'assesseur pour les Affaires générales, Gabriele Caccia, aujourd'hui nonce apostolique au Liban : « Soumettre le texte à d'éventuelles observations du service juridique et de la section des rapports avec les États. On pourrait ensuite signaler que ce type de règlement se fait en concertation et non de façon autonome. Enfin, soumettre quelques remarques en prévision de l'arrivée à terme (2010) de la période *ad experimentum*[5]. »

Une bataille pour un drapeau

Une affaire a été présentée directement à Benoît XVI, vouée à diviser la curie, celle du drapeau de l'État pontifical porté par les troupes papales qui ont combattu en 1870 à Porta Pia. Bien qu'il s'agisse d'un simple objet, le sort de ce drapeau, de valeur hautement symbolique, montre bien la frontière entre forme et fond dans les palais sacrés. La transparence n'étant finalement pas le maître mot, l'attention portée aux plus petites affaires devient presque obsessionnelle, lorsque celles-ci présentent une dimension publique et peuvent donc provoquer des polémiques et des critiques.

En janvier 2011, le Vatican apprend de manière confidentielle que le prince Lilio Sforza Ruspoli, d'une famille aristocratique historiquement fidèle au Vatican, est décidé à faire

171

don du drapeau pontifical au pape[6]. Sforza Ruspoli entretient de solides relations au Vatican, à commencer par son lien direct avec Bertone. Le moment n'est certes pas des plus propices, la question de Porta Pia résonne encore comme une plaie qui doit cicatriser et risque de susciter de nouvelles polémiques : en Italie, on fête l'anniversaire de l'unité du pays et quelqu'un pourrait s'offenser.

Pourtant, l'idée obsède les ecclésiastiques dans les palais sacrés : pas uniquement ceux qui y voient l'emblème de l'Église, mais aussi des cardinaux de haut rang, notamment Bertone. L'affaire prend toujours plus d'ampleur et devient, du moins selon les papiers arrivés dans les appartements du pape et que nous avons vus, une question d'une importance absolue. Ceux qui souhaitent posséder la bannière tant convoitée expriment leurs raisons. Ils soulignent qu'accepter le cadeau du noble permettrait que cette bannière, qui a flotté sur le mur d'Aurélien jusqu'au 20 septembre 1870, revienne à la maison après cent quarante et un ans. Elle en était partie le jour où les bersagliers et les fantassins de Savoie avaient ouvert une brèche à coups de canon dans les fortifications, mettant ainsi un terme à l'État pontifical[7].

Le temps a passé mais le ressenti est toujours aussi intense. Le 28 janvier, Giani écrit directement à Bertone pour l'informer de la possibilité du don :

> Éminence Révérendissime,
> SE le prince Sforza Ruspoli, dignitaire d'une des familles nobiliaires depuis toujours dévouée et fidèle, par credo et par tradition, à la Sainte Église romaine, comme chacun sait, est propriétaire du drapeau de l'État pontifical, cadeau aux troupes pontificales qui combattirent héroïquement à Porta Pia en 1870, dont il souhaiterait depuis longtemps faire don au Saint-Père. J'ai rencontré par hasard le prince le 8 décembre dernier au collège pontifical nord-américain et il m'a exprimé son désir à cette occasion, en espérant qu'outre l'acte de don

172

au Saint-Père, qu'il souhaiterait humblement accomplir en main propre, il y ait une cérémonie « militaire » sobre pour rendre honneur au drapeau, conformément aux traditions militaires anciennes et jamais dépassées[8].

Entre autres, il faudrait que le geste soit effectué au plus tôt car Sforza Ruspoli, né en 1929, « en ressent l'urgence compte tenu de son âge avancé ». Il n'est, en effet, pas dit que les héritiers, « dans le cas d'une disparition soudaine, respectent sa volonté », comme le rapporte encore Giani à Bertone, prenant ainsi l'affaire en charge. En bref, non seulement l'aristocrate semble presque imposer un don avec une cérémonie en prime, mais il montre une certaine impatience, risquant de provoquer des troubles dans les équilibres avec l'Italie. Le Vatican semble subir ces pressions. L'idée rencontre initialement un accueil favorable de la part du cardinal Bertone, qui se montre intéressé et donne immédiatement son accord suite à la lettre de Giani, disant « attendre le projet détaillé et les possibles dates ». Le substitut Mgr Filoni pense lui aussi aux préparatifs et avance comme date possible le jour de Saint-Michel archange, ouvrant ainsi officiellement un dossier à la secrétairerie d'État.

La question de l'anniversaire ne fait pas plaisir à tout le monde au sein des palais sacrés. Et l'Argentin Guillermo Karcher, cérémoniaire pontifical, soulève explicitement un doute « pour éviter d'éventuelles méprises dans une année spéciale pour l'Italie (cent cinquante ans depuis l'ouverture sanglante de la "question romaine" qu'il vaut mieux ne pas rappeler de façon trop miliare) ».

Le 22 février, Benoît XVI reçoit sur son bureau les papiers. Il reste perplexe. Il craint un faux pas : « Il demande que l'on approfondisse une question délicate, à savoir s'il n'y aura pas de polémiques, selon ses propres mots, du côté de l'Italie à voir un emblème historique être "exporté" au Vatican. » Les doutes du pape sont fondés.

Mgr Balestrero, sous-secrétaire pour les rapports avec les États, une sorte de vice-ministre des Affaires étrangères, s'exprime sans ambiguïté : « J'éviterais une cérémonie spéciale surtout s'il s'agit d'un simple dépôt et [...] je ferais, entre autres, profil bas. [...] Personnellement, je suis perplexe quant au timing et à l'idée de faire la promotion de l'évènement pendant cette année où l'on commémore l'unité de l'Italie et l'on se force à mettre en avant les bons rapports, où l'on dit la blessure "guérie". Cet évènement risquerait d'avoir un sens contraire, surtout si l'on en fait la publicité... » Bertone comprend que la situation ne doit pas lui échapper des mains. Des attaques et des instrumentalisations politiques sont à prévoir, ajoutant encore à la complexité de ses relations avec le souverain pontife. Filoni, ministre de l'Intérieur du Vatican, fait une annotation : « Le cardinal secrétaire d'État en parlera au prince. Il s'exprimera ensuite. Quoi qu'il en soit, il vaut mieux éviter tout éclat. » Le secrétaire d'État s'inquiète : « Il faut étudier plus sérieusement la question pour ôter toute équivoque autour de ce geste. »

La secrétairerie d'État n'a plus aucune nouvelle, du moins les prêtres et les employés, jusqu'au mois de septembre, quand arrive l'invitation à la fête du corps de la gendarmerie. Au programme, la « livraison du drapeau historique de la forteresse de SE le prince Sforza Ruspoli comme don au Saint-Siège ». Avec de nombreux drapeaux et les honneurs militaires, exactement comme le souhaitait le prince. On consulte Bertone et le 17 septembre, pratiquement à la veille de l'évènement, il est décidé de « maintenir un profil bas en prévoyant une simple livraison du drapeau sans l'exposer ni rendre les honneurs[9] », mais le cardinal Lajolo ordonne deux jours plus tard « endossant lui-même toute responsabilité, que le drapeau soit exposé ! ».

C'est une victoire pour Giani. Il transforme la fête de ses cent cinquante gendarmes en un moment majeur dans la vie vaticane. De plus, le commandant voudrait déployer un peloton avec la garde suisse aux ordres d'un de ses hommes. Une idée qui fait enrager Christoph Graf, vice-commandant des gardes suisses. Il écrit directement à Mgr Angelo Becciu, qui depuis mai remplace Filoni comme substitut pour les Affaires générales. Le ton est direct, teinté d'ironie : il est hors de question qu'un gendarme déploie les gardes historiques[10].

Au-delà des jalousies et des conflits internes, la manifestation ne provoque aucune critique. Au contraire, elle est le signe communément admis que les désaccords et les blessures dus à la question romaine appartiennent au passé. Le message est direct : l'Église et l'État italien collaborent dans une harmonie jamais vue auparavant. En témoigne la présence de ministres et secrétaires d'État du gouvernement Berlusconi à la cérémonie : à commencer par Gianni Letta, le ministre des Affaires étrangères Franco Frattini, de l'Environnement Stefania Prestigiacomo, le secrétaire du parti PDL Angelino Alfano et le chef du parti UDC Pierferdinando Casini. Tous en rang sur la tribune d'honneur. En bon ordre parmi les prélats et les cardinaux. Parmi les mille sourires et la satisfaction de Bertone.

---

1. De celui sur les crèches de la place Saint-Pierre des vingt-cinq dernières années au volume immanquable sur les cent fontaines divines qui embellissent les jardins du Vatican.
2. Extrait du « Rapport de service sur les écoutes téléphoniques effectuées au sein du bureau du directeur des services techniques de l'État de la Cité du Vatican, site à l'intérieur du palais du gouvernorat ».
3. L'avocat Tricerri enquêtait sur l'escroquerie présumée d'un prêtre, Domenico Izzi, aux dépends de l'IOR. Voir Gianluigi Nuzzi, *Vatican S.A.*, Hugo & Cie, Paris, 2010.
4. La note adressée « à S. Exc. Mgr substitut de la secrétairerie d'État » avec mention confidentielle de la gendarmerie n° 120/Ris. est datée

du 10 décembre 2010 et signée par le directeur des services de sécurité Domenico Giani.

5. Un dilemme insolite se présente autour du règlement, concernant les visites à domicile des médecins aux gendarmes en arrêt maladie qui vivent en Italie. À quel titre les professionnels de la santé peuvent-ils travailler ? « Puisque le médecin du corps de la gendarmerie est un officiel de l'État de la Cité du Vatican, lit-on dans la note qui prévoit que le commandant peut procéder à des visites, et puisque le personnel de la gendarmerie réside sur le territoire italien, de quel droit un médecin peut-il se rendre en Italie pour effectuer un contrôle médical à un citoyen italien ? Ce dernier pourrait lui interdire purement et simplement d'entrer chez lui (en Italie), ne reconnaissant pas sa qualification vaticane. Les observations faites au sujet des zones extraterritoriales le montrent : la qualification reconnue à l'intérieur de l'État ne peut être exportée *sic et simpliciter* hors de l'État. »

6. Paolo Coti écrit dans le *Corriere della Sera* du 19 septembre 2011 : « Les Ruspoli ont des liens très étroits et pluriséculaires avec la papauté : comptant huit souverains pontifes dans la famille, ils armèrent au XVIIIᵉ siècle un régiment "Ruspoli" pour défendre les États pontificaux, et contribuèrent en 1797 à hauteur de 800 000 écus d'or à payer les indemnités imposées par Bonaparte à l'Église, dans le traité de Tolentino. Depuis vingt ans, Sforza Ruspoli prend part chaque 20 septembre, avec le groupe de Militia Christi, à une contremanifestation à Porta Pia, brandissant ce drapeau historique, pour commémorer les dix-neuf zouaves pontificaux "morts pour leur idéal et pour le pape". Le 20 septembre 2010, Ruspoli avait expliqué ses raisons : "Personne ne peut songer à restaurer le pouvoir temporel de l'Église ou alimenter des discordes historiques. Mais nous sommes sûrs que l'authentique unité de la patrie, de notre patrie italienne, ne s'obtient qu'avec la vérité historique. Tenter de l'effacer est dommageable pour tout le monde." Qui sait si un jour son vieux projet se réalisera : une plaque qui commémore aussi dans un parfait esprit bipartisan les dix-neuf zouaves pontificaux qui moururent pour Pie IX le 20 septembre 1870. »

7. Pendant ces jours sanglants, les princes Ruspoli réussirent à attraper le drapeau : ils s'étaient créé un passage par le jardin de la villa habitée par Napoléon-Charles Bonaparte et la princesse Cristina Ruspoli. Cette dernière mit en lieu sûr le drapeau, endommagé par les forces de Savoie.

8. La lettre du chef de la gendarmerie se poursuit ainsi : « En effet, armés de ces sentiments, comme le décrit minutieusement l'Histoire, en 1506 et 1870, s'emparant du précieux drapeau, des jeunes hommes courageux en arrivèrent à sacrifier généreusement leur plus grand don, celui de leur propre vie, pour défendre le pontife romain et l'État pontifical. Éminence Révérendissime, il est de mon devoir de vous répéter, pour parer à toute spéculation éventuelle, que je suis incapable de dire que la famille Ruspoli n'a pas de sentiments italiens !!! En effet, le prince Sforza compte parmi ses douleurs la perte de deux aïeux décédés durant la Première Guerre mondiale dans les montagnes du Carso, alors au commandement de deux détachements de l'armée italienne, dont le fameux régiment "Folgore" dont la caserne de Livourne porte encore aujourd'hui le nom de Palazzo Ruspoli. Concernant la cérémonie, elle pourrait être célébrée avec le corps de la garde suisse pontificale, comme exemple de collaboration entre deux entités vaticanes si distinctes et pourtant si proches, qui œuvrent quotidiennement et infatigablement au service du successeur de Pierre et du siège apostolique. Elles se retrouveraient, comme par le passé, pour rendre hommage ensemble à la précieuse bannière. Si Votre Éminence venait à l'autoriser, la cérémonie tant souhaitée par le prince pourrait être organisée par votre serviteur, conformément à celle tenue annuellement par le corps de la gendarmerie à l'occasion de la fête de Saint-Michel archange, patron du corps, dérivée des cérémonies militaires italiennes à l'occasion des passations de drapeaux. J'adresse à cette occasion mes sentiments les plus dévoués, affectueux et obséquieux à Votre Éminence Révérendissime, le Directeur. »

9. Vincenzo Mauriello, attaché à la secrétairerie, écrit : « Compte tenu de la délicatesse de la question, qui d'une certaine façon pourrait heurter la "sensibilité" des autorités et de l'opinion publique italienne, il semblerait opportun d'écouter une nouvelle fois la section pour les rapports avec les États. »

10. Daniel Anrig, commandant de la garde suisse, écrit une lettre à Domenico Giani le 21 septembre 2011 : « Comme je l'ai déjà évoqué avec vous, nous vous sommes reconnaissants d'avoir également pensé à la garde suisse pour rendre les honneurs à la précieuse relique, et la participation d'une délégation sera assurée, mais nous ne jugeons pas opportun qu'un porte-étendard soit intégré au peloton interforces et surtout aux ordres d'un officiel de la gendarmerie. Je vous rappelle qu'avec la dissolution des corps d'armée pon-

tificaux en 1971 il n'existe plus d'ordre hiérarchique et que la garde suisse pontificale est devenue l'unique corps militaire. [...] Les protocoles militaires internationaux à ma connaissance ne prévoient pas de rendre des honneurs militaires à un corps de police... » Et la pique finale : « J'espère que mes commentaires ci-dessus ne seront pas mal pris : je crois en effet fermement que, malgré les motifs de votre invitation, les autorités supérieures doivent parfois être consultées sur l'unité des intentions des deux corps au service du souverain pontife. »

Tarcisio Bertone : l'ambition au pouvoir

« Sainteté, la confusion règne au cœur de l'Église »

Le Saint-Siège a été mis à dure épreuve par une longue liste de scandales qui ont touché l'Église dans le monde. À commencer par la pédophilie, sous-estimée pendant des années. En 2002, Mgr Tarcisio Bertone, avant que l'affaire n'éclate sur un plan international, qualifiait le problème de maladie touchant seulement « une minorité infime » de prêtres. Mais la liste s'allonge. D'une part, les abus sexuels et psychologiques perpétrés par le fondateur des Légionnaires du Christ, Marcial Maciel, qualifié par Benoît XVI en 2010 de « faux prophète » menant une vie immorale : une existence aventureuse, gâchée, bizarre[1]. Puis la question encore ouverte des lefebvristes, avec le schisme traditionnaliste, après la nomination de quatre évêques en 1988. Viennent ensuite les enquêtes judiciaires pour blanchiment qui ont impliqué l'IOR, la banque du pape. Les rapports entre la clique du gentilhomme de Sa Sainteté, Angelo Balducci, et les prêtres et cardinaux chargés de gérer les affaires et les marchés. Les maisons de Propaganda Fide et les vices de quelques ecclésiastiques utilisés comme moyen de chantage. Des dizaines de scandales menés par des complots internes au sein des palais sacrés, dont ceux dénoncés par l'ancien directeur de *Avvenire*, Dino Boffo, et le prêtre Carlo Maria Viganò. Les guerres silencieuses qui, en 2011, ont vu se multiplier les lettres anonymes qui circulent depuis toujours dans les palais sacrés. D'abord avec les menaces de mort au cardinal Bertone[2], puis avec les saletés sur le compte de prélats et de cardinaux. C'est le cas, par exemple, du cardinal Agostino Vallini, vicaire du pape pour le diocèse de Rome, victime d'une fausse pétition de prêtres qui réclamait sa démission. La collecte de signatures était une farce. En septembre 2011, une enquête, toujours en cours, a débuté pour découvrir qui se cachait derrière les lettres anonymes contre Vallini.

Les temps sont durs et requièrent des nerfs solides et des talents de capitaine. Des qualités que tout le monde ne reconnaît pas chez Tarcisio Bertone, choisi par le souverain pontife à l'été 2006 comme nouveau secrétaire d'État, successeur d'Angelo Sodano. Contrairement à ses prédécesseurs, Bertone n'a pas eu une carrière diplomatique : un *vulnus* que Ratzinger a dû méditer longtemps, conscient que ce choix allait provoquer méfiance et réactions diverses. Le pape veut Bertone car il lui fait confiance, il l'a déjà eu de 1995 à 2003 comme secrétaire à la Congrégation pour la doctrine de la foi, quand Ratzinger était préfet. En outre, Bertone représente un point de référence important pour tout contact avec des environnements dont le Saint-Père se sent loin : la politique notamment, et la politique italienne. Les faiblesses peuvent devenir des forces, au point que depuis le début Bertone s'est accaparé les relations avec la politique, limitant de fait le champ d'action de la Conférence épiscopale dirigée par le cardinal Bagnasco et générant des mécontentements à la curie.

Depuis le départ, Bertone rencontre des difficultés de toutes sortes, même logistiques. Sodano, par exemple, ne quitte pas le bureau du secrétaire d'État pendant un an. Il n'y voit aucune raison tant que celui de doyen des cardinaux ne sera pas prêt. Ainsi son successeur doit se contenter d'une pièce adjacente. Les problèmes du bureau sont pourtant bien peu de choses face aux nuages noirs qui menacent la secrétairerie d'État. À peine installé à son poste, il perçoit les premiers signes de crises diplomatiques. Le 12 septembre, Benoît XVI prononce le discours de Ratisbonne, une intervention savante, riche en références littéraires et historiques, avec des appels réguliers à la foi, à la raison et au savoir. C'est aussi une des premières grandes occasions de Bertone, le nouveau secrétaire d'État. Parmi les citations historiques, apparaît aussi la phrase redoutable de l'empereur byzantin Manuel II Paléologue : « Montre-moi ce que Mahomet a apporté de nouveau et tu ne trouveras que des choses mauvaises et inhumaines. » Ces mots provoquent un tremblement de terre, une réaction en chaîne immédiate dans les médias du monde entier. Les pays musulmans sont sur le pied de guerre. Quelqu'un avait-il mis Benoît XVI en garde ? Le texte a-t-il été vérifié ? On ne l'a jamais su précisément. L'incident crée en tout cas des désagréments et des conflits au sein du Vatican. Le Saint-Père fera alors l'effort de résoudre la crise, en soulignant plusieurs fois qu'il ne s'agissait que d'une simple citation, qui n'était pas représentative de sa pensée. Un faux pas probablement à cause d'une personne qui n'aurait pas fait attention au passage délicat. Pourtant, l'erreur n'est pas un cas isolé.

Au fil des années, les épisodes se répètent, bien que Bertone continue d'acquérir un pouvoir grandissant, avec un double objectif : mettre à la porte les critiques et obtenir des promotions pour les ecclésiastiques en qui il a pleinement confiance. Avec une attention toute particulière aux dicastères économiques, aux centres de dépenses : le cardinal Domenico Calcagno va à l'APSA, pour gérer l'énorme patrimoine immobilier du Vatican[3], Ettore Gotti Tedeschi, à l'IOR, l'ancien nonce en Italie Giusepppe Bertello, au gouvernorat, le cardinal Giuseppe Versaldi, à la préfecture pour les Affaires économiques. C'est une voie royale pour consolider son pouvoir et étendre toujours davantage son influence sur la curie romaine, jusqu'à toucher aux grands noms du conclave qui un jour sera appelé à choisir le successeur de Benoît XVI.

Le jeu de pouvoir a lieu dans un climat toujours plus tendu. On craint de critiquer ses supérieurs et d'exprimer son désaccord. On risque de subir des représailles ou une mutation. Dans le petit État, tous les coups sont permis : jalousies, envies, affaires de carriérisme, intérêts personnels. Cela se produit surtout lorsque les affaires impliquent de l'argent, sous toutes ses formes, le pouvoir, ou les deux en même temps, donnant lieu à des querelles souterraines. L'éthique disparaît. Les conflits entre cardinaux, groupes et factions se durcissent. Résonne alors le message que Joseph Ratzinger lançait déjà en 1977 alors qu'il était cardinal : « L'Église est en train de devenir l'obstacle principal de la foi. On n'y voit plus que l'ambition humaine du pouvoir, le petit théâtre des hommes qui, avec leur prétention d'administrer le christianisme officiel, semblent barrer la route au véritable esprit du christianisme[4]. »

Les intrigues et les luttes intestines font partie de l'histoire de l'Église, elles ont toujours existé mais jamais au degré actuel. Les moyens mis en œuvre n'ont jamais été aussi cruels. L'ambiance n'a jamais atteint un tel niveau. Et surtout, le Saint-Père n'a jamais été autant impliqué, « tiré par la soutane » de manière aussi directe. Ce climat entraîne un phénomène assez nouveau : nombreux sont ceux qui cherchent à désarçonner Bertone, qui en tant que secrétaire d'État devrait être une référence pour tout le Vatican. Cela vient du fait qu'en lui se trouve « le » ou une partie du problème.

Se tourner vers le pape est un geste extrême, présentant des risques, une action aux effets imprévisibles. Pourtant, aujourd'hui, le souverain pontife devient destinataire de chaque missive, de n'importe quelle demande d'aide. Le choix hardi de s'en référer toujours à lui influe, il faut le dire, sur d'autres facteurs : « Quand Wojtyła est devenu souverain pontife, explique Galeazzi, le vaticaniste du quotidien *La Stampa*, il ne connaissait personne. Ratzinger vit dans les palais sacrés depuis 1981 et entretient des relations avec les prélats et les cardinaux. Ceux-ci trouvent naturel de s'adresser directement à lui. » Mais comment attirer son attention ? Même des ecclésiastiques de prestige mettent au point mille stratagèmes et expédients en tout genre pour joindre directement Benoît XVI. Ils agissent en secret et partagent avec lui conflits, boycotts, intérêts illégitimes. Ils réclament l'intervention du Saint-Père avant que l'affaire ne déraille et que le scandale ne se fasse public. Il est vu comme le seul pasteur révolutionnaire qui a le futur de l'Église à cœur. Mais entrons à présent dans ces affaires internes dans lesquelles le pape et son secrétaire Bertone jouent les rôles principaux. Pour la première fois, nous pouvons en effet raconter ces conflits de la façon dont ils sont vécus de l'intérieur.

Une encyclique à écrire et Bertone pense à autre chose

Fin 2008, la secrétairerie d'État se concentre sur la troisième encyclique du souverain pontife, la *Caritas in veritate*. La première section, centre névralgique des affaires générales, vit des mois d'effervescence. Employés, minutantes, secrétaires et prêtres cherchent à fournir tout élément utile à l'élaboration du nouveau texte qui réaffirme la primauté de l'homme dans l'économie. Un objectif qui ne semble pourtant pas faire l'unanimité. De nombreuses personnes ont le sentiment que Bertone ne suit pas avec toute l'attention nécessaire la réalisation d'un document capital de l'activité de Benoît XVI. Ce malaise croît jusqu'au mois de février suivant, lorsqu'on le diffuse jusque dans les appartements privés.

Paolo Sardi, cardinal à l'histoire significative, prend les devants. Il était jusqu'en 2007 substitut à la secrétairerie d'État, à la tête du bureau qui écrivait les discours de Jean-Paul II, puis vice-camerlingue de la Chambre apostolique et se voit choisi par Benoît XVI comme patron de l'ordre souverain militaire de Malte. Il décide de rendre officiel ce malaise en se tournant directement vers le pape. La lettre que nous avons eu l'opportunité de lire est datée du 5 février 2009 et impute à Bertone la désorganisation au sein de la curie romaine. C'est le premier acte concret d'accusation contre le secrétaire d'État, l'expression critique d'un bloc transversal au Vatican[5]. Dans la première partie, Sardi dénonce la superficialité et de graves erreurs matérielles dues à Bertone pour aider le pape à la réalisation de l'encyclique. Bertone serait trop distrait par tous ses voyages :

Père Béatissime,

J'ai lu la communication que Sa Sainteté m'a fait parvenir au sujet de l'encyclique. Je ne vous cache pas mon inquiétude. En voici la raison : le texte que le cardinal secrétaire d'État a transmis à l'économiste[6] n'était pas le texte définitif. Sans m'en avertir, Mgr substitut [Ferdinando Filoni, *NDA*] a confié au cardinal le texte qui était encore en cours d'élaboration. Sans m'en avertir, le cardinal a transmis ce texte à l'expert, qui a donc travaillé sur un document dépassé à plusieurs niveaux. L'affaire est grave : le texte définitif contient, en effet, les multiples corrections que deux officiels de la IIe section, comme j'en avais parlé dans ma précédente lettre à Sa Sainteté, ont jugé nécessaire d'apporter à la lumière des documents rédigés par les instances internationales (ONU, Organisation internationale du travail, Organisation mondiale du commerce, etc.). Depuis un mois, le travail est au point mort. Le cardinal secrétaire d'État, lui, est en pleine activité : en plus de ses déplacements en Italie, il est parti il y a de cela plusieurs jours au Mexique, maintenant il est en Espagne, et il s'apprête déjà à se rendre en Pologne. J'espère qu'il ne faudra pas achever l'encyclique à la hâte, au moment où commenceront les traductions, opération en soi complexe et exigeante.

Bertone est le premier secrétaire d'État qui voyage souvent à l'étranger, assumant un rôle qui, selon les diplomates, incombe seulement au souverain pontife. Sardi profite de l'occasion pour étendre sa critique à la gestion générale du nouveau secrétaire :

Une dernière remarque douloureuse : depuis quelque temps s'élèvent dans différentes parties de l'Église, à l'initiative de personnes pourtant très fidèles à Votre Sainteté, des critiques contre le manque de coordination et la confusion qui règnent en son sein. J'en suis très affecté mais je suis obligé d'en reconnaître, même de mon modeste point de vue, le fondement : en plus des questions évoquées précédemment, je voudrais, en effet, souligner que je n'ai jamais été consulté lors de la rédaction du décret relatif aux évêques lefebvristes (j'aurais pu faire quelques suggestions qui n'auraient pas été inutiles) ; en outre, hier, le texte confié par Sa Sainteté à S. Exc. Mgr substitut sur ce sujet ne m'a été soumis que quelques minutes avant l'heure butoir, quand déjà Mgr Gänswein par téléphone exigeait qu'on le lui fasse parvenir. Je tente de voir dans ces faits (à dire vrai nombreux) l'action répétée et innocente de la Providence, qui souhaite me préparer à mon éloignement de la secrétairerie sans scrupule. En toute soumission, que Sa Sainteté me sache entièrement dévoué † Paolo Sardi.

Ratzinger lit la missive avec attention. Il consulte le père Georg, mais dans le Palais apostolique le bruit court que le cardinal se défoule en racontant les rancœurs qu'il tenait sous silence. En réalité, des cardinaux étrangers élèvent également la voix au sujet de sa désorganisation, mais Ratzinger encaisse les accusations de Sardi et se tait. Il ne demandera que plus tard à Bertone d'être plus présent à la curie. Rien d'autre, notamment en raison du fait que Sardi pèse bien peu face à Bertone. L'affaire est ainsi classée mais reste ancrée dans la mémoire du souverain pontife.

Durant les mois suivants, des voix circulent dans les pièces secrètes, accusant Bertone d'utiliser des méthodes malhonnêtes, de vouloir se montrer et de promouvoir une gestion trop égoïste : « Bertone est coupable d'une gestion trop individualiste de la secrétairerie d'État, explique Galeazzi, et il cherche même à offusquer l'épiscopat italien. C'est le cas du fameux avertissement à Bagnasco sur ceux qui s'exposent à des rapports avec la politique. Pour Casaroli, le secrétaire d'État devrait surtout remplir un autre rôle : il doit être un cadran solaire, soumis à la lumière du pape. Ce cadran fonctionne uniquement avec et par le Saint-Père, en accomplissant son devoir de service, sans l'exercice d'un pouvoir propre. »

« Bertone doit s'en aller »

Nombreux sont ceux qui attribuent au secrétaire d'État une grande part des erreurs commises au Vatican. Bien qu'elles soient faites par d'autres, Bertone est tout de même tenu pour coresponsable. La mauvaise gestion de l'affaire Richard Williamson, évêque lefebvriste qui a nié l'existence des chambres à gaz et dont on a levé l'excommunication ; l'affaire du prêtre ultraconservateur Gerhard Wagner, qui en Autriche accuse les livres *Harry Potter* de « satanisme » et qui soutient également des thèses bizarres telle l'interprétation de l'ouragan Katrina comme une punition divine de l'immoralité des habitants de La Nouvelle-Orléans. Wagner, nommé évêque auxiliaire de Linz, devra renoncer à ce poste devant la fronde de la communauté catholique autrichienne.

La situation semble à son comble lorsqu'en avril 2009 d'importants cardinaux rejoignent Benoît XVI dans la résidence de Castel Gandolfo pour lui demander de changer de secrétaire d'État. Le 2 décembre 2009, Bertone aura soixante-dix-neuf ans ; cela semble la bonne occasion de l'envoyer se reposer au motif de l'âge, sans clameurs. Quatre cardinaux de haut rang sont présents au rendez-vous : Angelo Bagnasco, Camillo Ruini, Angelo Scola et l'Autrichien Christoph Schönborn. Le pape ne les laisse pourtant presque pas parler. Il ne se laisse pas conditionner. Il anticipe les doléances avec une réponse glaciale en allemand : *Der Mann bleibt wo er ist, und basta.* « L'homme reste où il est, et basta. »

En effet, depuis ce jour, Bertone reste toujours en selle, même s'il vacille de temps en temps. Le 2 décembre, le cardinal fête son anniversaire et reçoit, entre autres, les vœux du pape. Le souverain pontife lui réaffirmera sa pleine confiance quelques jours plus tard en refusant la démission pour limite d'âge que le cardinal avait présentée dans une lettre par laquelle il reconnaissait certaines de ses limites[7]. Un tel changement exposerait l'Église à des turbulences et des répercussions inimaginables en cette période de crise économique mondiale et affaiblirait le Saint-Père. Mais les attaques et les critiques envers le secrétaire d'État ne cessent pas.

La guerre pour le coffre-fort
de l'Université catholique de Milan

2011 est une année de guerre entre le secrétaire d'État d'un côté, la CEI et la curie de Milan de l'autre. Le litige se déroule dans les pièces ouatées du Vatican autour de deux questions centrales : la gestion financière de l'Université catholique de Milan et l'ambitieux projet de créer un nouveau centre médical avec l'hôpital San Raffaele qui unirait le CHU Gemelli de Rome et l'hôpital Bambino Gesù. Toute l'attention se porte sur le poumon financier qui soutient l'université milanaise et l'hôpital de la capitale : l'institut Toniolo de Milan[8]. Depuis que l'actuel ministre Lorenzo Ornaghi a été choisi comme recteur de l'Université catholique en 2002, le Toniolo est aux mains d'une majorité plus proche de l'Église italienne que de la curie romaine, hier Ruini, aujourd'hui Bagnasco. Le président du Toniolo n'est autre que le cardinal Dionigi Tettamanzi, qui en 2011 cédera au cardinal Scola la tête du diocèse de Milan. La clé d'accès aux finances de l'Université catholique changera de main. Bertone intervient dans l'affaire. En février 2011, le secrétaire d'État demande à Tettamanzi de démissionner de la présidence du Toniolo. Son raisonnement est simple : le patriarche de Venise, Scola, ayant été choisi comme archevêque de Milan, cela n'a aucun sens que Tettamanzi reste au sommet. Le secrétaire d'État voudrait le remplacer par l'ancien ministre de la Justice du gouvernement Prodi, Giovanni Maria Flick. Tettamanzi ne l'entend pas de cette oreille. Il n'en est pas question, il ne bougera pas. Il préfère attendre la fin de l'été : il rencontrera alors Scola à son arrivée à la curie. Il pourra ainsi discuter avec lui, entre quatre yeux, de ce changement. De plus, Tettamanzi fait consensus. Le cardinal est fier de la lettre que Jean-Paul II lui avait écrite le 7 juillet 2004 pour lui confirmer sa prise de poste. La missive mettait un terme à une fronde partie de Rome, quand le prédécesseur de Bertone, Sodano, avait cherché en vain à mettre l'institut Toniolo sous la responsabilité des palais sacrés en le soustrayant à la gestion milanaise.

Mais par respect pour la volonté de Wojtyła, la présidence du Toniolo reste à Tettamanzi, après la gestion « romaine » du sénateur à vie Emilio Colombo. Ce dernier en était resté à la tête de 1986 à 2003, quand il avait été impliqué dans l'enquête pour drogue et prostitution appelée « opération Cléopâtre », dont il est sorti indemne. Colombo avait avoué aux magistrats avoir consommé de la cocaïne, avançant des fins thérapeutiques, et n'avait subi aucune conséquence de l'affaire.

Dans la lettre de 2004, Wojtyła approuvait Tettamanzi et ouvrait un dialogue direct, sans intermédiaire :

> Dans ma constante sollicitude pour la vie et le développement de l'Université catholique du Sacré-Cœur et donc de l'institut Toniolo, organisme fondateur et garant de ladite université, j'ai le plaisir de désigner Votre Éminence comme représentant du Saint-Siège au comité permanent de l'institut. Je serai ravi que Votre Éminence me consulte personnellement sur les questions majeures qui pourront se présenter au cours des activités de l'institut. Je formule une prière pour cette chère université et je donne de tout cœur ma bénédiction à Votre Éminence [...]. Jean-Paul II

Mais cette fois, le secrétaire d'État est le plus fort. Il peut compter sur une relation solide avec le souverain pontife et peut s'appuyer sur des scandales présumés qui ont divisé l'institut Toniolo au cours des dernières années. En particulier, l'ancien directeur accusait Tettamanzi de « mauvaise gestion » de l'institut, à commencer par la perte d'un financement public de 8 millions pour le développement d'un collège à Rome. L'archevêque de Milan avait répondu que l'aide, en réalité de 2 millions, avant déjà été refusée par le ministère de l'Enseignement supérieur une première fois et que les budgets étaient dans le vert grâce à la limitation des gâchis et des privilèges. Gian Guido Vecchi écrit dans le *Corriere della Sera* : « Bertone était perplexe quant à la direction administrative d'Enrico Fusi et la "courageuse voie de renou-

vellement" de ces dernières années : entre les 350 bourses
d'étude en 2011 et la requalification des collèges universitaires qui accueillent 1 400 étudiants. Le même "renouvellement" au nom duquel le secrétaire d'État, dans une lettre
du 18 février, avait invité l'archevêque de Milan à quitter la
présidence et à ne pas reconduire le mandat bientôt à terme
de trois des onze membres du comité permanent : Paola
Bignardi, Felice Martinelli et Cesare Mirabelli. »

Le 26 mars 2011, le secrétaire d'État n'hésite plus et
retire Tettamanzi de son poste en déclarant, dans une
missive (publiée dans *il Fatto Quotidiano*), suivre la volonté
expresse de Benoît XVI. Bertone vire le cardinal par fax.
Il lui envoie une lettre glaciale, évidemment « confiden-
tielle/personnelle », de cinquante et une lignes, salutations
comprises :

> Monsieur le cardinal, […] de fait, le travail de Votre Émi-
> nence au service de l'institut Toniolo s'est prolongé bien
> au-delà du temps initialement prévu, et ce, évidemment, au
> prix de sacrifices facilement imaginables. Prenant en compte
> cet état de fait, le Saint-Père m'a chargé de remercier Votre Émi-
> nence pour le dévouement démontré au service d'une institu-
> tion importante pour l'Église et la société en Italie. À présent,
> vu le départ de différents membres du comité permanent,
> le Saint-Père désire procéder à un renouvellement, au nom
> duquel Votre Éminence êtes libérée de cette lourde charge. Me
> conformant à la volonté supérieure, je vous demande de fixer
> la réunion du comité avant le 10 avril prochain. À cette occa-
> sion, Votre Éminence annoncerez votre démission du comité
> et de sa présidence. Simultanément, vous désignerez M. Gio-
> vanni Maria Flick, avec la cooptation du comité permanent,
> comme votre successeur à la présidence. Le Saint-Père exige,
> en outre, qu'avant l'arrivée du nouveau président aucune
> mesure ou décision ne soit adoptée au sujet de nominations,
> de postes ou d'activités de gestion de l'institut Toniolo[9]. […]

Je profite volontiers de l'occasion pour vous transmettre, Éminence, ainsi qu'aux autres membres illustres de l'institut les bienveillantes salutations de Sa Sainteté. J'y joins également l'expression de mes sentiments obséquieux et suis l'obligé de Votre Éminence Révérendissime, Mgr Tarcisio, card. Bertone, secrétaire d'État.

Tettamanzi prend conscience que le conflit a atteint un niveau impensable. Il a peu de temps pour réagir. Il voit la missive comme une injustice et une ingérence grave de la secrétairerie d'État dans les activités du diocèse milanais. Et Ratzinger, avec lequel il cultive des rapports sereins depuis longtemps, veut-il vraiment le destituer de son poste au Toniolo ? Le cardinal doute que Bertone suive la volonté du pape. Il trouve ainsi suspecte la référence explicite et continue à la volonté du souverain pontife. En quarante-huit heures, il prépare une contre-attaque et, le lundi 28 mars, s'adresse directement au Saint-Père :

Père Béatissime,
Samedi 26 mars au matin m'est arrivée par fax, en ma qualité de président de l'institut Toniolo, une lettre « confidentielle/personnelle » du secrétaire d'État qui me pousse, en cette période qui devrait être employée à la méditation et à la prière pour la conversion, à soumettre directement à sa personne des considérations désagréables. La lettre remet en question ma nomination au poste de président de l'institut qui date de 2003, quelques mois après mon arrivée à Milan, en remplacement du sénateur Emilio Colombo, démissionnaire non pas à cause de modifications statutaires, comme l'affirme le message, mais pour des raisons reconnues, liées à sa conduite personnelle et publique. [...[10]] Toutes les sanctions prévues sont tirées de la lettre que je joins, des mesures sans aucun doute gravissimes, dans le fond et dans la forme, contre l'institut Toniolo, contre l'Université catholique de Milan, et contre ma personne, en particulier en qualité d'archevêque de

Milan. Elles sont toutes présentées comme l'expression de la volonté explicite de Sa Sainteté, volonté à laquelle le document fait continuellement référence. Connaissant bien la douceur et la délicatesse qui définissent Sa Sainteté, et ayant la conscience tranquille d'avoir toujours agi pour le bien de l'institut et de la Sainte Église, avec transparence et responsabilité, sans rien avoir à me reprocher, je suis pris d'une profonde perplexité quant au dernier message que j'ai reçu et aux éléments que l'on peut attribuer à sa personne. [...[11]] J'ai bien à l'esprit qu'en partageant spontanément ces considérations je mets Sa Sainteté dans une situation qui n'est pas simple du point de vue de la gestion des rapports entre gouvernants ; j'en suis profondément désolé, mais Sa Sainteté comprendra qu'on ne me laisse aucune alternative. La solution qui me paraîtrait la plus simple consiste à opérer l'action de relance de l'institut Toniolo, avec sérénité et détermination, sans tenir compte de la dernière lettre qui m'est parvenue. Mais je lui laisse me le confirmer avec sa parole authentique. [...[12]] Avec mon estime et mon affection, † Dionigi Tettamanzi.

Le choc des titans. Tettamanzi demande à pouvoir continuer son action afin de guérir l'institut Toniolo de ses troubles du passé. Sur certains points, son style rappelle celui de Mgr Viganò. La missive arrive sur le bureau du souverain pontife le 31 mars. Benoît XVI agit sur deux plans : il signale à son secrétaire particulier, le père Georg, que cette affaire doit « être débattue avec le card. Bertone », écrit-il dans un billet lapidaire qu'il distribue à ses collaborateurs. Le secrétaire d'État et le pape se rencontrent quelques heures plus tard. Ni l'un ni l'autre ne connaît en profondeur la réglementation qui régit l'autonomie de l'institut Toniolo. Ils réclament donc un approfondissement. Le 2 avril, Bertone envoie un billet au cardinal Sardi, patron de l'ordre souverain militaire de Malte, qui, comme nous l'avons déjà vu, contestait l'action de Bertone concernant l'encyclique. Et il y joint la lettre du souverain pontife. La mission est top secret : il demande des éclaircissements sur les déclarations de Tettamanzi afin de comprendre la marge de manœuvre dont dispose la secrétairerie d'État sur l'affaire du Toniolo. En bref, il cherche à contrôler la situation. Des réponses sûres en un minimum de temps. Sardi obéit et agit avec adresse : « Afin de garantir la confidentialité de l'opération, assure-t-il le 3 mars dans son rapport top secret au souverain pontife, j'ai envoyé des personnes expertes chez moi, au Vatican, pour que la lettre en cours d'examen ne passe pas la frontière. »

> Saint-Père, en accord avec tout ce que l'éminentissime secrétaire d'État m'a demandé […], j'ai procédé à un examen méticuleux de la lettre […]. Je me presse de donner à Sa Sainteté le résultat d'une évaluation attentive que j'ai élaborée avec l'aide de personnes expertes des questions de l'institut Toniolo, son histoire et le règlement qui en régit l'activité. […] Comme Sa Sainteté peut le constater, l'examen est détaillé et minutieux ; cela paraissait nécessaire, compte tenu de la gravité des accusations soulevées par Tettamanzi, qui ne craint pas d'exprimer des jugements parfois lourds, sans toutefois fournir les documents essentiels à leur fondement. […] Je me vois pourtant obligé de manifester, Saint-Père, ma confusion à voir comment un cardinal peut se permettre de résister avec autant de désinvolture à une volonté précise du souverain pontife, allant jusqu'à soupçonner le secrétaire d'État de détourner et falsifier la pensée du pape. Cette accusation apparaît au moins deux fois : dans le dernier paragraphe de la première page et le deuxième paragraphe de la dernière.

Sardi n'est pas convaincu que la missive soit entièrement l'idée et l'œuvre de Tettamanzi. Et il soumet au souverain pontife un sentiment qui, s'il s'avérait justifié, ferait grand bruit. Il suppose en effet que la lettre à l'ecclésiastique a été suggérée par un laïc estimé du Vatican, le recteur de l'Université catholique, actuel ministre pour les Biens culturels, Lorenzo Ornaghi :

> Un autre motif d'étonnement concerne la formulation de possibles attitudes à adopter face au message envoyé par le secrétaire d'État au nom du pape ; pourtant on ne lit jamais, absolument jamais, l'éventualité d'un choix qui devrait être le plus naturel, celui de l'obéissance. Certes, le contenu de la lettre du card. Tettamanzi laisse penser à l'intervention d'un tiers (notamment celle du recteur magnifique Lorenzo Ornaghi). Mais une phrase est certainement attribuable au card. Tettamanzi, car écrite à la main, la salutation finale : « Avec mon estime et mon affection, † Dionigi Tettamanzi. » Dans ces mots qui sonnent comme une confidence, il me semble se confirmer ce qui transparaît dans le texte : l'archevêque de Milan traite avec le pape d'égal à égal. Et cela aussi est inouï. J'oserais espérer que la réponse ne se limite pas à une invitation laconique à l'obéissance. Avec mes sentiments de profonde vénération et d'affection filiale, que Sa Sainteté me croit son très dévoué, card. Paolo Sardi.

Le problème, c'est que Tettamanzi ne peut pas « être démissionné » même après avoir quitté le diocèse. L'institut Toniolo possède en effet une identité juridique assez rare dans le monde catholique : c'est un organisme de droit privé qui ne dépend pas du droit canonique. Ainsi Tettamanzi continue comme si de rien n'était. Il poursuit son mandat à la tête du coffre-fort de l'université. Le comité permanent conserve dans les jours suivants les trois conseillers que Bertone souhaitait renvoyer chez eux. Le pape intervient et « gèle » la situation. Il s'acharne encore une fois à trouver une solution qui plaise à tous. Il convoque donc le président du Toniolo à Rome à la fin du mois. Bertone participe également à cette rencontre. Le contenu n'en est évidemment pas connu, mais les faits qui suivent permettent de comprendre les décisions qui ont été prises.

Tettamanzi obtient un *prorogatio* par rapport à la date indiquée par Bertone. Au départ, les médias donnent comme date butoir l'arrivée depuis Venise du cardinal Scola, nommé archevêque de Milan le 28 juin. Mais un imprévu arrive : l'affaire devient publique et le projet de Bertone part en fumée. Dans le *Corriere della Sera*, Gian Guido Vecchi révèle en juillet le conflit en cours et la volonté d'envoyer Flick à l'institut Toniolo, ce qui ralentit le processus de décision. Puis à la fin du mois de février 2012, Marco Lillo dans *il Fatto Quotidiano* signe un scoop : il publie le contenu de la lettre du secrétaire d'État et celle de Tettamanzi. Les polémiques prolongent le poste de ce dernier jusqu'à mars 2012, quand il cède la place à l'ancien patriarche de Venise, tout en gardant son poste de conseiller. Pour Bertone, c'est un échec. Mais seulement un demi, car il est vrai que le secrétaire d'État est parvenu à faire passer la réforme des statuts de façon à rendre publics opérations et budgets et, surtout, à développer l'influence de Rome. Reste que l'échec se produit en même temps qu'une autre affaire qui met encore en scène le secrétaire d'État : le projet avorté du centre hospitalier catholique, soit l'entrée de l'IOR dans le capital de l'hôpital San Raffaele. Un autre échec amer pour Bertone.

La santé au nom de Sa Sainteté

On ignore si ce sont les banques liées au Vatican dans le Nord qui ont fait pression sur Gotti Tedeschi, comme le banquier le dit à ses amis, ou s'il s'agissait d'un rêve porté avec obstination par Bertone dans le but de créer un centre hospitalier contrôlé par le Vatican. Ou encore, s'il s'est agi d'une tentative désespérée pour aider la création de don Verzé au bord de la faillite. Peut-être faut-il relier toutes ces raisons pour expliquer ce qu'il s'est produit. Comprendre pourquoi personne ne bouge alors que l'hôpital du père patron don Verzé est à l'agonie, affichant d'énormes pertes (au final, plus d'1,5 milliard d'euros) et des détournements d'argent dans une affaire qui sera suivie par plusieurs parquets. Rares sont ceux qui osent critiquer publiquement Bertone, qui envoie Gotti Tedeschi à Milan pour que l'hôpital finisse sous l'aile protectrice du Saint-Siège. Mais la mission se révèle pleine d'embûches. Le président de l'IOR, également complice du suicide de Mario Cal, le bras droit de don Verzé qui s'était tué par balle à l'été 2011, est terrifié : « Nous ignorons ce que contiennent les caisses, confie-t-il à des amis, laissées par Cal et retrouvées par les magistrats. Nous ignorons à combien s'élève le déficit de la structure. Il n'y a aucune comptabilité. On avance dans le noir. » Le diocèse de Milan s'oppose de toutes ses forces au projet de Bertone, aussi bien avec Tettamanzi qu'avec le nouvel archevêque Scola. Non pas pour des questions d'argent mais parce que l'hôpital irait à l'encontre des prérogatives du magistère. Scola l'explique bien, lui qui une fois entré en septembre dans le chef-lieu lombard étudie une solution au cauchemar San Raffaele directement avec le père Georg.

Début décembre 2011, il demande par fax au secrétaire particulier du pape que le plan soit mis en œuvre. Un document inédit, parmi tous ceux livrés par la source Maria, qui illustre bien la situation :

> Révérend Monseigneur, très cher don Georg, je t'envoie la note que tu m'as demandée. Fais-moi savoir, même par courriel, lorsque tu auras parlé avec le cardinal Tettamanzi. Après, j'en prendrai moi aussi l'initiative […], merci et bon travail, toutes mes salutations au Saint-Père, son dévoué † Angelo card. Scola.

L'ancien patriarche de Venise joint à l'attention du collaborateur du souverain pontife une feuille sans doute déterminante dans l'abandon de la partie au San Raffaele, laissant tomber tout plan de conquête. Il s'agit une fois encore d'un document resté jusqu'alors rangé parmi les secrets des pièces vaticanes ; ce document, intitulé « Mémorandum sur la Fondation San Raffaele del Monte Tabor », indique comment l'hôpital, impliqué dans la recherche entre biotechnologies et fécondation assistée, prend des positions inconciliables avec la doctrine du magistère catholique :

Sur la question complexe du San Raffaele, l'implication directe de l'IOR et de membres liés à cet institut pose un grave problème. [...] L'activité de certains centres de recherche biotechnologique liés à l'hôpital et les positions exprimées par de nombreux professeurs de l'université Vita-Salute San Raffaele représentent une difficulté insurmontable. Elles sont explicitement contraires à certaines affirmations doctrinales fondamentales du magistère en matière de bioéthique. Au-delà d'une autonomie dont jouit l'université Vita-Salute, celle-ci est tout de même liée, notamment d'un point de vue juridique, à l'ensemble du complexe San Raffaele. De nombreux professeurs reconnus, qui ont de l'importance aux yeux de l'opinion publique, ont affirmé ne vouloir accepter « aucune limitation à la liberté totale de recherche ». [...] En recherche biotechnologique, la pratique est désormais répandue de recourir aux cellules souches embryonnaires. Dans le domaine de la procréation assistée aussi, les critères éthiques avancés par l'enseignement du magistère ne sont pas respectés.

Il convient de souligner que les directeurs de ces centres ne sont pas les seuls à concevoir de cette manière l'activité de recherche scientifique. Il faut considérer que les chercheurs sont en train de construire leur carrière grâce à ces pratiques. Il est illusoire de penser que la nouvelle propriété, à travers d'éventuelles conventions, puisse imposer un changement radical. Il s'agit d'une hypothèse irréalisable dans les faits. Une telle tentative ne ferait d'ailleurs que provoquer un contentieux qui serait largement diffusé dans les médias de masse et endommagerait gravement l'Église.

En bref, la recherche au San Raffaele ne suit pas le magistère. La contradiction est aussi évidente sur le plan économique. Dans une période de crise financière, investir 200 millions dans un hôpital marqué par un déficit colossal risque de donner l'image d'une Église obsédée par les affaires :

> Du point de vue de la fonction pastorale, l'implication directe de l'IOR ou de membres liés à cet institut a déjà provoqué de lourds dégâts sur la gestion de biens de la part du Saint-Siège et de l'Église en général, surtout dans le contexte de l'affreuse situation de crise économique et financière. L'image d'une Église riche et dévouée aux affaires est continuellement véhiculée dans les médias de masse. Enfin, il faut rappeler que, l'IOR étant un institut du Saint-Siège, son intervention dans une affaire particulièrement italienne ne pourra que soulever des réserves sur le plan international.

Ainsi, le milieu catholique milanais émet des signes précis de mécontentement concernant les projets du centre hospitalier porté par le secrétaire d'État. En septembre, Milan avait déjà envoyé des signaux au Saint-Père et à Bertone lui-même, qui avait cherché à se montrer rassurant, en promettant que l'IOR sortirait bientôt de cette aventure :

> Le secrétaire d'État s'est exprimé par écrit de la façon suivante : « On estime qu'à la fin des six premiers mois de la procédure (mars 2012) ou au cours des six mois suivants tout au plus (été 2012), l'IOR ou des membres liés à l'institut pourront être remplacés par d'autres acteurs économiques. » Les sujets ont été présentés lors d'une audience conjointe, à la demande de l'industriel Vittorio Malacalza, à M. Malacalza lui-même et à M. Giuseppe Profiti. Malacalza a affirmé à cette occasion qu'en

cas de nécessité il pourrait racheter la part de l'IOR. M. Gotti Tedeschi a fait la même remarque à l'occasion d'une audience qu'il avait sollicitée. Au-delà des éventuels liens directs ou indirects que les affaires du San Raffaele ont ou n'ont pas avec le problème de l'hôpital Gemelli, de l'Université catholique et de l'institut Toniolo, il est aujourd'hui totalement impossible de comprendre l'origine de cette initiative de l'IOR et de connaître l'identité de l'auteur effectif de ce projet. Pour toutes ces raisons, il apparaît nécessaire que la mission assumée par le cardinal Bertone de « remplacer l'IOR ou des membres liés à cet institut par d'autres acteurs économiques » soit accomplie le plus tôt possible, d'autant que l'image de don Verzé est de plus en plus compromise. Il devient donc de plus en plus difficile de séparer ses responsabilités personnelles de celles de l'Église.

Corrado Passera entre en scène

Rester en scène ou en sortir ? Même la deuxième option comporte des risques. Le Saint-Père se retrouve au milieu de pressions opposées. Gotti Tedeschi envoie au père Georg Gänswein des mémos de mise à jour sur cette situation compliquée. Le 14 septembre, le président de l'IOR fait connaître au souverain pontife les doutes des banques quant à une sortie du Vatican. Des centaines de millions d'euros sont en jeu.

C'est surtout la première banque italienne, Intesa Sanpaolo, qui agit en annonçant un crédit de 120 millions d'euros. Gotti Tedeschi rencontre le P-DG Corrado Passera, qui deviendra deux mois plus tard vice-Premier ministre de Mario Monti, et s'exprime sur un ton alarmant au souverain pontife par le biais de son secrétaire :

Mémo personnel et confidentiel. Projet San Raffaele – Mise à jour au 15 novembre 2011. Je voudrais mettre en avant une inquiétude nouvelle, et encore plus complexe, qui touche l'image du Saint-Siège, suite à l'évolution du projet San Raffaele. Le problème qui me préoccupe concerne la « suspicion » d'un possible désengagement de l'actionnariat du San Raffaele de la part du Saint-Siège. Cette suspicion se matérialise auprès de différentes parties impliquées indirectement dans le projet. L'hypothèse d'un désengagement est en train de générer perplexité et inquiétude de la part des parties impliquées dans le projet (médecins, professeurs, banques) qui commencent à demander des explications (pour l'heure de façon confidentielle et informelle). La plus grande préoccupation concerne le fait que le Saint-Siège (pour des questions « morales » ou autres) permette, ou donne des facilités, à un partenaire privé de se retrouver dans une position de contrôle. Différents faits peuvent avoir alimenté les soupçons. J'émets l'hypothèse d'une conséquence de la démission de deux conseillers de la Fondation (MM. Clementi et Pini), de visites et discussions, faites par un représentant du Saint-Siège (Profiti) et d'un partenaire privé (Malacalza), avec différents interlocuteurs, dont l'archevêque de Milan et le directeur général de Banca Intesa, Passera.

Je perçois (suite à des conversations avec les deux premières personnes citées et le directeur général de Banca Intesa) que le désengagement du Saint-Siège serait malheureux. Je suis également inquiet du fait que cette vision n'ait pas été envisagée, qu'elle ait été sous-estimée ou qu'elle n'ait jamais été partagée. Nous risquons de laisser croire que le Saint-Siège, *in primis*, a caché temporairement le projet privé, donnant des illusions aux organes de la procédure et à toutes les parties. Il aurait créé des attentes stratégiques et opérationnelles pour le futur du San Raffaele bien différentes de la réalité à venir. Je crois qu'il est indispensable de réfléchir à la position officielle à adopter, avec transparence. Je crois qu'il ne faut pas sous-estimer les risques à venir sur l'image d'un désengagement laissé à la gestion de tiers [...], non décidé et contrôlé directement, qui pourrait être dangereusement considéré comme un manque de transparence.

La position de Scola a un effet domino sur toute la situation. Le père Georg se trouve être un allié solide et valable du nouvel archevêque de Milan. Il faut envoyer le projet du San Raffaele dans une voie de garage. Les partisans du projet, bien que pressés par le système bancaire qui voit dans le Vatican un excellent payeur, finissent par être une minorité. Benoît XVI reçoit également les comptes véritables des autres hôpitaux et comprend bien que la création d'un pôle médical reste un rêve merveilleux mais totalement irréalisable. Du moins aujourd'hui. En janvier, l'IOR et l'actionnaire Malacalza n'exercent pas l'option sur le San Raffaele qui finit entre les mains du groupe hospitalier de Giuseppe Rotelli pour 405 millions.

Le père Georg est le seul à connaître mon identité

La boîte de réception et le fax du père Georg sont de nouveau remplis de problèmes à soumettre au souverain pontife. Le père Georg doit être habitué à chercher et trouver, difficilement, le juste équilibre de mille situations diverses, en s'entretenant toujours avec le pape. Ce qui se produit au printemps 2011 est toutefois une première, lorsque les affaires Viganò, Toniolo et San Raffaele mettent la sérénité des palais sacrés à dure épreuve. Début mars, un ecclésiastique important, selon toute vraisemblance un membre de la préfecture pour les Affaires économiques, la Cour des comptes vaticane, décide qu'il veut informer le pape d'une série de troubles graves à la curie. On ignore le nom de l'ecclésiastique, mais il doit certainement s'agir d'un personnage important.

L'homme agit avec une précaution absolue. Il craint d'être démasqué par d'autres, au point qu'il trouve un moyen détourné pour apporter son analyse impétueuse de l'Église romaine au pape. Mais quel moyen ? Il charge un prêtre de livrer un rapport riche en contestations précises sur les activités de la secrétairerie d'État directement dans l'appartement privé du pape, en mains sûres. Il joint au document une note introductive, miroir du climat au Vatican :

> Révérend Monseigneur, j'ai voulu écrire cette note jointe de façon à être utile à la fonction de pasteur de l'Église universelle du pape. J'ai prié. J'ai réfléchi. Je me suis demandé s'il ne s'agissait pas d'un acte d'insubordination envers mes supérieurs et d'une violation du secret professionnel. J'en suis venu à la conclusion que les situations problématiques sont nombreuses et d'une gravité notable, surtout en raison de leurs effets dévastateurs à venir. Les effets ne se voient pas pour le moment et cela donne donc l'impression que tout va bien. Les supérieurs directs, plusieurs fois interpelés, n'estiment pour le moment pas opportun d'intervenir et soutiennent que le secrétaire d'État reste notre référent, alors qu'il est justement le problème dans de nombreuses affaires. Ma conscience m'ordonne de les soumettre au Saint-Père, notamment du fait qu'en les partageant avec lui il n'y a pas violation du secret pontifical. Personne n'a lu ces notes. Le seul à être au courant de cet envoi est le prêtre qui les a livrées et qui donnera des informations sur les auteurs. Si cela est nécessaire, je pourrai en assumer la paternité et, éventuellement, parler à une personne désignée. Nous prions pour vous et pour le Saint-Père.

L'astucieuse précaution d'indiquer le nom de l'expéditeur à un prêtre chargé de la livraison, sans avoir donc à signer le document, est plutôt compréhensible. Les accusations, écrites noir sur blanc, peuvent briser n'importe quelle carrière :

> L'obligation de soumettre les questions de la plus haute importance à la préfecture a souvent été ridiculisée ou réduite à une simple formalité. Dans de nombreuses antennes, surtout

celle dont la surveillance et le contrôle ont été confiés à la secrétairerie d'État, même la nomination des commissaires aux comptes est effectuée par celle-ci. On assiste à une situation paradoxale où l'entité gère en même temps le contrôle et la surveillance des comptes, approuve les budgets, donne les autorisations pour les actes d'administration extraordinaire, nomme le conseil d'administration, nomme les commissaires aux comptes. Autrement dit, il n'existe aucune instance critique et dialectique, tout est concentré dans une unique volonté. Dans divers dicastères sont nommées, à tous niveaux, des personnes qui occupent des postes distincts permettant de ne pas confondre contrôleurs et contrôlés.

Les volontés du pape seraient, elles aussi, ignorées :

Violation systématique du droit aux plus hauts niveaux de la curie romaine. À de nombreuses occasions, le droit est violé à différents niveaux. Le fait qu'il ne s'agisse pas d'erreurs isolées mais d'une pratique systématique est confirmé par le nombre de cas, par leur multiplication continue, sans oublier la justification théorique de tels comportements. Danger ultérieur : cette pratique est diffusée et employée avec une telle légèreté qu'elle semble indiquer une méconnaissance des dégâts que certaines décisions peuvent produire (sous-évaluation du risque).

Niveau principal.

– Violation substantielle des normes fondamentales de la Constitution apostolique *Pastor Bonus*.

– *Vulnus* juridique grave au niveau de la méthodologie, réalisé à travers la modification et l'abrogation « de fait » de normes de la *Pastor Bonus* avec l'émanation de normes de niveau inférieur. Exemple : à travers l'émanation ou la modification de règlements et statuts, les normes de la PB se contredisent.

Niveau secondaire et dérivé. Cette pratique pose de sérieuses interrogations et donne lieu à plusieurs constatations.

– *Le souverain pontife est-il au courant* et est-il expressément informé, dans ces cas, que l'on fait une « exception » à la loi de niveau supérieur ? La chose est-elle volontairement passée sous silence ?

– Procéder systématiquement à l'encontre des lois supérieures ne produit-il pas une *délégitimation* progressive de ces dernières ?

– On note une *démoralisation des collaborateurs* aux plus hauts niveaux et d'employés honnêtes et attachés à l'Église et à sa mission : assister à l'instauration d'une telle pratique, qui tend à se consolider, laisse à penser que le souverain pontife n'en sait rien (connaissant la personne et son enseignement, on ne peut pas croire qu'il soit tenu informé). Une telle supposition engendre un sentiment d'impuissance chez de nombreuses personnes, de connivence forcée pour d'autres, et incite sans doute certains à se montrer complices à des fins personnelles (carrière, enrichissement occulte et injuste, légitimation de gâchis, etc.).

– Nombreux sont ceux qui remarquent des dommages généralisés au niveau du choix des dirigeants et consultants. On se demande selon quels critères certaines décisions ont été prises. Le choix de personnes qui n'ont pas les compétences adéquates entraîne également de graves conséquences au niveau financier et patrimonial[13].

Les jésuites, le pape noir et le pouvoir de l'argent

Quelques mois passent et d'autres critiques arrivent. Toujours exprimées avec précaution et directement au pape. Cette fois, c'est la Compagnie de Jésus qui soulève le problème de la « grave crise » que traverse l'Église. Le théologien espagnol Adolfo Nicolás, « pape noir » des jésuites, appelé ainsi à cause de la couleur de sa soutane, élu à vie et chef de l'ordre religieux le plus grand et le plus puissant du monde, écrit directement à Benoît XVI le 11 novembre 2011. Il trouve une façon détournée mais efficace d'exprimer son malaise croissant. Il décide de joindre à sa propre missive une lettre sur les doutes et les critiques de certains « grands » bienfaiteurs influents qui dénoncent comment la peur peut paralyser le Vatican et comment l'argent guide certains pasteurs :

> Saint-Père,
> J'ai eu le plaisir et le privilège de rencontrer et de converser avec M. Hubert et Mme Aldegonde Brenninkmeijer, grands bienfaiteurs de longue date de l'Église et de la Compagnie de Jésus. Une des choses qui me frappent le plus quand je parle avec eux est leur amour profond et sincère pour l'Église et pour le Saint-Père, tout comme leur effort pour affronter ce qu'ils voient comme une crise grave au sein de l'Église. Ils m'ont demandé de leur promettre que cette lettre, écrite avec le cœur, finisse aux mains de Sa Sainteté, sans intermédiaire. Pour cela, j'ai demandé au père Lombardi de jouer les messagers. […] Je dois dire que je partage les inquiétudes de M. et Mme Brenninkmeijer et que je suis très impressionné par ces laïcs fidèles qui prennent avec sérieux leur responsabilité vis-à-vis de l'Église. Je suis également ému lorsque je vois et entends leurs comportements et leurs orientations en parfaite harmonie avec les indications que nous avons reçues de notre fondateur saint Ignace dans ses Règles pour « *sentire cum Ecclesia* ».

Les « grands bienfaiteurs » lancent des critiques à bout portant. Les liens avec les fidèles ne sont plus entretenus, de nombreux évêques n'ont plus de rapport avec le « troupeau » :

> Sainteté,
> Que la paix soit avec vous et avec l'Église de Jésus qui vous est confiée. Mon mari et moi-même voudrions dans ces vœux de Pâques vous saluer cordialement et demander la bénédiction et l'aide de Dieu pour vous à Dieu le Père. […] Avec

un profond sentiment de douleur, nous devons constater encore une fois que même des croyants cultivés, catholiques de toute l'Europe, se séparent en nombre croissant de l'Église sans abandonner pour autant leur foi dans le Christ. Quelles que soient les raisons d'un tel comportement, je voudrais rappeler les mots du prophète Jérémie : « Malheur aux bergers qui détruisent et dispersent le troupeau de mon pâturage » (Jr. 23:1). Où sont les pasteurs qui suivent avec application le peuple qu'on leur a confié, qui sans être fondamentalistes gardent, chargés d'amour, un œil attentif et sage sur le troupeau entier et savent conduire et guider le peuple en tenant compte des critères modernes ? Pourquoi nomme-t-on en Europe des évêques qui n'ont pas de contact avec le « troupeau » et ne lui font pas confiance ? En plus de trente ans l'Église en souffre pour la seconde fois aux Pays-Bas. Cette fois à cause de la nomination au titre d'archevêque de Mgr Jacobus Eijk. Cela nous affecte beaucoup. Pas seulement nous mais aussi de nombreux laïcs, prêtres, membres des ordres. Même des évêques nous confient en toute discrétion leur découragement et leur perte de confiance dans les congrégations d'autorité et les conseils pontificaux de la curie romaine.

Mais il ne s'agit pas que d'un problème pastoral, de soin des âmes. Les grands bienfaiteurs des jésuites pointent du doigt le Vatican et le pouvoir que représente l'argent :

Pourquoi règne-t-il parmi les fonctionnaires responsables au Vatican une peur paralysante qui empêche de collaborer avec des chrétiens cultivés, compétents et ouverts, des deux sexes, de tout milieu, pour faire face de manière honnête aux questions vraiment urgentes d'aujourd'hui et chercher à les résoudre ? Pourquoi cette peur ? Pourquoi l'argent joue-t-il un rôle central auprès des pasteurs de la curie romaine, dans certains diocèses européens, comme au patriarcat de Jérusalem ? Où se trouve la force au sein de la curie pour combattre la tentation du pouvoir ? Où se trouvent l'humilité et la liberté donnée par l'esprit ? Pourquoi le Conseil pour la famille fait-il appel à des collaborateurs crédules et dénués de sens critique au lieu d'employer des personnes capables et désireuses d'agir en faveur et en fonction des indications exigeantes de Vatican II en considération de la « mise à jour » demandée ? Pourquoi n'y a-t-il pas de collaboration entre le Conseil pour la famille et le Conseil pour les laïcs ?

Après les questions viennent les accusations contre les plus proches collaborateurs du souverain pontife :

> Seule la prière en continu me donne la force de me confier à vous, cher Saint-Père, avant l'arrivée à terme de votre pontificat, celui du 265e successeur de saint Pierre, à qui notre Seigneur Dieu a donné la force de montrer sa volonté. Une quantité considérable de pouvoir s'est accumulée dans votre cercle le plus proche, de façon visible et durable. Des preuves écrites pertinentes, en ma possession, permettent de soutenir ce que j'avance. Je vous adresse, « serviteur des serviteurs », une prière qui vous donne l'énergie de donner un signal fort, compréhensible et visible à l'attention de tous les fonctionnaires et des nombreux laïcs afin de faire la lumière sur tout ce qui est caché, pour la construction du royaume de Dieu.

Les deux lettres sont apportées au pape. Le père Georg les met dans la boîte dédiée aux correspondances les plus importantes. Il n'est pas sûr que Benoît XVI, après lecture, ait adressé une réponse au chef des jésuites. On sait qu'il a commandé des approfondissements sur ce que les missives mettent en avant, par un contrôle interne encore en cours à l'heure où ce livre part à l'imprimerie. Il s'agit d'une enquête sur les zones opaques de l'administration pointées du doigt, quoique en termes choisis et modérés, dans différents passages de la missive au Saint-Père. Une fois de plus, c'est lui qui prend en charge les devoirs et problèmes dont d'autres sujets devraient s'occuper. La papauté est-elle marquée par une secrétairerie d'État qui n'unit pas mais divise ? « Ratzinger accumule les difficultés, explique un cardinal vivant au Vatican, mais il est dans une impasse. Il ne peut désapprouver son propre secrétaire d'État. Il en ressortirait affaibli, l'ayant choisi il y a quelques années. Il doit le défendre publiquement pour protéger un principe cardinal : l'unité au sommet de l'Église. Il se fait en même temps le garant de l'équilibre entre les différentes forces et âmes du monde catholique pour éviter que les fissures ne se fassent plus profondes. »

---

1. Benoît XVI (avec Peter Seewald), *Lumière du monde – Le pape, l'Église et les signes des temps*, Bayard, 2010.
2. Andrea Tornielli écrit le 31 août 2011 sur le site Vaticaninsider.it : « Au Vatican, les lettres anonymes ne sont ni une nouveauté, ni une exception. Il en circule beaucoup, avec des accusations souvent aussi infamantes qu'infondées ou du moins sans preuve à l'appui. Elles sont utilisées pour discréditer tel ou tel ecclésiastique, pour bloquer l'ascension de tel ou tel prélat. Il ne faut pas être étonné qu'au cours de ces derniers jours il en ait circulé une avec des allusions lourdes et une phrase menaçante contre le secrétaire d'État, Tarcisio Bertone, principal collaborateur de Benoît XVI. La lettre s'ouvre sur une citation menaçante de don Jean Bosco, fondateur des salésiens, la congrégation à laquelle appartient le même Bertone : "Grandes funérailles à la cour !", par laquelle le grand saint turinois annonçait des deuils autour de Victor Emmanuel II si le royaume piémontais continuait sa politique de confiscation des biens de l'Église. » L'expéditeur anonyme de la missive contre Bertone se montre assez bien informé des affaires de la curie, et continue en accusant le cardinal de ne pas savoir décider et de choisir ses collaborateurs sur la seule base de ses sympathies personnelles. Et il fait référence en particulier à la décision de muter Carlo Maria Viganò, pour l'éloigner du Vatican.
3. Une curiosité : le cardinal cultive une passion insolite, du moins pour un ecclésiastique de haut rang, la passion des armes. Selon la déclaration que Calcagno avait présentée à la préfecture de Savone

en 2006, il possédait à l'époque où il vivait en Ligure un vrai petit arsenal : « Des armes d'époque, certes, mais également des Nagant russes dont la simple vue fait peur et qui toucheraient leur cible à une distance d'un kilomètre, écrit *il Fatto* le 11 avril 2012. Voici la liste des armes du cardinal : fusil Breda modèle Argus, mousqueton mod. 31 marque Schmidt, fusil Faet Carcano (semblable à celui qui aurait tué Kennedy), fusil Nagant de fabrication russe, fusil turc Hatsan. Toutes les armes ont été acquises en armurerie. Mais ce n'est pas fini. Le cardinal Calcagno a déclaré "détenir aussi, avec les munitions idoines" : carabine Beretta calibre 22 à usage sportif, fusil superposé calibre 12 Gamba, fusil double canon de chasse calibre 12, fusil superposé à deux canons calibre 12 Franchi, fusil calibre 12 Beretta, revolver Smith & Wesson calibre 357 magnum. Cette dernière est l'arme de l'inspecteur Harry et de Starsky et Hutch. Il y a encore d'autres armes, comme une carabine de précision Remington 7400, un monstre qui ne sert vraisemblablement pas à la chasse et qui réduirait sa cible en lambeaux. »

4. Curzio Maltese, « I conti della Chiesa », *La Repubblica*, 28 septembre 2007.

5. La lettre illustre les mécontentements des « diplomates », soit les ecclésiastiques de formation diplomatique, quant au plus puissant et respecté collaborateur du souverain pontife.

6. Le nom de l'expert en économie n'est pas indiqué. Il s'agit probablement du banquier Pellegrino Capaldo ou d'Ettore Gotti Tedeschi.

7. Andrea Tornielli, « I 77 anni del cardinale Tarcisio Bertone », Vaticaninsider.it, 2 décembre 2011.

8. L'institut Giuseppe Toniolo di Studi superiori a été fondé le 6 février 1920 avec le projet de créer une nouvelle université, comme le prévoit expressément son statut. Ainsi, quelques mois plus tard, le 7 décembre 1920, naît et est inaugurée l'Université catholique du Sacré-Cœur. L'université démarre avec deux facultés qui resteront toujours : une philosophique et religieuse, l'autre tournée vers le droit et l'économie. Le Toniolo a un comité permanent de onze membres et d'un conseil d'administration composé de cinq représentants.

9. La missive de Bertone continue ainsi : « Il sera ensuite du devoir de M. Flick de proposer une cooptation des membres manquants de l'institut Toniolo, en informant en particulier le prochain archevêque *pro tempore* de Milan et un prélat suggéré par le Saint-Siège. En prévision du roulement indiqué, la secrétairerie d'État a déjà

informé M. Flick, obtenant son consentement. Il n'est pas nécessaire que je m'attarde à illustrer les caractéristiques éthiques et professionnelles qui rendent singulière cette illustre personne, ancien
élève de l'Université catholique, aujourd'hui dans les meilleures
conditions pour assumer cette nouvelle responsabilité puisqu'il est
libre de toute autre mission. »

10. « Je retiens, en outre, que le rappel "pratique remontant aux
phases initiales de l'institut" selon lequel la secrétairerie d'État
aurait indiqué le nom du président semble infondé. L'allusion à
une mission à l'origine de « deux ans », sans aucun contrôle, et à
une période de gouvernement prolongée est l'unique raison qui a
poussé à procéder immédiatement à la coaction de ma démission
[…] jusqu'à la nomination du nouveau président, en la personne
de M. Flick. Je note d'ailleurs que le candidat, dont le profil inspire
de nombreux doutes, a étonnamment été avisé par la secrétairerie
d'État. »

11. « Un des objectifs clairs, poursuit Tettamanzi, dont on m'a chargé
lorsque je suis devenu président, en plus de devoir renouveler les
organes dirigeants de l'institut, de résoudre les difficultés d'une
gestion clientéliste et parasitaire, et de relancer les buts initiaux de
l'Institut, était d'inscrire plus nettement l'œuvre éducative et de
recherche de l'Université catholique dans le chemin de l'Église italienne, dépassant quelques résistances pas toujours limpides de la
part de personnes liées au Saint-Siège lui-même (je ne cache pas
à ce sujet que derrière les coulisses de l'opération diffamatoire en
cours se cachent des intérêts en rien ecclésiastiques et des personnes
peu recommandables de la gestion précédente). Votre prédécesseur,
le Serviteur de Dieu Jean-Paul II, n'a pas seulement confirmé cette
intuition au cours de l'audience du 23 mai 2004, mais dans une
lettre manuscrite du 7 juin, que je joins, a renforcé mon rôle en
me nommant représentant du Saint-Siège au comité permanent,
avec la mission péremptoire – plutôt révélatrice des conditions
contreproductives pour mon travail – de lui adresser personnellement les questions importantes qui pourraient se présenter au
cours de l'activité de l'institut. Depuis un an, l'institut Toniolo est
la cible d'attaques calomnieuses, et médiatiques, à cause d'ineffi-
cacités d'administration et de gestion supposées et non prouvées,
qualifiées avec l'expression *mala gestio*. Il n'en est rien ! Pendant
ces années, les faits concrets montrent que l'institut Toniolo – que
j'ai suivi avec un investissement de temps et d'énergie considérable
depuis la présidence des organes statutaires – a eu comme objec-

tif premier de "rendre" l'Université catholique aux catholiques italiens. Une réflexion approfondie sur la mission de l'institut a permis de mettre fin à une longue période d'inutilité publique, de concentration pathologique des pouvoirs et d'un manque absolu de transparence sur la destination des dons pécuniaires. Aujourd'hui, le Toniolo a retrouvé une identité claire, orientée vers le service de l'université et de l'Église, et un rôle aligné sur les grandes fondations universitaires du pays. Ce nouveau modèle, rendu possible notamment grâce au changement de directeur en 2007, a permis la création d'un plan de bourses d'étude pour favoriser dans toute l'Italie l'accès à l'Université catholique des étudiants méritants (plus de deux cents jeunes en ont bénéficié au cours des trois dernières années, alors que dans la décennie précédente on ne recense qu'une douzaine de cas !). En outre, certains problèmes juridiques laissés dangereusement en suspens pendant des années ont été résolus. Le futur proche de l'institut Toniolo est marqué par les perspectives données par la CEI : promouvoir une haute formation des professeurs des écoles supérieures, soutenir des parcours culturels qualifiants pour les étudiants et offrir à l'Église et au pays un observatoire pour jeunes dans le but scientifique de soutenir et orienter le "défi éducatif" dans le rapport avec les nouvelles générations. Les rencontres d'approfondissement sur la *Caritas in veritate*, promues l'an dernier par l'institut dans les diocèses avec une grande participation du public et un bon écho dans les médias, en sont un exemple réconfortant et lumineux. »

12. « Je confirme à nouveau mon entière et immédiate disponibilité, souligne Tettamanzi, pour débattre avec Votre Sainteté du travail accompli pendant des années et des projets que définissent déjà un nouvel avenir, pour produire une documentation détaillée concernant mes affirmations, pour accueillir *pleno corde* chacune de vos indications et décisions sur le fond et pour être présent au moment opportun, si vous en jugez utile, pour une rencontre en personne. Les statuts prévoient que mon mandat dure encore deux ans : la conduite de l'institut Toniolo n'est pas une mission simple, et poursuivre cette activité signifierait ne pas abandonner face à un devoir exigeant et à des résistances encore présentes, toutefois le temps à disposition permettrait de compléter et de consolider l'opération d'assainissement et de relance initiée, dont les premiers fruits ne manquent pas. Cela signifie qu'une fois que mon successeur aura été nommé, les organes, sagement renouvelés, que j'aurai fait mon compte rendu détaillé et reçu votre sentiment, il sera alors

possible d'évaluer la possibilité de lancer les procédures institutionnelles pour décider d'un nouveau président. Ma disponibilité, je le
répète, est entière et amicale. Maintenir mon poste n'est pas important, c'est accomplir un devoir qui m'a été confié et quitter une
institution dans les meilleures conditions pour être au service non
pas d'intérêts personnels mais de l'Université catholique, de l'Église
italienne et universelle, en particulier des jeunes, et de son avenir
prometteur. »

13. La note se poursuit ainsi :

« *Instauration de pratique qui tendent à dénaturer la fonction de coordination propre à la secrétairerie d'État,* en la faisant apparaître (et
œuvrer) comme *altera voluntas* par rapport à celle du souverain
pontife, n'opérant pas toujours conformément à ce qu'on pourrait
attendre de l'application des indications que le Saint-Père donne à
un niveau magistériel et pastoral.

Usurpation de fonctions et violations de diverses compétences. On note
des ingérences et des pressions indues, opérées dans le but d'obtenir
des décisions contre la volonté légitime du dicastère (achats à des
prix majorés, nominations en violation de la pratique obligatoire
de consulter le chef dicastère, usurpation du droit de nomination,
etc.).

*Soustraction progressive aux fonctions générales et en particulier de
contrôle.* La non-coïncidence entre contrôleur et contrôlé – propre
à toute organisation saine – n'est jamais respectée. En contradiction
avec la *Pastor Bonus*, la fonction générale de contrôle qui incombe
à la préfecture pour les Affaires économiques est de plus en plus
remise en question et limitée. Une telle volonté semble remonter
déjà à l'émanation de la Constitution apostolique. En effet, la tra-
duction italienne du texte (« *vigilanza e controllo* », surveillance et
contrôle) du texte latin qui décrit les fonctions fondamentales de
la préfecture (*moderandi et gubernandi*) montre une telle intention
(on ne peut en effet supposer une totale ignorance linguistique de la
part du traducteur de l'original latin). Par la suite, s'est diffusée une
pratique normative qui, à l'occasion de la révision des règlements
et statuts, a conduit à l'émanation de normes particulières qui
réservent « la surveillance et le contrôle » de différentes antennes à
la secrétairerie d'État (hôpital Bambino Gesù, fondations S. Giovanni Rotondo et Casa Sollievo della sofferenza, Domus Sanctae
Marthae, Domus Romana Sacerdotalis, Domus Paulus VI, etc.).
Pendant plusieurs années, les budgets de différents organismes
n'ont même pas été transmis à la préfecture. […] »

Communion et Libération (CL),
Légionnaires et lefebvristes,
atolls de l'empire

Julián Carrón, président de CL, à Milan :
la curie soutient la gauche

L'Opus Dei, Communion et Libération, les Focolarini, les Légionnaires du Christ et les nombreuses âmes de l'Église ne cessent d'user de stratégie pour réunir les fidèles. Mais avec la papauté de Ratzinger, la situation change : tandis que l'Œuvre consolide son aire d'influence avec l'appui d'amis laïcs également au sommet des administrations vaticanes, comme Gotti Tedeschi, le président de l'IOR, d'autres organisations éclaboussées par les scandales risquent de voir leur avenir compromis. Les Légionnaires du Christ se retrouvent sous tutelle suite aux accusations de pédophilie et à la mise en demeure de leur fondateur, Marcial Maciel. Communion et Libération voit plusieurs de ses représentants impliqués dans des affaires de corruption et de détournement de fonds en Italie, à commencer par celle de la faillite de l'hôpital San Raffaele grâce au réseau de comptes à l'étranger de l'intermédiaire Pierangelo Daccò, ami du président de la région Lombardie et membre de Communion et Libération, Roberto Formigoni.

On perçoit bien l'influence de Communion et Libération sur Benoît XVI dans les documents qui arrivent à l'appartement privé du pape en 2011. Deux inédits sont particulièrement révélateurs. D'abord, la recommandation que don Julián Carrón, le successeur de don Giussani à la tête du mouvement, adresse au pape pour que le cardinal Angelo Scola quitte le patriarcat de Venise et soit nommé archevêque de Milan. La proposition est aussi directe que surprenante : « La seule candidature que je m'autorise, en toute conscience, à soumettre à l'attention du Saint-Père est celle du patriarche de Venise, le cardinal Angelo Scola », écrit Carrón en mars 2011. Le nom est mentionné dans une lettre claire et méditée qui sonne comme une investiture.

Quelques mois plus tard, en juin, Carrón ramène chez lui un résultat à la fois attendu et surprenant : Scola sera bien choisi par le pontife pour cette charge. Le président de CL s'était adressé au nonce en Italie de l'époque, Giuseppe Bertello, aujourd'hui cardinal au gouvernorat, après que le diplomate lui eut demandé quelques précisions et éclaircissements pour le Saint-Père. Et la missive du successeur de don Giovanni est effectivement portée au pontife, qui la lit attentivement. Benoît XVI connaît bien Carrón : le prêtre espagnol est le conseiller ecclésiastique de l'association Memores Domini à laquelle se réfèrent notamment, en matière de chasteté, de pauvreté et d'obéissance absolue, les domestiques qui s'occupent de l'appartement privé du pape au Palais apostolique.

Carrón opte pour des arguments susceptibles d'éveiller particulièrement l'attention et la sensibilité du pape, des arguments qui n'ont qu'un but : Scola doit aller à Milan pour ramener l'Église ambrosienne sous le contrôle du Saint-Siège et la délivrer de ce lien privilégié qu'elle entretient avec le centre-gauche. Une prescription aujourd'hui impérative, étant donné « la nécessité et l'urgence d'entreprendre une rupture significative par rapport à l'organisation de ces trente dernières années, compte tenu du poids et de l'influence de l'archidiocèse de Milan dans l'ensemble de la Lombardie, de l'Italie et du reste du monde », écrit encore le leader de Communion et Libération. C'est un acte d'accusation vraiment très sévère contre la curie ambrosienne.

> Le premier élément important est la crise profonde de la foi qui secoue le peuple de Dieu, en particulier de tradition ambrosienne. [...] Au cours des trente dernières années, nous avons assisté à la rupture de cette tradition, en acceptant de droit et en encourageant de fait la fracture si typique de la modernité qui oppose savoir et croyance, au détriment de l'organicité de l'expérience chrétienne, réduite à l'intimisme et au moralisme. Une sévère crise des vocations persiste, mais elle n'est abordée pratiquement que de façon organisationnelle. La création des unités pastorales a entraîné tellement de désarroi et de souffrance chez une grande partie du clergé et un trouble si profond chez les fidèles qu'ils ont du mal à s'y retrouver face à la pluralité des figures sacerdotales de référence[1].

Mais il ne s'agit pas simplement d'une question de doctrine et de vocations. Carrón adresse une critique extrêmement lourde à la tradition insufflée par le cardinal Martini et le rite ambrosien. Pour le président de CL, l'Église du diocèse de Milan s'est imposée, au cours des trente dernières années, comme un « magistère alternatif au Saint-Père » et au Vatican. Elle doit mettre de l'eau dans son vin. Carrón va plus loin et s'en prend également à ceux qui, dans la curie milanaise, accusent certains mouvements catholiques d'« affairisme », avec une référence implicite à CL. Il est bon de rappeler que nous sommes en mars 2011 et que Carrón s'exprime, par conséquent, quelques mois avant le scandale de San Raffaele et les enquêtes sur les représentants de la région Lombardie, qui imputent des responsabilités morales ou pénales précises à de nombreux ciellini (membres du CL, *NDT*).

L'enseignement théologique des futurs clercs et laïcs, à quelques louables exceptions près, s'éloigne en de nombreux points de la tradition et du magistère, notamment pour ce qui est des sciences bibliques et de la théologie systématique. Bien souvent est théorisée une sorte de « magistère alternatif » qui s'oppose à Rome et au Saint-Père, et qui risque de devenir un solide symbole de l'« ambroisienneté » contemporaine. La présence des mouvements est tolérée, mais ils sont davantage considérés comme un problème que comme une ressource. Une lecture sociologique, typique des années 1970, prévaut toujours, comme s'il s'agissait d'une « Église parallèle », bien que leurs membres fournissent, entre autres, des milliers de catéchistes, qui se substituent, dans beaucoup de paroisses, aux forces épuisées de l'Action catholique. Bien souvent, les nombreuses actions éducatives, sociales ou caritatives qui naissent de la responsabilité des laïcs sont considérées comme suspectes et taxées d'« affairisme », même si les valorisations initiales de ces nouvelles tentatives de mise en œuvre des principes de solidarité et de subsidiarité sont réellement présentes et s'inscrivent dans la tradition séculaire de l'activité du catholicisme ambrosien.

Mais l'élément le plus important est peut-être la politique. Carrón déplore et prend pour cible l'alliance qu'il y aurait, selon lui, entre l'Église ambrosienne et le centre-gauche, et qu'il qualifie, sans détour, de « néocollatéralisme ». Le président de CL accuse en effet Tettamanzi et la curie d'entretenir un rapport exclusif avec les partis qui se réclament, au niveau national, de Bersani et du bloc catholique du Parti démocrate. Mais aussi, la curie oppose les catholiques « du fait d'importantes responsabilités au sein du gouvernement local ». Là encore, l'allusion à Formigoni, bien qu'implicite, semble évidente.

Du point de vue de la présence civile de l'Église, il est impossible de ne pas noter une certaine unilatéralité d'interventions en matière de justice sociale, au détriment d'autres thèmes fondamentaux de la doctrine sociale, et un léger, quoique systématique, « néocollatéralisme », surtout de la part de la curie, en direction d'un seul parti politique (le centre-gauche), négligeant, voire contrecarrant, les tentatives de catholiques engagés en politique, parfois avec d'importantes responsabilités au sein du gouvernement local, dans d'autres coalitions. Cet unilatéralisme, même s'il est bien dissimulé derrière un « apolitisme » théorique (et juste, en soi), finit par rendre relativement faible la contribution éducative de l'Église au bien commun, à l'unité du peuple et à la cohabitation pacifique, fait d'autant plus grave dans une ville, dans une région (la Lombardie) et dans une partie de l'Italie (le Nord) où les poussées isolationnistes sont les plus fortes et les conflits entre les pouvoirs de l'État, désormais dramatiques et quotidiens. [...²] Il ne faut pas non plus négliger la spécificité de la présence à Milan de l'Université catholique, qui, malgré la formidable générosité de l'actuel recteur et de son assistant ecclésiastique, traverse une crise d'identité si importante qu'elle laisse présager, à brève échéance, un substantiel et irréversible détachement de son organisation originale. La contribution que pourrait apporter à l'université de tous les catholiques italiens un nouveau prélat, par sa formation et sa sensibilité, et dans le respect des prérogatives du Saint-Siège et de la conférence épiscopale, en faveur d'une ligne culturelle et éducative plus précise, ne semble pas négligeable. [...] Du fait de la gravité de la situation, il ne me semble pas possible de miser sur une personnalité de second ordre ou sur un « outsider », qui finirait, inévitablement, en raison de son manque d'expérience, broyé dans les solides rouages de la curie locale. Il faudrait une personnalité au grand charisme religieux, avec une expérience humaine et gouvernementale, capable d'amorcer réellement et résolument un nouveau cap.

Le pontife trente ans après le Meeting
de Communion et Libération

Que Scola soit proche de la grande famille de Communion et Libération est un fait notoire, et Carrón ne souhaite pas qu'on interprète cette investiture comme une manœuvre au profit de son mouvement. C'est la raison pour laquelle il conclut sa lettre par une explication qui peut paraître superflue :

Par cette suggestion, je n'entends pas privilégier un lien d'amitié ou le fait que le patriarche soit proche du mouvement de CL, mais mettre en avant le profil d'une personnalité de grand prestige et expérimentée, qui, dans des situations gouvernementales extrêmement délicates, a fait preuve de fermeté et de clarté religieuse, d'énergie dans l'action pastorale, de grande ouverture vis-à-vis de la société civile, et surtout d'un regard véritablement paternel et valorisateur sur toutes les composantes et expériences ecclésiales. L'âge non plus – Scola a fêté ses soixante-dix ans en 2011 – ne semble pas être un obstacle particulier. Et au lieu d'être un « handicap », il est même plutôt un atout : il pourra agir durant quelques années en toute liberté, ouvrant ainsi de nouvelles voies que d'autres pourront poursuivre.

Et, effectivement, la force de Scola se fait aussitôt sentir. En juin, alors que le Saint-Père gratifie Carrón par son choix, Scola prend ses distances avec Formigoni, mais cela n'a rien à voir avec l'activité du président lombard : « Il y a vingt ans que je ne participe plus aux réunions de Communion et Libération, et je n'y connais personne qui ait moins de soixante ans. »

Une autre étape significative du renforcement de pouvoir et d'influence de CL au sein du Vatican survient le 5 décembre 2011, alors que Bertone s'entretient avec Ratzinger à l'occasion de la traditionnelle audience qu'il lui accorde chaque lundi. Le cardinal lui soumet une invitation importante qu'il a reçue quelques jours plus tôt, le 23 novembre, à l'attention du pontife. C'est l'invitation qu'adresse Emilia Guarnieri, la présidente du Meeting de Rimini (rendez-vous annuel du mouvement), à Ratzinger pour solliciter son intervention lors de la rencontre prévue en août 2012. Bertone se fait donc l'interprète des *desiderata* de CL. Et lui resoumet les deux commémorations qu'Emilia Guarnieri lui avait justement présentées quelques jours auparavant :

Votre Éminence Révérendissime,
Depuis le début de ce pontificat, nous nourrissons dans nos cœurs le souhait que le Saint-Père puisse participer au Meeting. Les multiples engagements, les voyages, les Journées mondiales de la jeunesse nous ont toujours suggéré d'avoir la discrétion de ne rien demander, mais actuellement des circonstances convergentes nous incitent, au contraire, à le faire. 1982 fut l'année de la visite historique du Très Saint Jean-Paul II au Meeting. Cette même année fut également celle de la reconnaissance pontificale de la fraternité de Communion et Libération. 2012 symbolise donc pour nous un trentenaire doublement significatif, et le contexte serait extrêmement suggestif pour accueillir le Saint-Père. Je ne puis, d'autre part, Éminence, m'empêcher de vous confier que, lors de la brève rencontre dont le Saint-Père me fit l'honneur, le 19 juin, à Saint-Marin, ce dernier m'accueillit par ces mots : « Il y a si longtemps que nous ne nous sommes vus ! Mais travaillez-vous toujours pour le Meeting ? » Le Saint-Père se souvenait, bien entendu, des rencontres qu'il nous accordait annuellement depuis sa participation au Meeting de 1990. Je lui soumettais chaque année le thème choisi, et, reconnaissants, nous écoutions ses réflexions et ses commentaires, puis, moins discrets que ces dernières années, nous nous permettions de le réinviter. Le thème de cette année : « Par nature, l'homme est en relation avec l'infini », pourrait, nous osons l'espérer, constituer un motif d'intérêt pour le Saint-Père. Si tel était le cas, Éminence, nous serions sincèrement heureux, non pas tant pour l'invitation que, par l'intermédiaire de votre bienveillance, nous adressons au Saint-Père, mais parce que nous serions confortés

dans notre désir de servir, notamment à travers le Meeting, les préoccupations et le magistère de ce grand pape. [...] Je reste à votre entière disposition pour apporter toute information complémentaire pouvant encourager l'accomplissement de ce vœu que je confierai, lors d'un prochain pèlerinage, à la Vierge de Fatima, en même temps, Éminence, que la prière que je me permettrai d'adresser, pour votre personne et celle du Saint-Père, à Marie. Avec dévotion, Emilia Guarnieri.

Bertone montre la lettre au pontife. Ratzinger la lit et sourit à certains passages, notamment à l'évocation de son souvenir et de la visite qu'il effectua au cours de la désormais lointaine année 1990, puis il donne son consentement. Il ira à Rimini rencontrer les jeunes de Communion et Libération, faisant ainsi en sorte que les projecteurs se braquent encore davantage sur le mouvement fondé par don Giussani. Le secrétaire est satisfait : une nouvelle pièce du puzzle vient élargir son réseau de pouvoir et d'entraide mutuelle dans la grande famille catholique. Quelques jours plus tard, il appelle son assistant et informe Gänswein du choix du pontife. Par un canal d'informations inhabituel, probablement dû à l'âge du Saint-Père. Concrètement, Bertone, après avoir rencontré Benoît XVI, écrit au secrétaire particulier du pape pour l'aviser de la prochaine visite du pontife au Meeting de CL.

Les secrets connus et tus de Marcial Maciel

Pour les Légionnaires du Christ, l'histoire en va tout autrement. Ce que l'on ne voit pas, ou que l'on cache, semble inévitablement voué à resurgir, tôt ou tard. Ainsi les fantômes du passé font-ils leur réapparition. Et ils inquiètent jusqu'aux plus importants collaborateurs du pontife. Comme dans le cas du scandale des Légionnaires, compromis dans leur crédibilité, depuis qu'ont émergés, en 2006, les abus de leur fondateur : affaires de pédophilie, enfants nés de femmes différentes, abus sexuels et psychologiques. La chronique officielle veut que le Vatican réagisse avec une certaine lenteur. Après une enquête de plus d'un an, la Congrégation pour la doctrine de la foi, sous la direction du cardinal William Joseph Levada, décide en 2006 qu'il doit renoncer à l'exercice de son ministère. Le père Maciel demeurera suspendu *a divinis,* jusqu'à sa mort, survenue à Miami en 2008.

En mai 2010, la deuxième visite apostolique de cinq évêques fait éclater toute l'ampleur du scandale. Et la condamnation est irrévocable. Ce sont des moments très rudes pour les Légionnaires : « Il n'a pas été facile, confiera au pape le père Álvaro Corcuera, directeur de la Légion, de communiquer les faits concernant le père Maciel. Nous éprouvions une grande douleur au fur et à mesure que nous découvrions les aspects cachés de sa vie. S'agissant de notre fondateur, nos cœurs saignaient. » Des mots qui troublent le Saint-Père, qui décidera de répondre pour redonner courage au directeur Corcuera. Un mois plus tard, tous deux se rencontrent, le 17 juin 2010. Dans le mémorandum de la rencontre, Benoît XVI est particulièrement ému par le point 3A du document rédigé par Corcuera, qui souligne la crainte des Légionnaires de « tomber dans un révisionnisme postconciliaire qui nous conduise à une fausse rupture avec la tradition de la vie religieuse dans l'Église, et, dans un souci de renouveau, que nous cédions aux tendances toujours présentes du relâchement et de la sécularisation ». Ratzinger comprend le signal, il est inquiet, la situation pourrait échapper au contrôle du Saint-Siège. Il transmet aussitôt le document à Bertone et à Mgr Velasio De Paolis, récemment élu commissaire de la congrégation. De Paolis agit avec détermination. Il tente de découvrir ce qui s'est passé et d'endiguer l'hémorragie de la Légion : en effet, 70 prêtres sur 890, et un tiers des laïcs consacrés ont déjà quitté le mouvement ou y songent[3].

Il ressort aujourd'hui, des nouveaux documents en notre possession, des éléments inédits, des faits dérangeants qui exigent le réexamen de ce qui avait filtré jusqu'alors. Une autre vérité déconcertante apparaît. Les secrétaires du pape en prennent connaissance le 19 octobre 2011, à 9 heures du matin. Au bureau du troisième étage du Palais apostolique, arrivant du Mexique, don Rafael Moreno se présente discrètement. Il n'est pas l'un de ces nombreux missionnaires en Amérique du Sud. Le prêtre a été pendant dix-huit ans l'assistant privé de Maciel : Moreno est le plus proche collaborateur du père à la tête du mouvement. Il vit depuis longtemps au Brésil, mais depuis la mort du leader un souci le tourmente : les histoires ayant Maciel pour protagoniste, dans le bon sens du terme, mais surtout dans le mauvais, n'ont jamais été examinées attentivement par la hiérarchie vaticane. Déjà au début du mois, Moreno, invité à la paroisse Nostra Signora di Guadalupe, via Aurelia à Rome, avait écrit au pape pour lui faire part de sa perplexité au sujet des agissements du délégué, De Paolis, qu'il accuse de ne pas entendre la détresse des Légionnaires.

Mais aujourd'hui, Moreno souhaite dévoiler une vérité que beaucoup, d'après lui, n'ont jamais voulu entendre. Trop de personnes ont tourné le dos. Ont fait comme si de rien n'était. Pendant de très nombreuses années, au-delà des vérités officielles, les accusations ont été ignorées au sommet. Il a donc gardé les secrets indicibles des abus dans sa mémoire, et ils se représentent, chaque jour, avec insistance à sa conscience. Telle est l'histoire bouleversante qu'en ce matin d'automne Moreno livre aux secrétaires de Benoît XVI afin que le Saint-Père soit au courant. L'assistant le reçoit. Il écoute ses aveux, prend des notes. Le récit est si poignant que le secrétaire écrit d'une seule traite, dans sa langue maternelle, l'allemand. Peu de mots transcrits. Il congédie Moreno et s'enferme dans son bureau. Il relit la note, histoire de bien peser ses mots lorsqu'il devra, prochainement, rapporter ce douloureux entretien à Ratzinger :

> Secrétariat Particulier de Sa Sainteté
> Le 19 octobre 2011
> Entretien 9 h 00-9 h 30
> à mon bureau
> Entretien avec D. Rafael Moreno, secr. privé de M. M.
> — fut pendant 18 ans le secrétaire privé de M. M. ; a été [démoralisé ou exploité, mot illisible, *NDT*] par ce dernier
> — a détruit des preuves (documents à charge)
> — a déjà souhaité informer PP II en 2003, ce dernier ne l'a pas écouté, ne l'a pas cru
> — souhaitait informer le card. Sodano, celui-ci ne lui a pas accordé d'audience
> — le card. De Paolis n'a pas eu assez de temps.

Une note de quelques lignes, mais à l'effet meurtrier assuré. Benoît XVI confia à son biographe, Seewald, que les premiers éléments concrets n'arrivèrent au Vatican qu'en 2000. Il faudra ensuite attendre 2006 pour que les premières mesures soient prises. Une vérité aujourd'hui inédite. Si Moreno dit vrai, cela signifie que, trois ans avant ce qui se veut la version officielle, le Vatican connaissait déjà, dans les détails, la conduite du fondateur des Légionnaires du Christ et aurait pu prendre ces mesures, alors qu'il a tardé jusqu'en 2006. Pour quelles raisons ? Les éléments, entre autres, n'étaient pas apportés par une victime, qui aurait pu être poussée par la haine, mais par le meilleur témoin possible : le secrétaire qui avait suivi, jour après jour, pendant dix-huit ans, le fondateur de la congrégation. Et qui connaissait, par conséquent, sa double, voire sa triple vie, dans ses aspects les plus secrets. Mais pas seulement.

Moreno prétend avoir informé directement « PP II ». De qui s'agit-il ? Selon toute probabilité, ce devait être Jean-Paul II.

L'écriture n'est pas très nette, mais on peut aisément le déduire si, aujourd'hui comme hier, Moreno demande une audience et vient précisément frapper à l'appartement du pontife. Mais alors pourquoi ne fit-on rien ? Pourquoi ni lui ni le secrétaire d'État de l'époque, Sodano, ne voulurent-ils pas approfondir la question ? Pourquoi Sodano ne souhaita-t-il pas non plus entendre les paroles du prêtre ?

Par son aveu, Moreno compromet son propre avenir, c'est pourquoi il semble encore plus crédible lorsqu'il s'accuse d'avoir détruit les « preuves ». Rien d'autre ne figure sur la note. On ignore en quoi consistaient, notamment, ces « documents à charge », mais ils pourraient concerner les enquêtes du commissaire des Légionnaires, De Paolis. Qui, d'un autre côté, se débarrasse de Moreno en quelques minutes. L'objectif du cardinal semble tout autre et n'est même pas voilé. De Paolis n'a jamais caché avoir misé sur la discrétion lors de l'enquête : « Je ne vois pas les bénéfices qu'on aurait pu tirer d'une enquête plus approfondie. » Et, excluant des investigations supplémentaires : « Nous courons le risque de nous retrouver face à une intrigue sans fin : il s'agit d'affaires trop privées pour que je puisse enquêter à leur sujet[4]. » Ainsi, sur une année d'activité, seules deux personnes proches de Maciel quittent la scène : le père Luis Garza Medina, qui depuis 1992 était vicaire général des Légionnaires, et Evaristo Sada, secrétaire général de la congrégation depuis 2005.

Les Légionnaires, le rapport secret à Benoît XVI

Les secrétaires du pape tentent de comprendre pourquoi Moreno révèle maintenant ces vérités explosives qui viennent, entre autres, confirmer certains soupçons qui circulent toujours, à savoir que la curie romaine, dans ses plus hautes sphères, a couvert Maciel pendant un certain temps, laissant en suspens les accusations qui parvenaient jusqu'aux personnes dotées du plus grand pouvoir au Vatican. Gänswein porte le message à Benoît XVI, mais sur le bureau du Saint-Père se trouve encore le second rapport sur les Légionnaires remis par De Paolis lui-même, en septembre, après un an de vérifications. Un travail réalisé par la commission d'enquête voulue par le pontife et composée de divers experts. Chapeautée par Mgr Mario Marchesi, l'homme de confiance de De Paolis, cette commission a pu également compter sur l'appui de trois autres conseillers : Mgr Brian Farrell, secrétaire du Conseil pontifical pour la promotion de l'unité des chrétiens, le père Gianfranco Ghirlanda et le père Agostino Montan. Une cellule de crise qui s'est articulée autour de quatre commissions spécifiques concernant autant de questions internes : constitutions, finances, universités, et enfin, la plus délicate, la « commission d'approche ». Son appellation est le fruit du froid pragmatisme du Vatican : en effet, la commission, toujours présidée par Mgr Marchesi, a pour tâche de traiter les indemnisations financières des victimes de Maciel. Le vil argent, en somme. La commission doit donc « approcher » les victimes et les acheminer vers une indemnisation juste et équitable, selon des critères du Saint-Siège dont nous ne savons rien.

Le dossier fait suite à un premier rapport spécifique, toujours rédigé par De Paolis, sur les griefs imputés à Maciel, ce qui avait poussé Benoît XVI à rappeler « la nécessité et l'urgence d'un chemin de profonde révision du charisme et des constitutions », à savoir un changement plus radical, comme en témoigne la lettre confidentielle de mission. En septembre, le commissaire signe les dix pages du document final, ou « Rapport au Saint-Père sur les Légionnaires du Christ ». En neuf points, le portrait de cet important mouvement est retracé ; l'ampleur des traumatismes qu'il traverse et la façon dont est géré l'embarrassant héritage du père Maciel sont analysées.

Après la reconnaissance des faits, le délégué pontifical déclare que la congrégation est aujourd'hui divisée, entre ceux qui souhaiteraient tirer l'affaire au clair, en écartant les plus proches collaborateurs du père Maciel, et ceux qui, au contraire, souhaiteraient tourner rapidement la page. Ce dernier groupe est le plus important :

> Il faut reconnaître que de nombreux Légionnaires n'ont pas les idées claires concernant le contenu du jugement du Saint-Siège. Parmi certains Légionnaires plus âgés et certains supérieurs (même jeunes), l'idée persiste que le pape et le Saint-Siège se sont laissé entraîner dans une exagération quant aux conséquences que pourraient avoir, sur la vie de la congrégation, la personnalité et les agissements du père Maciel. C'est la raison pour laquelle ils invitent à la patience, car tout cela va se tasser et on reviendra à la situation précédente. D'autres Légionnaires sont frappés par les mots du bulletin [note officielle du Saint-Siège, *NDA*] du 1er mai 2010 : « La conduite du père Maciel a eu des répercussions sur la vie et les structures de la Légion. » [Ceux-ci, *NDA*] sont d'avis qu'il n'est pas possible de s'acheminer vers un renouveau tant que ne sera pas aboli l'un des principaux obstacles, à savoir le maintien de ces mêmes supérieurs au sein du gouvernement de la congrégation. Ils persistent donc à mener une campagne de découragement et de dénigrement de ce renouveau, en créant des divisions et des difficultés. En réalité, le nombre des opposants, surtout présents dans le dernier groupe, est relativement restreint, mais très déterminé[5].

Il convient donc de « prêter une attention toute particulière à l'utilisation des moyens de communication », étant donné que, pour De Paolis, certains prêtres « en ont fait un large usage, en se présentant quasiment comme des contrôleurs et des interprètes de la voie à suivre, avec une attitude assez critique, engendrant souvent confusion, découragement ou désengagement, et indiquant, avec une certaine insistance, qu'on n'accomplissait aucun progrès, aucun parcours ». Un véritable « désaccord », qui peut « se solder par ceux qui ont déjà quitté » la congrégation, entraînant alors une « scission ou une hémorragie[6] ». Bref, pour le cardinal « les motifs d'inquiétude, voire de crainte ne manquent pas », comme ceux suscités par les membres qui considèrent le choc de l'histoire du fondateur comme insurmontable : « Pour eux, la nouveauté n'existe pas, et elle ne pointe pas à l'horizon. Leur réflexion est prisonnière d'un cadre étroit et fermé, qui entraîne déception et désaffection pour la vocation[7]. »

L'autre front critique concerne les comptes passés dans le rouge, avec une augmentation des dettes. Les sommes ne sont pas indiquées au Saint-Père, mais le scandale a fait sensiblement chuter les donations. Pour se pencher sur la comptabilité, arrive un fidèle de Bertone, le cardinal Domenico Calcagno. L'idée consiste à se défaire des biens immobiliers, mais avec la crise, la manœuvre semble risquée. De Paolis résume ainsi la conjoncture :

> La situation économique, sans être catastrophique, est cependant sérieuse et délicate. L'état d'endettement est important et dû à la crise économique et financière générale, mais aussi aux vicissitudes qu'a connu la Légion (perte de crédibilité, chute des donations, etc.) et à la diminution des élèves, pour les mêmes raisons. La crise actuelle a fait chuter la valeur des biens immobiliers qui devront, en raison de la situation du marché et pour payer les dettes, s'aligner sur des prix inférieurs à ce qu'ils valent. Aucune illégalité et aucun abus n'a cependant été relevé. Certes, l'organisation financière de la Légion ne répond pas précisément aux critères du système canonique dont dépendent les religieux. Le problème auquel nous avons été confrontés à plusieurs reprises, et qui n'est toujours pas résolu du fait de sa complexité, concerne l'institution du groupe Integer, qui fait l'objet de plusieurs critiques,

sur le plan tant financier qu'économique ou religieux. Le rôle de ce groupe (techniciens permanents employés au service de la congrégation) doit sans aucun doute être réévalué. Mais il convient d'agir avec une extrême prudence, particulièrement en cette période cruciale pour la finance mondiale et pour la situation économique de la Légion. Le problème n'est pas simplement économique. Il concerne également l'organisation de la vie religieuse au sein de la Légion.

Et l'indemnisation des victimes ? Dans le rapport, pas un mot sur la gravité des faits imputés à Maciel. La « commission d'approche » poursuit une autre mission : tenter de réduire au minimum l'impact économique des demandes des parties lésées sur les caisses du Vatican. Le ton est des plus optimismes car le *modus operandi* est clair et partagé par tous. Pour les personnes qui demandent à être indemnisées, la fermeté doit rester de mise :

> L'accord n'a pas été difficile avec certains. Les cas les plus complexes concernent ceux qui, au nom de la justice, demandent des sommes auxquelles la Légion ne peut absolument pas répondre, ce qui, du coup, ne saurait se fonder sur une prétention à la justice. Un fléchissement en ce sens, outre le fait d'être injuste, risquerait d'entraîner une kyrielle de requêtes tout aussi insoutenables. La commission a adopté un double critère : un critère de justice, et un critère de charité et de solidarité, pour les souffrances endurées par la victime. Dans aucun des cas traités il n'est apparu d'exigence de justice légale.

Comme si cela ne suffisait pas, le scandale est encore plus important que ce qu'on pouvait imaginer. En plus de Maciel, d'autres « religieux en difficulté » font leur apparition. Il s'agit de différentes affaires, désormais « entre les mains du procureur général qui fait scrupuleusement son travail, notamment avec l'aide d'un canoniste de la Légion ». On procède même à quelques remaniements pour écarter des prêtres proches de Maciel, ou par exemple en révoquant la nomination du père Luis Garza[8] au poste de vicaire général. Le chemin est cependant encore long et abrupt. Le travail de la cellule de crise, visant à réintégrer la grande famille des Légionnaires dans l'Église et dans ses règlements, ne s'achèvera pas avant 2014.

La levée de l'excommunication des évêques lefebvristes

L'objectif est d'éviter la superficialité, les incidents et les malentendus qui avaient, à peine un an plus tôt, en janvier 2009, provoqué un énorme scandale, lorsque avait filtré la nouvelle de la levée de l'excommunication des évêques schismatiques lefebvristes, décidée par le Saint-Père à travers le geste de « miséricorde paternelle[9] ». Par une diabolique coïncidence, l'affaire éclate non pas à proprement parler du fait de l'aboutissement, toujours discutable, d'un parcours diplomatique entre les héritiers de Lefebvre et le Saint-Siège, mais parce qu'un des leurs, Mgr Williamson, à la veille de l'officialisation de la levée de l'excommunication, avait accordé à la télévision nationale suédoise un entretien dans lequel il réaffirmait sa position négationniste vis-à-vis de la Shoah. « Je crois que les preuves historiques vont fortement à l'encontre de l'idée que six millions de juifs aient été tués dans les chambres à gaz, suite à une décision d'Adolf Hitler, avait-il déclaré. Je crois que les chambres à gaz n'ont pas existé. » Ce type de déclaration, dans un pays normal, relèverait du traitement médical obligatoire, mais au Vatican le scénario est différent : équilibres, poids et contrepoids l'emportent sur le simple bon sens.

Le décret pour la révocation de l'excommunication exige, en réalité, un processus d'élaboration qui s'étale sur plusieurs années. Depuis le 30 juin 1988, alors que les évêques tombaient sous le coup de l'excommunication, on tentait, au sein de l'Église, de réduire cette fracture, précisément due à Mgr Marcel Lefebvre. Sa Fraternité Saint-Pie-X s'était rendue protagoniste du schisme de 1976, lorsque Paul VI avait suspendu *a divinis* l'ecclésiastique français qui rejetait le Concile Vatican II. Mais cela, aujourd'hui, tout le monde l'ignore, et n'a plus guère d'importance. La coïncidence temporelle avec les déclarations de Williamson unit inextricablement les deux évènements. Elle entraîne un court-circuit à la suite d'un message de synthèse dévastateur : le pape lève l'excommunication de l'évêque qui nie l'holocauste. C'est une bourde médiatique considérable. Comment a-t-elle pu se produire ? Pour le comprendre, il faut s'en remettre aux dates.

La nouvelle de la levée de l'excommunication des évêques, lesquels avaient été ordonnés sans autorisation par Mgr Lefebvre, filtre le 17 janvier. Le blog d'un journaliste espagnol, Francisco José Fernandez de la Cigoña, bien informé sur les milieux traditionnalistes de l'Église, est le premier à diffuser la nouvelle. Trois jours plus tard, soit le 20 janvier, le premier hebdomadaire allemand, *Der Spiegel*, dévoile à l'avance l'interview scandale de Mgr Williamson à la télévision suédoise, qui la diffuse le 21 janvier au soir. L'alerte rouge devrait être lancée mais l'épisode ne fait aucun bruit. Pour l'heure. Entretemps, la fuite de la révocation est relayée par les journalistes italiens et français, si bien que le 22 janvier *il Riformista* et *il Giornale*, sous la plume d'Andrea Tornielli, publient l'information. Mais aucune réaction du Saint-Siège. Les jours passent et personne ne signale dans les hautes sphères les folles déclarations à la télévision suédoise de Williamson niant l'extermination des juifs. La puissante machine de l'information vaticane, qui contrôle des milliers de journaux, de périodiques, de radios et de télévisions dans le monde entier, s'enraye, ou bien, ce n'est pas encore très clair, le message est sous-évalué par la secrétairerie d'État. La concomitance met le feu aux poudres. Les deux évènements : la révocation de l'excommunication et les déclarations antisémites, se rejoignent dangereusement. Personne ne s'en aperçoit.

La nouvelle de la révocation, décidée par Benoît XVI dans le processus de réconciliation avec la Fraternité Saint-Pie-X, toujours dans la perspective d'une Église unique aux âmes plus nombreuses, est diffusée le samedi 24 janvier à midi, sans être précédée d'une prise de distance officielle avec les délires négationnistes de l'évêque. Il devait s'agir d'un jour de fête pour l'Église, mais l'effet boomerang est fatal et d'interminables polémiques éclatent. La nuit tombe. On tente par tous les moyens de rattraper le coup. La diplomatie entre en effervescence. On prépare un communiqué officiel, qui est remanié au dernier moment pour éviter de nouvelles divisions. La phrase « un acte schismatique qui avait à sa base le refus de la doctrine catholique exprimée dans le Concile Vatican II », comme nous pouvons le lire sur l'ébauche de la note qui sera diffusée, avec un certain retard, pour tempérer les polémiques, est ensuite supprimée dans la communication officielle du 4 février, précisément pour éviter d'autres incidents. En revanche, l'autre concept clé est maintenu, à savoir que, si les quatre évêques sont à présent libérés « d'une peine canonique extrêmement grave », toutefois le choix du pape « n'a rien changé à la situation juridique de la Fraternité Saint-Pie-X qui, à l'heure actuelle, ne bénéficie d'aucune reconnaissance canonique dans l'Église catholique, et les quatre évêques n'exercent pas licitement de ministère en son sein ».

Le Palais apostolique connaît des jours de grande tension. Mgr Georg Gänswein fait part de l'amertume du Saint-Père, qui souhaite contrôler chaque mot de la note de la secrétairerie d'État pour éviter de nouveaux faux pas. Et c'est dans les corrections qu'il apporte que transparaît sa souffrance face à l'incapacité de pouvoir prévenir les erreurs de ses collaborateurs. Ainsi, lorsqu'il est fait allusion aux phrases concernant la négation de la Shoah, Benoît XVI est d'avis de rendre public ce qui s'est réellement passé, à savoir que personne ne l'avait informé des déclarations de l'évêque : « Peut-être, ajouterai-je – écrit-il de sa main à Bertone, au stylo, et dans une écriture minuscule –, non connues du Saint-Père au moment de la levée de l'excommunication. » Ce « peut-être » du pape est pléonastique : les corrections sont aussitôt reçues. La phrase est alors insérée dans la note qui est diffusée auprès des médias. Le communiqué subit d'autres modifications : Ratzinger coupe également une bonne partie des références à la figure du pape pour éviter la personnalisation. Concernant la future reconnaissance de la Fraternité Saint-Pie-X, par exemple, l'intégralité de la phrase « le Saint-Père n'entend pas faire abstraction d'une condition indispensable » est supprimée par Benoît XVI et remplacée par : « la pleine reconnaissance du Concile Vatican II et du magistère des papes Jean XXIII, Paul VI, Jean-Paul I et II, et Benoît XVI lui-même est une condition sine qua non ». Les polémiques ne s'essoufflent pas, elles s'intensifieront même pendant plusieurs mois avec de nombreux interlocuteurs qui comprennent, entre autres, les juifs, l'Allemagne, le Vatican et la Fraternité Saint-Pie-X.

Les notes de Benoît XVI contre Angela Merkel

Benoît XVI tente d'intervenir en Allemagne, où la situation semble plus délicate. La communauté des évêques et des cardinaux est divisée sur la question, mais surtout on frôle l'incident diplomatique avec le gouvernement allemand. Le 17 février, une note confidentielle, comprenant quelques petites fautes d'italien, et à l'attention du remplaçant de

Bertone, Mgr Filoni, quitte l'appartement de Ratzinger. C'est peut-être la première fois que l'occasion nous est donnée de lire directement les observations et les décisions internes qu'un pontife adresse à ses plus proches collaborateurs dans un moment aussi critique. Ratzinger est contrarié par certains cardinaux allemands et par la diplomatie du Saint-Siège à Berlin. La question Williamson semble s'embourber, prenant une imprévisible tournure internationale.

La situation ne s'était dégradée que quatre jours plus tôt, le 3 février. Ce matin-là, dans *Avvenire*, le quotidien de la CEI, Bertone avait fait preuve d'une satisfaction pour le moins imprudente. Il avait, en effet, déclaré que la « crise » avec le monde juif était désormais close, et qu'il avait reçu des signes d'apaisement de la part du rabbinat de Jérusalem et du côté israélien. Mais dans l'après-midi, les paroles du cardinal sonnent comme une plaisanterie. C'est la chancelière allemande, Angela Merkel, qui ravive la polémique, en attaquant le Saint-Siège de front : « Il faut que, de la part du pape et du Vatican, il soit clairement établi qu'on ne peut pas nier l'Holocauste, déclare-t-elle. Cette clarification est, de mon point de vue, encore insuffisante. » Ces paroles semblent prendre la diplomatie du Saint-Siège au dépourvu. Quelques heures s'écoulent avant que le porte-parole, le père Lombardi, après avoir entendu Bertone, ne mette un premier frein aux polémiques. Il rappelle toutes les prises de position contre l'antisémitisme exprimées récemment par Benoît XVI et son inconditionnelle solidarité aux « frères juifs ». Ce n'est pas suffisant. Les paroles de la chancelière font le tour du monde.

Chez les ecclésiastiques, la défense est plutôt tiède. Cette dernière réaction met le pontife en colère. Le pape interprète la déclaration d'Angela Merkel comme une ingérence grave et injustifiée dans les activités de l'Église. Il est surtout furieux de la timide réaction du nonce apostolique à Berlin,

Mgr Jean-Claude Périsset. Le diplomate aurait dû protester officiellement et retourner ses accusations à l'intéressée. C'est précisément ce qui ressort de la note envoyée à Filoni :

> La réaction du nonce aux déclarations de Mme Merkel (annexe 1 de la lettre du 4 février) est trop faible – simple information. En réalité, il aurait fallu une franche protestation contre cette ingérence dans les questions de l'Église.

L'amertume à l'égard d'Angela Merkel ne parviendra pas à provoquer un grave incident diplomatique. La priorité est de clore rapidement l'incident pour continuer le parcours de réagrégation et de dépassement du schisme. Du reste, le lendemain, le porte-parole du gouvernement allemand, Ulrich Wilhelm, déclare que la chancelière était intervenue sur une « question de principe politique ». Aucune intrusion, en somme.

Il ne s'agit plus, en réalité, d'un simple problème diplomatique avec les autres États. Ce qui s'est passé souligne à quel point la curie romaine fait toujours preuve de sérieuses limites dans la gestion des crises. Et le malaise prend de l'ampleur. Si bien qu'à Rome certains cardinaux commencent à en critiquer ouvertement les actes : dans une interview sur Radio Vatican, Walter Kasper, le président de la Commission pontificale pour les relations religieuses avec le judaïsme, pointe et évoque expressément des « erreurs de gestion de la part de la curie ». En somme, personne « ne peut évidemment se réjouir du fait qu'il y ait eu des malentendus ». Les critiques semblent s'adresser au président de la commission Ecclesia Dei chargée des médiations avec les ultratraditionnalistes, Darío Castrillón Hoyos, et au préfet de la Congrégation pour les évêques, Giovanni Battista Re. Deux cardinaux qui ont cependant agi au nom du Saint-Père. La critique s'adresse donc aussi, indirectement, à Benoît XVI.

Mais les dégâts continuent également hors les murs. Ils touchent aussi l'Église allemande. Benoît XVI est de plus en plus amer. Il intervient, demande des informations sur les critiques qu'il continue de recevoir. Voici ce qu'il écrit confidentiellement à ses collaborateurs :

Je m'étonne que le nonce « partage pleinement les suggestions » du card. Lehmann, lequel a déclaré que le Saint-Père devrait présenter ses excuses aux juifs et aux hommes de l'Église. Bien plus éloquent que cette étrange déclaration du cardinal est son entretien, accordé au journal *Die Welt* le 1er février, dans lequel on retrouve plusieurs inexactitudes : je ne suis jamais allé à Paris pour dialoguer avec Lefebvre ; Lefebvre avait réellement signé l'accord, mais il a retiré sa signature le jour suivant, etc. En substance, toutefois, l'entretien n'est pas mauvais. Le nonce transmet les réactions des card. Meisner et Lehmann ; je sais, d'autre part, ce qu'a déclaré S. Exc. Mgr Zollitsch, le président de la conférence épiscopale allemande. Mais j'apprends que l'évêque de Rothenburg-Stuttgart aurait critiqué le Saint-Père et l'archevêque d'Hambourg. Il faudrait connaître toutes les réactions des évêques allemands. Plusieurs facultés de théologie (Münster, Tübingen, Fribourg, et peut-être d'autres encore) ont publié des déclarations. Il faudrait connaître ces textes. J'ai l'intention d'écrire, lorsque ce « tsunami médiatique » sera passé, une lettre aux évêques [ainsi que le fera Benoît XVI deux semaines plus tard, *NDA*], pour mieux définir la position du Saint-Siège, mais j'attends d'avoir des informations plus détaillées.

De profondes divisions subsistent donc sur la question de la levée de l'excommunication, et la tension est à son comble. Si bien qu'il paraît tout simplement incroyable que personne n'ait relevé les navrants propos de Mgr Williamson sur la Shoah à la veille de la diffusion du décret. La preuve figure dans le procès-verbal de la réunion au sommet qui s'est tenue entre les cardinaux, le 22 janvier 2009. On retrouve chez Bertone : Castrillón Hoyos[10], William Levada, le préfet de la Congrégation pour la doctrine de la foi, Giovanni Battista Re, et le cardinal Cláudio Hummes, le préfet de la Congrégation pour le clergé. Mais aussi deux évêques : Fernando Filoni et Francesco Coccopalmerio, futur cardinal.

Nous sommes à la veille de l'officialisation du décret. Les cardinaux soignent les moindres détails pour que tout se déroule sans accroc. Si bien que Bertone, après avoir fait distribuer une copie du décret qui annule les excommunications, ouvre précisément les travaux en analysant « la situation qui se créera à Rome, le samedi 24 janvier 2009 à midi, au moment où sera publié le décret par lequel est levée l'excommunication des quatre évêques. Un effort qui, comme nous l'avons vu, se révélera inutile. Le secrétaire d'État soumet notamment deux questions : cet acte « concerne-t-il oui ou non les ecclésiastiques, les religieux et les fidèles » ? Et encore, il faudra que le « choix bienveillant du pape soit bien illustré ». Bertone demande donc à Re et aux autres s'il « conviendrait d'accompagner ledit décret d'une note explicative ». Le compte-rendu de la rencontre témoigne parfaitement de l'attention portée aux poids et aux contrepoids dans les palais sacrés :

> Le card. Re a tout d'abord rapporté la façon dont il a pris connaissance du décret, et comment, avec le consentement du Saint-Père et après quelques retouches, il l'a signé ; ces retouches ont été, somme toute, marginales, pour apporter un peu de clarté au texte. Le cardinal a indiqué qu'étant donné que le card. Gantin avait signé le décret qui formalisait l'excommunication de Mgr Lefebvre et des quatre évêques qu'il avait ordonnés en 1988, il ne voyait pas d'inconvénient à ce que ce même préfet de la Congrégation pour les évêques signe le décret sur la levée de peine.
>
> Quant à une éventuelle levée de l'excommunication concernant également les ecclésiastiques de la Fraternité

de Saint-Pie-X, le débat s'est aussitôt engagé. Mgr Coccopalmerio a exprimé sa conviction que l'absolution de l'excommunication mettrait les quatre évêques en pleine communion avec l'Église. Quant aux prêtres et aux diacres, on s'attend à ce qu'ils demandent à leur tour, par un acte explicite, leur accueil dans la pleine communion. Le card. Levada s'est référé au cas de Campos, en faisant remarquer que si l'excommunication de l'évêque et du clergé avait bien été levée, il s'agissait dans cette affaire de diocèse et de clergé unis. Il a souligné, en s'appuyant sur ce qu'avait exprimé S. Exc. Mgr Rifan dans un document distribué aux personnes présentes, que les quatre prélats avaient, en différentes occasions, émis des déclarations ou rédigé des affirmations qui exigent une clarification, ou, en tout cas, un rectificatif public avant l'absolution.

Concernant le cas de la réintégration des lefebvristes de Campos au Brésil, le card. Hummes a déclaré avoir toujours défendu le fait qu'il avait été providentiel, malgré les problèmes et les critiques qu'il avait soulevés. En effet, a souligné le cardinal, il est très important que le processus d'intégration se fasse avec la première génération des lefebvristes, car la deuxième génération sera beaucoup moins sensible et plus indifférente à un retour possible à l'Église d'origine. Le cardinal a donc manifesté son soutien au geste papal consistant à lever l'excommunication des évêques lefebvristes de la Fraternité Saint-Pie-X. La levée de l'excommunication est essentiellement un acte de miséricorde et les questions doctrinales en instance ne la rendent pas impossible. Il y aura certes – a poursuivi le cardinal – un parcours postérieur à accomplir pour les questions doctrinales. Il a donc conclu en se déclarant d'accord avec la proposition de rédiger une note explicative pour accompagner le décret qui lève la peine de l'excommunication.

Le card. Castrillón a tenu, pour sa part, à illustrer la *mens* du Saint-Père, qui en levant l'excommunication des quatre évêques lefebvristes a souhaité accomplir un acte de clémence pour rétablir l'unité. Il a notamment souligné que le dialogue sur les questions toujours en suspens sera meilleur lorsque les évêques se sentiront au sein de la communion ecclésiale et non plus exclus de celle-ci. Il a, d'autre part, indiqué que ce premier pas ne signifiait pas que tous les problèmes étaient résolus et que le Saint-Père lui-même avait parlé d'un *iter* progressif dans la résolution des questions.

Le card. Re a souligné que la révocation de l'excommunication n'était pas encore synonyme de pleine communion, mais un geste qui entendait encourager un parcours de réconciliation.

Mgr le Substitut a alors demandé la lecture du décret sur lequel porte le débat pour déterminer si certains éléments sont déjà abordés et résolus par le document en question.

En effet, la lecture qu'en avait faite le secrétaire d'État dissipait de nombreux doutes et tous étaient substantiellement d'accord sur le texte, en dépit de quelques expressions, comme celle relative à la « pleine communion » (avant-dernier alinéa) que S. Exc. Mgr Coccopalmerio aurait souhaité remplacer par « pleine réconciliation ». Mais, étant donné que le décret avait déjà été porté à la connaissance des différents intéressés, on n'a pas jugé bon de le retoucher ; l'expression pouvait être reprise dans le communiqué.

Quant à la question de savoir si l'excommunication était également levée pour les ecclésiastiques, il est ressorti ce qui suit :

1. Les prêtres qui, en raison d'une ordination illégitime, ont encouru les peines canoniques prévues devront, de quelque manière que ce soit, témoigner leur fidélité au Saint-Père et à l'Église, et ce processus devra se dérouler en tenant compte du nombre de prêtres et de leur identification. Cela pourra être convenu avec les responsables de la fraternité ; le supérieur général pourrait le demander au nom de tous les prêtres et diacres.

2. En ce qui concerne la situation actuelle, et notamment les célébrations et les activités pastorales, il faudra recourir au principe du *supplet Ecclesia*, étant donné qu'il n'est pas possible de trouver une solution immédiate pour tous.

3. Il a ensuite été constaté que le décret constituait en lui-même une provocation pour que les prélats, les prêtres, les religieux et les fidèles manifestent leur intention de communion ecclésiale et de réconciliation.

Il n'a donc plus été considéré opportun de recourir à une note explicative semblable à celle publiée en 1997 par le Conseil pontifical pour les textes législatifs afin de ne pas compliquer la situation. On verra plus tard si des clarifications s'avèrent nécessaires.

Enfin, Mgr le Substitut a demandé un avis sur le communiqué de presse qui accompagnera la publication du décret.

Les personnes présentes se sont toutes déclarées d'accord sur le texte et ont demandé une petite modification en fin de document dans la clause suivante : « Le Saint-Père a été inspiré dans cette décision par le souhait que l'on arrive au plus vite à la complète réconciliation et à la pleine communion. »

Il est resté bien clair que cet acte de clémence du Saint-Père exige encore un *iter* pour mener à la pleine réconciliation et à la clarification de la situation canonique de la Fraternité Saint-Pie-X, laquelle, bien que non formellement reconnue, se retrouve de fait, d'une certaine manière, impliquée et chargée de débattre, du fait qu'elle est mentionnée dans le décret.

Concernant cette même fraternité, il a été déclaré qu'en l'absence d'un décret formel de reconnaissance, la situation actuelle faisait office de référence et restait en vigueur *donec aliter provideatur*.

Il a également été décidé que Mgr Coccopalmerio préparerait un article à publier dans *L'Osservatore Romano* dans les prochains jours. Il est exclu d'accorder des interviews ou de présenter à la presse un document qui parle de lui-même.

Le card. Levada a fait observer que certaines questions restaient ouvertes et que le chemin à accomplir impliquerait donc un travail collégial de la part des congrégations intéressées. Le cardinal a indiqué que la Congrégation pour la doctrine de la foi procéderait sans attendre, avec les instances ordinaires, à l'examen des questions doctrinales à prendre en considération dans le futur processus de dialogue, prévu par ce même décret ; il a également mentionné à ce sujet la possibilité d'inviter le card. Castrillón à participer à la réunion de la feria IV.

Tous ont accepté que le décret et le communiqué soient adressés aux chefs de dicastères et aux délégations pontificales, et, par leur intermédiaire, aux conférences épiscopales.

La séance s'est achevée à 19 h 50 par la prière.

Allemagne, mon amour

L'attention que porte Benoît XVI aux réactions de la communauté catholique allemande au sujet de l'affaire Williamson résume bien la sensibilité du Saint-Siège par rapport à ce qui se passe en Allemagne. Que ce soit parmi ses compatriotes cardinaux ou sur le front politique. Ou encore dans ses relations avec l'Église évangélique, ainsi que cela transparaît en novembre 2011, à la suite du voyage apostolique qu'avait effectué le Saint-Père, en septembre, dans ce même pays. C'est encore le décrié nonce apostolique à Berlin, Mgr Périsset, qui informe Bertone des critiques de l'Église évangélique à l'égard du Saint-Père, après sa rencontre œcuménique avec les protestants, qui s'était déroulée en septembre, lors du voyage apostolique à Erfurt, dans la salle du Chapitre de l'ancien couvent des Augustins. Les experts du Vatican analysent les interventions à l'assemblée plénière annuelle du synode évangélique, qui s'était tenue du 6 au 9 novembre à Magdeburg, dans le land de la Saxe-Anhalt. Et ils signalent deux discours présentant un intérêt particulier : celui du pasteur Nikolaus Schneider, chef du Conseil de l'Église évangélique en Allemagne (EKD), et celui de Mme Katrin Göring-Eckardt, qui, outre le fait qu'elle est la présidente du synode de l'EKD, est également la vice-présidente du Bundestag, le parlement fédéral allemand.

Si bien que part du bureau de Bertone, « à la bienveillante attention du Saint-Père », cette note qui résume la situation :

Mgr Périsset déclare qu'il faut confronter les critiques de ces deux personnes sur les discours du Saint-Père à Erfurt, amplement commentées dans la presse allemande, avec ce qu'ont déclaré de positif M. Schneider et Mme Göring-Eckardt, notamment au sujet du discours dans la salle du Chapitre. Cependant, les deux chefs [de l'Église évangélique, *NDA*] ont senti un certain décalage entre cet entretien et l'homélie du pape Benoît XVI durant l'acte œcuménique qui a suivi. Le nonce apostolique accueille avec inquiétude la déclaration de Mme Göring-Eckardt quand elle affirme : « nous n'avons absolument pas besoin d'être reconnus en tant qu'Église par Rome ». En effet, certains commentaires de M. Schneider et de Mme Göring-Eckardt à propos des discours du Saint-Père peuvent surprendre. Schneider souligne que Dieu s'est « sécularisé » (*verweltlicht*) dans Jésus-Christ, dans une certaine polémique autour du concept d'*entweltlichung*, lors du discours du Konzerthaus à Freiburg. Dans la foulée, M. Schneider critique également le pape pour sa comparaison peu judicieuse du dialogue œcuménique avec les négociations politiques, avec lesquelles, selon lui, l'œcuménisme n'aurait rien à voir. Dans son intervention, Mme Göring-Eckardt en vient à quelques affirmations cinglantes, lorsqu'elle déclare, par exemple : « Dans la salle du Chapitre, nous, les évangéliques, avons nettement abaissé l'âge moyen » ; ou bien : « Le fait que, dans l'Église des Augustins, les autres (c'est-à-dire, les catholiques) n'aient jamais mentionné Martin Luther ou la Réforme témoigne d'un certain manquement de parole de leur part ». Le rapport a d'abord été transmis à la IIe section. S. Exc. Mgr Mamberti a ajouté en annotation : « À la section AAGG pour appréciation. Au cours de l'audience du 30 XI 2011, j'ai demandé au Saint-Père s'il avait pris connaissance de la documentation. Il a répondu par la négative, me priant de préparer une note. » Par conséquent, la documentation est soumise à la bienveillante attention du Saint-Père.

Quand le porno fait rougir l'Église :
la Weltbild aux mains des prêtres

Ces mêmes semaines, le cardinal Tarcisio Bertone se retrouve encore face à une question délicate, arrivée à nouveau d'Allemagne. Fin octobre éclate en effet, dans la mère-patrie de Ratzinger, un nouveau scandale, cette fois autour de la maison d'édition allemande Weltbild, un géant au chiffre d'affaires de 2 milliards : la propriété des douze diocèses allemands compte dans son catalogue des milliers de publications érotiques et ésotériques. Certains titres sont éloquents : *Le Sexe entre connaisseurs*, *La Pute de l'avocat*, *Histoires cochonnes*. Alors comment concilier Église et érotisme ? Pas de demi-mesure : la curie est accusée de constituer un véritable patrimoine grâce au porno. En quelques heures, la nouvelle fait le tour du monde et secoue les milieux les plus conservateurs, non seulement de l'Église allemande mais de la communauté catholique tout entière.

Dans les palais sacrés, la question fait l'effet d'une bombe. Que ce soit pour la gêne évidente que suscite une contradiction aussi criante et inconfortable, au vu de la condamnation ferme de la pornographie par l'Église, ou pour les spéculations et l'instrumentalisation qui pourraient en dériver. Bertone confie l'affaire à Mgr Balestriero, que nous avons déjà vu comme sous-secrétaire de la section chargée des rapports avec les États. La situation est critique. La nouvelle a été publiée deux jours auparavant sur Internet, dans la presse et à la télévision de tous les continents. On ironise sur le guide du mercenaire vendu au prix de 8,90 euros, *Appelle-moi traînée*, on s'amuse en soulignant des volumes immanquables, tel *Le Comte cochon*, ou bien on fait encore l'inventaire des titres coquins ou ésotériques du catalogue : pas moins de deux mille cinq cents publications au total. Balestriero en parle avec le père Lombardi afin d'évaluer l'ampleur du scandale et ses développements. Il cherche à comprendre les équilibres dans les diocèses allemands. Les coups de téléphone se multiplient entre Rome, la nonciature à Berlin et les cardinaux allemands dans l'embarras. D'après les documents échappés pour la première fois du Vatican, on est aujourd'hui en mesure de raconter la façon dont a été gérée cette urgence par certaines des plus hautes sommités de la Cité léonine, à commencer par le souverain pontife lui-même. La configuration est telle qu'il est nécessaire de s'en référer directement au Saint-Père. Ceux qui fréquentent alors l'appartement pontifical voient Benoît XVI dans la douleur, choqué et taciturne. Il fera un choix qui, malheureusement, ne résoudra rien.

À la secrétairerie d'État, l'unité de crise se concentre sur trois fronts. Avant toute chose, l'état des lieux de la situation, en cherchant à comprendre le développement médiatique de ce scandale (*Die Welt* et *Frankfurt Allgemeine* sont les deux quotidiens qui ont révélé et approfondi l'affaire). On cherche parallèlement à comprendre la genèse au sein de l'entreprise et pourquoi la communauté épiscopale allemande n'a pas résolu et réparé cette erreur depuis des années. Enfin, on définit la stratégie de sortie de crise la plus rapide et la plus indolore possible. Le premier dossier de Balestriero adressé au secrétaire particulier de Ratzinger, avec des dizaines d'articles en annexe, donne un constat impassible de la situation et traite sans pitié la profonde honte de l'Église allemande :

Je crois qu'il est de mon devoir d'informer mes supérieurs de ce qui suit. En date du 27 octobre, sont apparus sur Internet divers articles de presse, en langue allemande comme en langue italienne, qui dans leurs différents titres soulignent une situation alarmante – qui s'aggrave de jour en jour – concernant l'Église catholique allemande. On a révélé notamment que l'entière propriété (100 %) de la célèbre maison d'édition

Weltbild appartient aux diocèses allemands. La Weltbild est un des plus grands producteurs et distributeurs de livres en Allemagne et son catalogue compte environ 2 500 titres de publications érotiques et à caractère ésotérique. Les journaux ces temps-ci sont éloquents (cf. annexe) : « Le sexe, la magie et Satan font les beaux jours des évêques allemands », « Les évêques produisent du porno ? », « Des groupes catholiques menacent de boycotter la maison d'édition Weltbild », « L'Église allemande publierait des romans pornos », « L'Allemagne accuse l'Église de s'enrichir grâce à la pornographie », « L'Église se frotte les mains grâce au porno », « Une tempête s'abat sur une maison d'édition catholique ».

Balestriero pointe du doigt ceux qui n'ont pas réparé cette situation depuis 2008, faisant ainsi subir à l'Église ce scandale une nouvelle fois. À l'époque, on avait cherché un acquéreur, en vain, puis l'histoire était tombée dans l'oubli. Aujourd'hui, le numéro 2 des Affaires étrangères accuse l'épiscopat allemand de ne pas avoir arrangé une situation connue depuis des années et d'exposer le Saint-Père à des critiques prévisibles, qu'on aurait pu lui éviter :

On sait également que les éléments évoqués ci-dessus avaient déjà été traités, à plusieurs reprises au cours des années passées, par divers milieux catholiques, qui avaient cherché à convaincre les évêques allemands de mettre un terme à cette situation, comme l'avait fait le cardinal Meisner il y a des années, renonçant à la part de l'archidiocèse de Cologne. Malheureusement, l'épiscopat allemand n'a donné aucun signe de changement. Cette attitude causerait aux diocèses impliqués (notamment celui de Munich, qui détient 30 % des parts) une perte importante des bénéfices provenant de la maison d'édition en question. Toutefois, comme le résument habilement certains articles (même les journaux suédois en parlent longuement), il s'agit d'opérer un choix : « la morale ou l'argent ». Nombre de journalistes rappellent aussi, avec ironie, que le Saint-Père, au cours de sa récente visite en Allemagne, avait parlé du besoin de l'Église allemande de se « démondaniser » ! « Le dimanche, nous soutenons la foi et la morale, puis le lundi, avec les ventes de pareilles publications, nous les détruisons, a déclaré le cardinal Meisner. Nous ne pouvons pas continuer ainsi. » Hélas, comme le souligne un des articles cités, le porte-parole de la Conférence épiscopale allemande a fini par conclure que « parmi les produits proposés par le revendeur, il y avait tout au plus de l'érotisme mais pas de pornographie ».

Il sera difficile de réparer les dégâts d'image et de crédibilité causés par ce genre de contradictions. Mais à présent Balestriero compte trouver une sortie rapide qui puisse endiguer l'hémorragie de crédibilité de la communauté catholique :

Face au problème et au scandale, je crois qu'il faut « aider » les évêques allemands à sortir, immédiatement, de cette maison d'édition. Aujourd'hui, le célèbre site Kath.net donnait la parole à différentes organisations catholiques qui ont menacé de boycotter cette maison d'édition si les évêques n'en sortaient pas. Les forums catholiques allemands auraient préféré que les choses fussent résolues quelques années auparavant au sein de la Conférence épiscopale mais, suite à la réticence des évêques, ils trouvent « providentiel » que le scandale éclate. Même si, évidemment, la crédibilité de l'Église subit un énième coup. Il faudrait en informer, au plus vite, le Saint-Père. Devant la gravité de la situation, il devrait donner mandat au secrétaire d'État pour demander, immédiatement, aux évêques concernés et au cardinal Meisner un rapport détaillé sur la situation dans un délai d'une semaine. Il est probable qu'en retour ils demandent une audience pour s'expliquer. Il faudra alors étudier la documentation avant l'audience, à laquelle pourrait également participer le cardinal Meisner.

Balestriero évoque plusieurs fois le cardinal archevêque de Cologne car Joachim Meisner est l'ami et grand électeur

de Ratzinger. Il est le mieux placé pour discuter des évènements. Les paroles de Balestriero ne sont pas ignorées. Vendredi avant la célébration des saints et la commémoration
des morts, les bureaux se vident peu à peu, mais le dossier est
tout de même livré rapidement dans l'appartement pontifical. Benoît XVI le lit avec attention le 1er novembre, fête de
la Toussaint, et s'y plonge pendant deux heures. Ratzinger
connaît la situation de la Conférence épiscopale allemande
et sait bien que ceux qui souhaitaient sortir à tout prix de
la Weltbild ont toujours été en minorité, du moins jusqu'à
maintenant. L'entourage de Meisner n'a jamais eu le pouvoir
de quitter la maison d'édition. C'est justement pour cela que
Balestriero évoque directement la situation du diocèse respecté de Munich qui récupère à lui seul 30 % des bénéfices.
Ratzinger convoque Mgr Georg et lui dit qu'il est impossible
de poursuivre ainsi. Pour le souverain pontife, prostitution
et pornographie peuvent être assimilées, comme il l'a répété
tant en privé qu'en public, aux crimes contre l'Humanité.
Le secrétaire du pape a également étudié une note secrète
dont ont débattu les experts de la première section de la
secrétairerie d'État avant d'en parler au souverain pontife :
« La première section a fait un rapport très détaillé, afin de
coordonner les efforts à venir, écrit Mgr Georg à Balestriero
le 2 novembre. Le Saint-Père a décidé : il faut intervenir tout
de suite. »

En bref, il faut sortir au plus vite de cette impasse mais
ce n'est pas simple. En effet, dans les palais sacrés, on est
parfaitement conscient qu'intervenir en Allemagne n'est
pas aisé. Les rapports avec la représentation diplomatique
dans le pays ne sont pas des meilleurs, rendant encore plus
difficile le développement d'une stratégique organique. Le
pape est encore amer vis-à-vis du nonce de Berlin, Mgr Jean-
Claude Périsset, pour son mutisme face à Mme Merkel en
2009, dans l'affaire Williams, le lefebvriste qui avait nié la

Shoah. Plus récemment, en mai 2011, le diplomate n'avait pas tu son malaise dans ses rapports avec le Saint-Siège, laissant même stupéfait Mgr Georg. Périsset s'était plaint avec Mgr Peter B. Wells, assesseur pour les affaires générales sous Bertone, en lui écrivant qu'on l'interrogeait souvent sur des questions « de si faible intérêt alors que d'autres sujets étaient décidés sans même un contact préalable ». Surtout en prévision d'évènements importants comme le voyage de Ratzinger en Allemagne.

Mais cela ne s'arrête pas là. Au Vatican, on craint que l'histoire de la Weltbild pousse quelqu'un à creuser le passé, révélant peut-être de lourds précédents gardés sous silence. Ce n'est en effet pas la première fois que les intérêts financiers de l'Église croisent étonnamment ceux, plutôt profitables, de l'univers reconnu de l'érotisme et du porno. Allant jusqu'à récolter de l'argent et tirer des avantages, même indirectement, d'icônes internationales du hard comme Ilona Staller, de son nom d'artiste La Cicciolina, et Moana Pozzi. Cela remonte à l'affaire du plus connu des établissements de spectacles coquins d'Italie dans les années 1980 et 1990, « il Teatrino » à Milan, à quelques pas de la cathédrale. Pendant des années, les reines de la jet-set porno internationale s'y sont exhibées parmi les strip-teaseuses, les tenues en latex, les vibromasseurs et même quelques animaux, comme les célèbres pitons avec lesquels jouait justement La Cicciolina. Pourtant la propriétaire des murs n'était autre que la congrégation des frères de Paternò, village de Sicile proche de Catane, qui avaient reçu cette propriété d'un compatriote, l'entrepreneur Michelangelo Virgillito. Grâce à la fondation dirigée par l'entrepreneur pendant des années, les capucins ont encaissé le loyer sans jamais soulever d'objection particulière. Et à ceux qui pourraient s'opposer, on répondait sans sourciller que l'argent était destiné aux bonnes œuvres. Le conseil d'administration de la fondation est composé de frères et même d'un représentant de l'archevêché de Catane. Mais est-il correct de voir l'Église conduire des œuvres de bienfaisance avec l'argent récolté grâce aux acrobaties et aux atouts des stars du porno ? Quand le scandale éclate, l'archevêque de Catane de l'époque, Luigi Bommarito, se lave les mains, soutenant que les administrateurs des biens offerts par Virgillito se trouvent au Nord, tandis qu'eux vivent en Sicile et donc « ne [savent] pas grand-chose de ce que font les administrateurs à Milan ». De fait, on presse les transformations et « il Teatrino » disparaît. À la place des pitons, des fouets et du latex, on trouve aujourd'hui les guichets d'un bureau de poste.

La situation de la Westbild est plus complexe car, en période de chute des dons, elle assure de précieuses rentrées d'argent au diocèse. Mais le schéma financier choisi pour affronter le problème est le même. Entre Berlin et Paternò, au fond, peu de choses changent. Les anciens comme les nouveaux acteurs optent pour une fondation à des fins de bienfaisance. Ainsi les diocèses allemands décident d'en créer une qui rassemble actionnariat et futurs bénéfices de la Weltbild pour les dédier ensuite aux œuvres caritatives. Il n'est pas encore sûr que le catalogue ésotérique et érotique soit conservé, faisant inévitablement chuter cette nouvelle feuille de vigne.

La messe célébrée par des femmes

Quelques mois plus tôt, une autre histoire délicate se retrouve, dans un dossier confidentiel, directement sur le bureau de Benoît XVI. En provenance d'Australie, cette fois : Mgr William M. Morris, évêque de Toowoomba, un petit diocèse des environs de Brisbane, dans le sud-est de l'Australie, suscite de plus en plus le scandale. Il fait notamment l'objet de trois contestations. La première concerne une lettre pastorale de l'Avent qui remonte à 2006 : Morris avait déclaré qu'il voyait dans le sacerdoce féminin une solution pour remédier à la crise des vocations et souhaitait faire dire la messe par des pasteurs protestants pour enrayer le manque de prêtres. Des propositions inacceptables pour la doctrine : les femmes ne peuvent être admises au culte car Jésus lui-même avait choisi exclusivement des hommes comme apôtres. D'autre part, Morris pratique les absolutions collectives sans confession individuelle. Il répond en pointant l'immense étendue du diocèse et le manque de paroisses : à peine 35 sur 487 456 kilomètres carrés.

En mars 2007, le Vatican envoie l'archevêque américain Charles J. Chaput, de Denver, en visite dans la ville australienne, tenter de trouver une solution diplomatique pour éviter les protestations et la désorientation des fidèles. Mais les journaux australiens s'emparent de l'affaire car Morris décide de rendre son histoire publique. Il se défend en déclarant que sa lettre pastorale avait délibérément été mal interprétée. Selon certains quotidiens locaux, cela serait dû à l'action de la Temple Police (la police du Temple), une organisation de la droite ecclésiale qui dénonce au Saint-Siège les prêtres libéraux qui ne se conforment pas aux préceptes d'outre-Tibre. Au point que son leader, Richard Stokes, bien que niant l'existence de l'organisation, est catégorique : « Lorsqu'un prêtre désobéit, c'est une offense contre Dieu. » Dans les palais sacrés, le dossier de Morris s'épaissit de plus en plus. Et il passe du bureau du cardinal Re, le préfet de la Congrégation pour les évêques, à celui de Benoît XVI. Le cardinal ne reçoit pas l'évêque dissident à Rome, lorsque celui-ci débarque dans la Ville éternelle, en mai 2007. Désormais la situation a changé, on semble n'avoir plus besoin de lui. Le 28 juin, la congrégation présidée par Re remet un mémorandum demandant sa démission. Qui n'est pas acceptée.

Benoît XVI intervient personnellement en 2009 et envoie ces indications précises au cardinal Re :

> Cité du Vatican
> 11-12-2009
> Note pour Son Éminence le cardinal Re
> Merci pour le projet de lettre à S. Exc. Mgr Morris. J'insérerais aussi les éléments suivants :
> – Le prélat parle sans cesse d'un « procès », de « *defects in process* » (p. 1, alinéa 5) ; il affirme : « *I have been denied natural justice and due process* » (p. 2, alinéa 6) ; « *there has not been a canonical process* » (*ibid.*), etc. Cela revient à dire qu'en réalité il n'y a pas eu de procès, mais un dialogue fraternel et un appel à sa conscience pour qu'il renonce librement à son office d'évêque diocésain. Nous sommes convaincus que sa formation doctrinale n'est pas adaptée à cet office et notre intention était de lui expliquer les raisons de notre conviction.
> – Le prélat parle de : « *lack of care for the truth* » de notre part (p. 1, alinéa 4). Cette déclaration est inacceptable. Mais il y avait, bien sûr, un malentendu, dû – me semble-t-il – à ma connaissance insuffisante de la langue anglaise. Lors de notre rencontre, j'avais tenté de le convaincre que sa démission était souhaitable, et j'avais compris qu'il était disposé à renoncer à sa fonction d'évêque de Toowoomba. Je vois, d'après sa lettre, qu'il s'agissait d'un malentendu. J'en prends acte, mais je dois résolument affirmer qu'il ne s'agit pas de « *lack of care for the truth* ».
> – Le prélat prétend qu'il s'agirait simplement de différences culturelles, qui ne concernent cependant pas la communion. En réalité, sa lettre pastorale – outre des choix pastoraux très discutables – contient au moins deux propositions incompatibles avec la doctrine de la foi catholique :
> – cette lettre dit que l'on pourrait également procéder à l'ordination de femmes pour suppléer au manque de prêtres. Mais le Saint-Père, Jean-Paul II, a décidé de manière infaillible et irrévocable que l'Église n'avait pas le droit d'ordonner des femmes au sacerdoce ;

– il déclare, d'autre part, que des ministres d'autres communautés (anglicanes, etc.) pourraient venir porter main forte à l'Église catholique. Mais selon la doctrine de la foi catholique, les ministères de ces communautés ne sont pas valides, ne constituent pas un « sacrement » et, par conséquent, ne permettent pas d'actions liées au sacrement de la prêtrise.

Ses excellentes intentions pastorales ne font aucun doute, mais sa formation doctrinale apparaît clairement insuffisante. Et l'évêque diocésain doit, avant tout, être un maître de la foi, la foi étant l'essence de la vie pastorale. Je l'invite donc à réfléchir en conscience devant Dieu à sa libre renonciation à son actuel ministère, en faveur d'un ministère plus conforme à ses dispositions. L'assurer de ma prière.

Au bas de la note figure le sigle « B XVI », tracé à la main. Pendant plusieurs mois, on assiste entre l'Australie et le Saint-Siège à un échange d'accusations et de papiers timbrés. L'affaire traîne encore deux ans. En mai 2011, Ratzinger ne veut plus entendre raison et destitue l'évêque, après dix-huit ans passés dans un diocèse grand comme une fois et demie l'Allemagne.

Mais le pontife, dans les audiences privées et d'après ce qui ressort de la correspondance, semble notamment préoccupé par deux phénomènes qui paraissent inévitables et unis dans un même étau. La crise économique touche de plus en plus les pays de religion catholique qui, par leurs offrandes, contribuent à la vie et à l'évangélisation de l'Église. Par un juste retour des choses, cet affaiblissement s'accompagne de l'irrépressible avancée de la Chine, le pays le plus athée au monde.

---

1. Carrón critique la liturgie ambrosienne : « La désorientation chez les fidèles est exacerbée par l'introduction du nouveau lectionnaire, qui s'inspire de critères fortement discutables et opaques, et qui

rend, de fait, très difficile un cheminement éducatif de la liturgie cohérent, et contribue à rompre l'unité fondamentale entre la liturgie et la foi (*"lex orandi, lex credendi"*). Et l'on parle déjà de réformer le missel, l'un des biens les plus précieux de la liturgie ambrosienne. »

2. Carrón s'en prend également à la façon dont est gérée la présence de l'Église dans la culture : « En ce qui concerne la présence dans le monde de la culture, si importante pour une ville comme Milan, il convient de noter qu'un mauvais sens du dialogue entraîne souvent une autoréduction de l'originalité du christianisme, ou empiète sur des positions relativistes ou problématiques, lesquelles, sans apporter de contribution de nouveauté réelle dans le débat public, finissent par décourager la véritable confrontation avec d'autres conceptions et par confirmer un substantiel manque de pertinence de jugement concernant l'Église par rapport à la mentalité dominante. »

3. Comme en témoigne un entretien accordé à l'*Associated Press* par le cardinal De Paolis peu après sa nomination en tant que délégué pontifical des Légionnaires, au cours de l'été 2010.

4. *Ibidem.*

5. Le rapport continue : ce dernier groupe qui réclame le changement « a largement recouru à l'outil Internet et déployé de grands efforts de persuasion, avec des résultats peu probants, si ce n'est pour provoquer l'irritation ou entraver la voie de la réconciliation, de la purification et du renouveau. Malgré tout cela, le parcours s'est poursuivi selon le programme tracé, avec la participation de la grande majorité, qui, bien que laborieusement, a continué avec suffisamment d'harmonie et d'engagement. Reste la perplexité quant à la conviction effective de ceux qui ne se rendent pas toujours compte de la nécessité d'un renouveau et de l'ampleur de la pénétration du message de ce renouveau, notamment en périphérie de l'institution, où les supérieurs locaux semblent avoir encore du mal à comprendre et à accepter le sérieux et la profondeur du renouveau. »

6. Le processus de changement voulu par Benoît XVI est toutefois compliqué : « En fait, la grande majorité entre de plus en plus dans le climat de purification et de renouveau que la Légion [...] poursuit. Il est aisé de constater que nous assistons encore, de temps en temps, à des manifestations de la part de certains qui témoignent d'une mentalité qui peine à se renouveler, au point que, quasi spontanément, on n'échappe pas au commentaire : malheureusement,

nous n'arrivons pas à avancer ! Nous en sommes toujours au même point ! En réalité, ce n'est pas le cas. Même s'il est difficile d'évaluer combien ont réellement compris, accueilli et accepté les points du renouveau et de la purification, il faut reconnaître que le chemin se poursuit et qu'il est positivement suivi par la quasi-totalité des Légionnaires. Il n'est cependant pas étonnant que de la compréhension, pour les plus nombreux, à la nouvelle pratique, pour tous, le chemin ne soit pas facile. Il s'agit d'être patients et de garder la barre sur l'objectif. La confiance repose notamment sur un sentiment d'obéissance et de fidélité à l'Église que les Légionnaires dans leur quasi-totalité conservent et cultivent ; sur la vie fraternelle en commun qui constitue pour eux un élément stable ; sur la vie spirituelle qu'ils alimentent, notamment à travers le culte de l'eucharistie et l'amour pour leur travail et leur institution. Ceux qui, au nom du renouveau et de la purification, commencent à négliger les règles, la fidélité à la vie fraternelle, à la prière et à la discipline ne manquent pas non plus. Cela peut parfois être un prétexte pour d'autres de se méfier du parcours de purification, qu'il faut pourtant bien entreprendre. »

7. On peut également lire : « Nous ne pouvons nier l'influence néfaste exercée par certains frères. […] À leurs yeux, l'histoire du père Maciel a contaminé la structure même de la congrégation. Ils considèrent ce genre d'engagement comme une mission personnelle et recourent dans cet objectif à l'outil Internet en déployant beaucoup d'énergie, qui pourrait être investie dans une meilleure cause. Certains soulignent une influence néfaste notamment sur les plus jeunes. Ce type d'information serait même la raison pour laquelle certains jeunes quittent la Légion. Certains de ceux qui dirigent ce groupe sont inquiets pour leur vocation et font retomber leur inquiétude sur les autres, sans aucune solution positive. Ils interprètent le présent selon un vieux schéma désormais bien ancré : ils ne voient rien d'autre que les aspects anciens qui perdurent aujourd'hui. […] Ils se sont arrêtés à la blessure subie par la congrégation, et semblent regarder les plaies et les rouvrir sans cesse, au lieu de regarder plus en profondeur et avec espoir vers l'avenir, en œuvrant pour un véritable renouveau et en s'engageant sur un véritable parcours de conversion. […] Le message évangélique ne s'arrête pas à la dénonciation du péché, mais envisage positivement l'annonce de la grâce salvatrice, et la possibilité qu'offre la conversion. Cependant, les critiques s'appuient souvent sur des aspects anciens qui perdurent, des résistances qui s'opposent au

renouveau et un attachement au passé, que d'autres continuent à alimenter, en niant l'évidence des faits ; ainsi que sur une permanence dans l'usage des comportements qui pâtissent encore trop d'un système qui peine à se renouveler. Le point essentiel est de reconnaître le péché et d'avoir confiance en la grâce ; certains nient le péché, d'autres, la possibilité que la grâce puisse offrir le renouveau. Deux extrémismes qui peuvent entraver ce parcours. »

8. Un choix de rupture avec le passé : « Une parole valut que, récemment, le vicaire général, le père Luis Garza, figure très importante de la vie et de l'histoire de la Légion, ait été nommé supérieur territorial des États-Unis d'Amérique et du Canada, unifiés en une seule province. Cette nomination a fait l'objet d'un examen attentif, d'une consultation préalable de la province et d'une réflexion sur les différents aspects qu'elle impliquait, précisément en raison de l'importance de la figure du père Garza. Il semblait être la personne apte à surmonter les grandes difficultés que ce territoire traverse actuellement. Mais on a exigé qu'il se démette de ses fonctions de vicaire général. Ainsi, il s'est également libéré de l'aversion d'un groupe de Légionnaires qui ne lui pardonnait pas d'avoir été proche du fondateur. Il s'agit désormais de passer à la nomination du nouveau vicaire, et de le déterminer avec la collaboration de tous. L'actuel supérieur général, que certains considèrent trop lié au fondateur, est par ailleurs estimé de la quasi-totalité pour sa bonté et sa patience, mais n'a pas de grandes capacités pour gouverner et diriger cette congrégation. Il est plutôt incertain dans ses décisions et enclin au compromis. »

9. Il s'agit de quatre évêques : Richard Williamson, Bernard Fellay, supérieur de la fraternité, Bernard Tissier de Mallerais et Alfonso De Galarreta.

10. Marco Lillo brosse dans *il Fatto* du 10 février 2012 un portrait efficace du cardinal Castrillón Hoyos : « Le cardinal fut désavoué par le pape à cause d'une lettre, datant de 2001, dans laquelle il félicitait un évêque français condamné pour ne pas avoir voulu dénoncer aux autorités civiles un de ses prêtres, coupable d'abus sexuels sur mineurs. Castrillón, plus âgé que Romeo, appartient au courant le plus traditionaliste de l'Église, et, en 2009, alors qu'il présidait la Commission Ecclesia Dei et s'occupait des lefebvristes, il n'informa pas le pape du danger que représentaient les idées antisémites de l'évêque Williamson. Âgé de quatre-vingts ans en 2010, il est à la retraite et ne participera pas au prochain conclave. »

Échec à Benoît XVI

La richesse, de l'Occident chrétien
à l'Orient à christianiser

La crise économique accable les économies des pays occidentaux. Des pays dotés d'une communauté de fidèles généreux dans leurs offrandes. Des pays sensibles depuis toujours aux besoins exprimés par la communauté catholique : États-Unis, Allemagne, Italie et Espagne. La crise de ces économies a inévitablement un impact sur les budgets de l'Église. L'état de santé des caisses vaticanes est lié aux offrandes et aux donations ; si l'Église venait à s'appauvrir, son pouvoir d'influence et d'évangélisation se réduirait.

Avec l'appauvrissement de cette partie du monde, traditionnellement la plus riche et à majorité catholique, nous assistons également à l'influence croissante de la Chine, de l'Inde et d'autres pays orientaux qui, au fil des ans, prennent de plus en plus de poids sur les marchés financiers internationaux. Dans les palais sacrés, on craint qu'avec le temps le néocolonianisme financier, économique et géopolitique de puissances telles que la Chine ne s'accompagne d'une propagation du nihilisme et de l'athéisme, présents dans la culture et la doctrine de ces États. La crise des offrandes et le nihilisme des yeux en amande font partie d'un même, et de plus en plus préoccupant, tableau d'ensemble.

Il est difficile de définir une stratégie à moyen ou à long terme, d'indiquer comment réagir. On ne peut répéter les expériences du passé. La période historique est différente. Dans les années de Jean-Paul II, le pacte de Varsovie se désagrégeait, alors qu'aujourd'hui la force militaire et économique de la Chine est en pleine expansion. D'autre part, Benoît XVI a un caractère très différent et n'est pas animé des mêmes raisons personnelles qui poussèrent, dès la jeunesse, Wojtyła à « libérer » sa Pologne. Selon certains chercheurs, comme Massimo Introvigne, une action semblable à celle de l'Église de Wojtyła dans les pays de l'Est pourrait davantage être attendue aujourd'hui de la part de l'Église anglicane américaine. Elle pourrait trouver des financements et des corridors aptes à alimenter la dissidence en Chine.

Concernant les risques liés à l'avenir économique du monde occidental, l'inquiétude de la curie romaine reste très élevée. Partagée entre les craintes et les préoccupations croissantes, les analyses et les propositions qui émanent d'experts agréés deviennent essentielles. Au point que les professeurs et les économistes les plus dignes de crédit et de confiance voient leur pouvoir s'accroître et jouent un rôle important. C'est le cas d'un catholique conservateur qui, en peu de temps, est devenu l'un des laïcs les plus pertinents du Vatican : Ettore Gotti Tedeschi, banquier lié à l'Opus Dei, ami de Giulio Tremonti et, depuis l'automne 2009, président de l'IOR. Cet enseignant est passé de la fonction d'éditorialiste à *L'Osservatore Romano* à celle de banquier du pape, en parvenant à se faire remarquer dans des moments critiques de l'histoire récente du Saint-Siège. Gotti Tedeschi rédige des dizaines de rapports, de mémoires et de notes confidentielles pour le père Georg. Une relation épistolaire intense qui permet à Benoît XVI d'être au courant et de disposer. Ainsi que nous l'avons vu dans les chapitres précédents, l'enseignant brave toutes les difficultés. Il indique, par exemple, des stratégies pour passer outre les enquêtes sur le blanchiment d'argent de l'IOR, qui éclaboussèrent la banque du Vatican en 2010. Il suggère « à voix basse » les manœuvres les plus incisives pour rendre les finances transparentes ou éviter le naufrage de l'ambitieux projet du pôle sanitaire du Saint-Siège, avec toujours l'entrée de l'IOR dans le capital de l'hôpital San Raffaele de don Verzé.

Son activité l'amène à jouer le rôle informel mais stratégique de conseiller économique de la Maison pontificale, et il parvient, dans un même temps, à tempérer ses relations avec Bertone, qui l'avait introduit, pour privilégier les rapports avec le secrétaire particulier du pape et Benoît XVI en personne[1]. Si certains de ses prédécesseurs, comme Marcinkus, étaient des hommes de « pouvoir pour le pouvoir » et d'affaires, il faut reconnaître que Gotti Tedeschi n'était ni avide ni mû par des intérêts personnels.

La gestion courante de l'IOR est entre les mains du directeur général, Paolo Cipriani, la gestion extraordinaire de l'APSA, entre celles de Paolo Mennini, fils de Luigi et ancien collaborateur de Marcinkus, avec lequel il a fait l'objet d'un mandat d'arrêt pour la faillite de la banque Ambrosiano, qui sera ensuite annulé par la Cour de cassation.

Gotti Tedeschi offre au pape et à ses cardinaux de confiance sa contribution en matière d'analyses et de stratégie opérationnelle, grâce à un solide réseau de relations internationales. C'est une nouvelle personnalité qui entre, forcément, en collision avec ceux qui, comme Cesare Geronzi, souhaiteraient soit prendre sa place, soit exercer davantage leur influence.

Ces mémoires, adressés au père Georg, atterrissent ensuite sur le bureau du pape ou sont cités au cours des différentes mises à jour qu'effectuent quotidiennement les secrétaires particuliers. Gotti Tedeschi aborde aussi des sujets plus larges. Et c'est lui qui, à travers les mémoires confidentiels, donne l'alerte sur l'appauvrissement de l'Occident et l'enrichissement des pays non catholiques. Un risque qui, selon lui, peut compromettre l'avenir de l'Église, comme en témoigne sa « note de synthèse confidentielle à Mgr Georg Gänswein » de juin 2011 :

> La crise économique en cours (qui non seulement n'est pas terminée, mais en est encore à ses prémices) et les conséquences du processus déséquilibré de mondialisation, qui a contraint à la délocalisation accélérée de nombreuses activités de production, ont divisé le monde en deux zones économiques : les pays occidentaux (USA et Europe), consommateurs et de moins en moins producteurs, et les pays orientaux (Asie et Inde), producteurs mais pas encore consommateurs dans des proportions équilibrées. Ce processus a, par conséquent, entraîné un conflit entre les trois fonctions économiques de l'homme occidental : celle du travailleur et générateur de revenus, celle du consommateur de biens qui lui correspondent le mieux, et celle de l'épargnant-investisseur pour laquelle ses perspectives de bénéfices sont les meilleures. Il en découle le paradoxe suivant : l'homme occidental génère encore des revenus en travaillant dans des entreprises nationales, mais qui sont de moins en moins compétitives et présentent donc un risque d'instabilité. Il achète les biens de consommation les plus compétitifs, fabriqués à l'étranger. Investit dans des entreprises non nationales, dans des pays où l'économie croît car ils produisent. Concrètement, il renforce les entreprises qui créent des emplois à l'étranger et qui sont en concurrence avec celle qui l'emploie. Jusqu'à ce que cet homme se retrouve sans travail, ne puisse plus consommer, et encore moins épargner.

Pour Gotti Tedeschi, un court-circuit est imminent dans les économies des pays les plus proches de l'Église :

> Ce conflit, non géré, est en train de provoquer une crise structurelle dans l'économie du monde occidental, anciennement

riche. Mais ce monde occidental est aussi celui dont les racines sont chrétiennes (Europe et USA), qui est évangélisé, et qui, grâce à ses ressources économiques, a soutenu l'Église jusqu'à présent. Concrètement, du fait du processus de délocalisation, la richesse est en train de passer de l'Occident chrétien à l'Orient qui reste à christianiser. Ce qui entraîne notamment en Occident :

– un développement économique moindre (voire négatif), des revenus moindres, des épargnes moindres, des rendements issus des investissements locaux moindres, des coûts plus importants pour faire face au vieillissement de la population, etc. ;

– une intervention de l'État plus importante dans l'économie, des dépenses publiques et des coûts plus importants. La nécessité d'impôts supplémentaires, de moins de privilèges et d'exonérations fiscales, des risques plus importants.

Le monde christianisé s'appauvrit. Le monde à évangéliser gagne en autonomie et en puissance. Une situation qui risque d'avoir des répercussions sur les comptes. Les budgets vont subir une rude contraction : la crise pourrait inciter certains gouvernements à peser sur la situation de l'Église par des politiques d'« agression » à l'égard de ses biens et de « cessation des privilèges », selon les propres termes de Gotti Tedeschi. Il faut donc informer immédiatement le pape :

Suite au processus de mondialisation et à la crise économique, la partie du monde qui reste à christianiser est en train de devenir « riche », et la partie du monde déjà christianisée, riche autrefois, est en train de s'appauvrir. Ce qui a également des conséquences sur les ressources économiques de l'Église. La dernière conséquence étant que les ressources qui ont traditionnellement pourvu aux nécessités de l'Église (donations, rentes, etc.) pourraient diminuer, alors que les besoins nécessaires à l'évangélisation devraient augmenter. Qui plus est, le « laïcisme » pourrait en profiter pour instaurer une seconde

« question romaine » d'agression vis-à-vis des biens de l'Église (par le biais d'impôts, de cessassions de privilèges, de contrôles intempestifs, etc.). La « question romaine » du XXIe siècle ne concernera pas l'expropriation des biens de l'Église, mais la perte de valeur de ces derniers, des contributions moins généreuses du fait de l'appauvrissement du monde chrétien, la fin des privilèges, et des impôts plus importants à prévoir sur les biens.

Le rapport confidentiel est approuvé dans les palais sacrés. Dans les rapports suivants, Gotti Tedeschi parle de réelle « urgence ». Il doit enclencher l'alerte rouge. Avec d'autres, il demande à Benoît XVI et à Bertone de créer une véritable cellule de crise pour refonder l'organisation mondiale de l'Église. La structure est remodelée à partir de l'administration de l'argent, « afin de stabiliser et de valoriser les biens, de faire fructifier les recettes, de réduire les coûts et de minimiser les risques » :

Je pense que le moment est venu de prêter une attention maximale au problème économique dans son ensemble et de l'affronter dans sa réalité, ainsi que je le fais avec le secrétaire d'État. Et ce, en définissant une véritable « réaction stratégique » et en constituant un organe central spécialement dédié au thème économique (une sorte de ministère de l'Économie), axé sur la valorisation des activités économiques déjà existantes, le développement de nouvelles activités et la rationalisation des coûts et des recettes. Tout cela aussi bien auprès des administrations centrales du Saint-Siège qu'auprès des institutions (organismes et congrégations) dédiées aux activités économiques, ou auprès des nonciatures et diocèses. Bien entendu, avec des critères différents[2]. Il est souhaitable que cette « urgence » puisse faire l'objet d'une sensibilisation à plusieurs niveaux. Il pourrait donc s'avérer opportun de créer une commission (dans l'équipe du secrétaire d'État) qui regrouperait les plus hauts responsables des administrations centrales du Saint-Siège, mais aussi les représentants des autres organismes, congrégations, nonciatures et diocèses, afin de définir les actions nécessaires.

Bertone répond à ces signaux et sollicite ses contacts afin de recueillir des idées et des conseils pour restructurer l'organisation et placer les biens et les comptes en sécurité, en rationnalisant, dans chacune de ses articulations, les finances de l'Église. Pour ne pas troubler le délicat équilibre entre les différentes âmes de la curie romaine, il s'adresse à l'extérieur et demande la contribution d'experts proches des palais sacrés. Le travail bat son plein, et sur le bureau du cardinal arrivent plusieurs ébauches concernant la restructuration de l'organisation et la mise en sécurité des biens et des comptes de la grande famille catholique. L'opération n'est pas simple. Définir des normes et des critères communs pourrait être interprété, dans les articulations périphériques, comme une atteinte à l'autonomie de chaque institution. Un empiétement de terrain, en quelque sorte. Le point critique apparaît dans le premier document que Bertone reçoit, accompagné de nombreuses suggestions[3]. Il propose, tout d'abord, l'institution d'un groupe d'intelligence et de coordination pour la sécurité économique. Autrement dit, il s'agit de « créer une articulation qui, en s'appuyant sur un petit nombre de sujets laïcs compétents, associés à des religieux, pourrait » garantir certains services fondamentaux :

Fournir aux structures au sommet une information et une évaluation exhaustive en matière économique et financière, de sorte que les initiatives les plus opportunes puissent être prises ; mettre en sécurité et valoriser l'activité temporelle de l'Église ; enfin, créer un réseau de relations internationales opérationnelles en vue d'une collaboration pour prévenir les actes hostiles à l'égard des communautés religieuses présentes sur les différents continents. Le mode d'intervention et d'évaluation destiné à toutes les entités de l'Église qui exercent une activité économique doit être de type « consultatif et coopératif », et éviter les approches « d'inspection », compte tenu de la haute valeur morale de ces activités. Il est clair qu'il ne s'agit absolument pas de remettre en question le mérite des activités économico-financières de l'Église mais de simplement reconsidérer la façon dont elles sont exercées, afin de les rendre plus pertinentes et plus fiables.

En somme, il faut affronter la crise avec des comptes en règle. Et éviter ainsi les enquêtes de la magistrature et des autorités de contrôle. « Grâce à des modèles comptables transparents et fiables », on pourrait, en effet, « prévenir les problèmes qui exposeraient l'Église à des jugements négatifs ». Une action tous azimuts : de la vérification de la provenance des donations au contrôle des « normes minimales, aussi bien en matière de sécurité et de profitabilité des investissements – étant donné que le clergé est souvent victime de conseillers intéressés – qu'en matière de gestion et de valorisation du patrimoine (après reconnaissance adéquate) ».

Le projet est ambitieux, il mettrait un terme aux situations opaques et offrirait aux ecclésiastiques une gestion précise de chaque bien, de chaque euro. Qui plus est, un « service d'audit » permettrait à toutes les entités de procéder à des « évaluations et des vérifications », de manière à connaître leur situation économique et à garantir la transparence. C'est le seul moyen d'« assurer un niveau minimal de contrôle au sommet du Vatican, qui pourra ainsi orienter son activité ».

Les suggestions sont prises en considération et bien accueillies. En effet, après l'étude attentive d'une commission, en mars 2012, un premier changement devient officiel. Le Vatican s'empare de l'organisation des « ministères » financiers. La préfecture pour les Affaires économiques, préposée au contrôle des administrations d'outre-Tibre, devient un dicastère pontifical. Quels sont ses objectifs ? Il devra se consacrer « à l'orientation et à la programmation économique, ainsi qu'à la surveillance et au contrôle des administrations du Saint-Siège », comme en témoigne la note officielle. C'est le premier pas d'un parcours qui sera long, mais qui mènera, inévitablement, à la révision intégrale de la comptabilité de l'Église, dans chacune de ses articulations et dans chaque pays. Pour économiser, mettre fin aux gaspillages, aux gabegies et aux intérêts illégitimes, prévenant ainsi les scandales et l'intervention de la magistrature. Un passage obligé après les prévisions néfastes des conseillers du pape.

« L'Italie en risque de défaut, que Ratzinger intervienne »

Mais, entretemps, hors des palais sacrés, la situation s'aggrave. Nous sommes à l'automne 2011 lorsque le spread atteint les cinq cents points, les taux de collecte pour compenser le risque de défaut italien dépassent les 6 %, les banques réduisent de plus en plus leurs crédits aux entreprises. Gotti Tedeschi est inquiet. Il finit par demander au pape une certaine unité du Saint-Siège sur les thèmes économiques, en restant très attentif à la cohérence du Vatican et à son image. Il monte sur ses grands chevaux lorsque le Conseil pontifical « Justice et Paix » et son secrétaire, Mgr Mario Toso, proposent l'institution d'« une autorité publique à la compétence universelle, fondée sur le droit et les règles partagées », qui se chargerait de rédiger les normes qui régissent le système monétaire et financier international. Gotti Tedeschi trouve le document non réaliste : suggérer des règles de transparence alors que l'IOR fait l'objet d'une enquête pour blanchiment d'argent est risqué et imprudent. Le banquier est favorable aux changements, à condition qu'ils s'inscrivent dans une stratégie déterminée, consistant à rendre public ce qui est nécessaire, sans toutefois donner de périlleuses leçons de transparence. Peut-être vaut-il mieux agir en coulisses. Aussi, le 24 octobre, fait-il part de ses griefs à Mgr Georg Gänswein, pour qu'il intervienne :

> Le document [du Conseil pontifical, *NDA*] analyse superficiellement des faits complexes et dispense des conseils à la consistance douteuse, qui sont de nature davantage financière que morale. Lesdits conseils reposent sur des prémisses et des considérations économiques qu'il est difficile de partager. De plus, ce document est présenté, sur un ton péremptoire, au moment où une entité du Saint-Siège (IOR) est encore sous le coup d'une enquête pour soupçons présumés d'opacité financière et où le Saint-Siège lui-même attend fermement d'être accepté sur la *white list*. Donner des leçons financières (et non d'éthique) attendues me semble peu judicieux. Le document cite comme origine de la crise économique des faits controversés et éminemment discutables, en confondant les causes et les effets. [...[4]] Les propositions de solution, qui viennent ensuite dans le document, concernent davantage les outils que ceux qui les ont utilisés. Et il s'agit de propositions débattues depuis des lustres dans toutes les instances compétentes : taxation des transactions financières, recapitalisation des banques (personne ne souhaite recapitaliser les banques, seuls les gouvernements pourraient s'en charger. Et que fait le conseil « Justice et Paix » ? Il propose la nationalisation des banques)[5].

Dans le billet d'introduction, Gotti Tedeschi précise qu'il s'agit d'« une brève note, à votre intention », commettant ainsi une entorse aux rites consacrés. En effet, sans entrer dans le contenu, il est intéressant de souligner ici l'assurance dont fait preuve Gotti Tedeschi lorsqu'il soumet ses féroces critiques sur les initiatives d'un conseil pontifical, autrement dit, d'une institution vaticane, au secrétaire du pape. Il est rare, à la curie, qu'un laïc ait le dernier mot sur la prise de position d'un ecclésiastique, ou même d'un Conseil pontifical. Mais le moment est tellement délicat, et trop de dossiers s'entassent sur le bureau, pour se permettre de faire un faux pas.

Nous n'en prenons pleinement conscience que quelques jours plus tard, le 6 novembre, lorsque Gotti Tedeschi adresse une nouvelle note « privée et confidentielle » au secrétaire du pape. Elle concerne cette fois une actualisation de ces « problèmes économico-politico-sociaux que je souhaitais vous soumettre en tant que sujet de discussion permanente ». Les risques sont vraiment considérables, comme nous le font comprendre les documents secrets, au point qu'il sollicite l'intervention du pontife :

> Notre pays encourt un risque économique avec des conséquences sociales potentiellement élevées qui pourraient intéresser Sa Sainteté, voire mériter une « déclaration d'inquiétude ». [...] Si les entreprises ne sont pas dûment et financièrement soutenues par le crédit bancaire, elles pourraient, à brève échéance, cesser ou réduire leur activité. Ce qui entraînerait le chômage et de graves problèmes sociaux. On estime que l'impact du phénomène décrit pourrait prochainement menacer 100 000 à 200 000 emplois.

La position de Gotti Tedeschi est donc interventionniste. Le Saint-Siège devrait solliciter, auprès du gouvernement italien, des mesures spécifiques pour alléger la situation. Une nouvelle fois, les documents issus du Vatican reflètent la pression que mettent les autorités ecclésiastiques sur l'Italie. La charge des âmes prévoit-elle que l'on s'occupe également de leur portefeuille ? Dans cette optique, il suggère une intervention publique de Benoît XVI :

> Solution : il est nécessaire de réduire le coût du crédit et, pour ce faire, il faut réduire le « risque Italie », perçu ou imposé au niveau international. C'est concrètement possible

en gagnant la confiance sur la capacité à engager des réformes économiques, considérées comme indispensables (et raisonnables) pour le fameux rééquilibre de la dette publique… Un problème de crédibilité affaiblit le pays. Il serait peut-être opportun de réfléchir à une déclaration d'inquiétude publique (du Saint-Père) en vue de solutions économiques pour le pays, notamment en ce qui concerne les couches les plus faibles, exposées au risque de perdre leur emploi, en raison de l'inertie avec laquelle semblent être affrontés certains sujets économiques et financiers nationaux ? (En recommandant une fois encore aux leaders de ne pas oublier que le leadership est un moyen et non une fin. Et qu'il signifie "œuvrer pour le bien commun").

Quelques jours s'écoulent et à la crise irréversible du gouvernement Bertone s'ajoutent les rumeurs de défaut en provenance de la Grèce. Dans l'appartement privé du pape, arrive alors un autre rapport de Gotti Tedeschi qui « annonce » la fin imminente du gouvernement. Le président de l'IOR s'adresse à don Georg et répond rhétoriquement à trois questions générales sur l'économie de la planète : Quelle est la cause de l'actuelle crise économico-financière ? Comment cette crise a-t-elle évolué au cours des trois dernières années ? Et enfin, à quel moment de cette crise en sommes-nous aujourd'hui ? Puis il aborde la question de l'Italie[6]. Gotti Tedeschi pointe précisément dans la chute de crédibilité de Berlusconi la raison de sa fin : « En Europe, explique-t-il, ils ne croient pas en la fameuse "loi de stabilité" adoptée, car elle arrive trop tard et avec des défaillances, en total désaccord avec Berlusconi, Bossi et Tremonti. Et le maxi-amendement a été voulu par le Quirinal, pas par le gouvernement. […] Berlusconi a également perdu sa crédibilité pour d'autres raisons, moins évidentes, comme son accord avec Poutine ou son détachement de l'Allemagne[7]. » Ce qui explique pourquoi le *Cavaliere* s'apprête à quitter la scène, sous les pressions spécifiques de l'UE, et à laisser la place aux techniciens.

C'est l'annonce au Saint-Père de la fin d'une ère politique en Italie. La finance européenne demande à Berlusconi de faire marche arrière. Gotti Tedeschi semble tenté d'expliquer ce qui s'est passé et à quel point tout cela était inévitable : « Aujourd'hui, poursuit-il, l'Europe souhaite une rupture avec le gouvernement en charge et, pour rattraper le temps perdu, souhaite un gouvernement technique ; ce gouvernement technique de Monti, ou d'autres, engagera les mesures impopulaires, qu'un gouvernement politique n'engagerait jamais. » Et effectivement, les choses sont allées en ce sens, même si l'avenir ne s'annonce certes pas rose :

> Désormais, l'Italie ne peut plus déclarer sa « souveraineté », son autonomie, et ignorer les recommandations, sans quoi elle court le risque de voir ses emprunts d'État (comme ceux de la Grèce) devenir « toxiques », et d'entraîner l'effondrement de tout le système bancaire italien qui est saturé d'emprunts d'État (la Banque Intesa en détient 60 milliards, Unicredit, 40 milliards). Pour éviter le risque de défaut, nous avons besoin de souscripteurs étrangers, comme la BCE ou le FMI. Ces derniers ne souscriront que si nous nous plions immédiatement aux règles : en 2012, 440 milliards d'emprunts arrivent à échéance, nos banques italiennes ne peuvent plus en acheter. Qui les achètera ? Si personne ne les achète, nous courons le risque de défaut… Si nous appliquons tout de suite le plan de réformes demandé (lettre de la BCE sur les retraites, l'emploi, l'évasion fiscale, les libéralisations, etc.), on devrait obtenir des retombées positives et un retour à un spread bas de 250 points LIBOR. C'est ce qui se passera si l'on accepte que l'Italie sache contrôler la dette et engage le développement nécessaire.

Le cardinal : « La Chine nous déclare la guerre »

En 2008, à la veille des jeux Olympiques en Chine, le cardinal Bertone nourrissait un grand espoir concernant l'avenir d'un des pays qui préoccupe le plus Benoît XVI : « Espérons que les jeux Olympiques débutent et se déroulent bien, qu'ils soient l'occasion d'accueillir tout le monde. La Chine est désormais ouverte », déclara-t-il solennellement. Certes, l'optimisme ne fait pas de mal, mais celui de Bertone, qui soutient depuis toujours la ligne de l'Ostpolitik avec Pékin, est excessif. La situation est, en effet, dramatique. La possibilité de s'adonner à n'importe quelle religion est, en Chine, entravée par les autorités. Si bien qu'il existe une Église officielle, qui obéit à Pékin, et une Église clandestine, soutenue par le Vatican.

La communauté chrétienne compte, en Chine, 67 millions de fidèles[8], avec une augmentation de 100 000 unités par an, entre ceux qui se réclament du culte « institutionnel » (5,7 millions) et les clandestins (8 à 10 millions). La situation semblait prometteuse en 2007, alors que, depuis un an, les ordinations d'évêques n'étaient plus pratiquées sans l'approbation du Vatican, et que Benoît XVI avait adressé une lettre aux chrétiens chinois, en mettant l'accent sur le dialogue. Le Saint-Père demandait la réconciliation de l'Église officielle et de l'Église clandestine pour surmonter les divisions, sans toutefois faire marche arrière vis-à-vis de l'Association catholique patriotique de Pékin, qui, depuis 1957, « gère » l'Église officielle avec le conseil des évêques chinois. Pour Ratzinger, en effet, l'Association patriotique reste inconciliable avec la foi catholique. Quelques mois plus tard, c'est Bertone qui écrit directement aux évêques chinois pour ouvrir le « dialogue » avec Pékin, mais la missive du cardinal est jugée « par certains évêques trop complaisante à l'égard des autorités chinoises », comme l'observera Sandro Magister, vaticaniste à *L'Espresso*[9].

Tout semblait sur la bonne voie, l'unification des deux branches de l'Église chinoise se profile. Des signes d'apaisement se multiplient des deux côtés, sept prélats sont ordonnés avec l'approbation de Rome et de Pékin, dans un climat serein, du moins jusqu'à l'été 2010. Après quinze mois de détention, Mgr Julius Jia Zhiguo, évêque du diocèse de Zhengding, dans la province du Hebei, qui accueille la plus importante communauté de catholiques, est libéré. Au cours de sa détention, l'ecclésiastique a été prié d'adhérer à l'Association patriotique. Il est isolé dans une pièce et soumis à des séances individuelles d'endoctrinement politique, selon ce qu'indique Asia News, l'agence de l'Institut pontifical des missions étrangères, dans le but de le faire adhérer à l'Église de Pékin. Aujourd'hui encore, nous sommes sans nouvelles de deux autres prélats, disparus depuis longtemps, et membres de l'Église clandestine : Mgr Cosme Shi Enxiang de Yixian et Jacques Su Zhimin de Baoding.

Le 20 novembre, c'est le clash. Les ordinations épiscopales illicites reprennent, à savoir celles qui ne prévoient aucune intervention du Vatican. L'Association patriotique nomme le père Joseph Guo Jincai, du diocèse de Chengde, évêque, sans consulter le Vatican. C'est précisément en ces derniers jours de novembre que sort *Lumière du monde*, le livre-entretien de Benoît XVI avec le journaliste allemand Peter Seewald. Ratzinger exprime l'espoir que l'unification entre l'Église clandestine et l'Église officielle advienne sous son pontificat. Un espoir qui sonne comme une farce, étant donné que les persécutions et les nominations de Pékin reprennent. En décembre 2010, Mgr Joseph Li Lian Gui ne participe pas à l'assemblée annuelle de l'Association patriotique. Au contraire, il s'éclipse et évite l'accompagnement « forcé » auquel ont été soumis de nombreux autres évêques. La réaction de la police est immédiate : il est recherché dans tout le pays en tant que « criminel dangereux ». De Rome, on répond par l'excommunication d'un important ecclésiastique « officiel », Paul Lei Shiyin, nommé évêque de Leshan sans l'approbation du Saint-Siège, le 29 juin 2011. En Italie, le monde catholique est également en effervescence. En juillet 2011, un intergroupe de députés présente une motion qui affirme que « la politique conciliante adoptée par les autorités chinoises entre 2006 et 2010 semble dictée par une logique de nouvelle immersion, de recensement, de fichage et de contrôle de sujets considérés comme potentiellement dangereux pour l'ordre établi ».

Deux camps s'affrontent parmi les cardinaux : les faucons, avec le salésien Joseph Zen Ze-kiun, évêque émérite de Hong Kong, qui est favorable à la ligne de l'intransigeance, et la stratégie de Bertone, soutenue par le cardinal Ivan Dias, préfet de la Congrégation pour l'évangélisation des peuples. Les « durs » sont inébranlables ; selon Zen, la politique du dialogue à tout prix s'est révélée « désastreuse », au même titre que l'Ostpolitik des années Wojtyła. « Désastreuse à l'époque et plus encore aujourd'hui », affirme Zen Ze-kiun, et ayant eu, selon lui, pour seul résultat d'« engluer encore davantage les catholiques chinois dans la fange de l'esclavage[10] ». En novembre 2011, Zen s'adresse à Benoît XVI pour soutenir une nouvelle fois la ligne de la fermeté, même s'il sait qu'il a une marge de manœuvre limitée :

> Très Saint-Père,
> [...] La situation de l'Église en Chine : je crois que tous les problèmes découlent précisément du désir de réussite, une réussite immédiate, facile, coûte que coûte, alors que le secret de la victoire réside dans l'acceptation de l'échec au moment présent. Lire la Ponenza des réunions est toujours rébarbatif, mais la lecture des trois pages (Dossier 1, pp. 89-91) où sont transcrites vos paroles, Sainteté, lorsque vous êtes venu nous saluer au terme de la dernière session plénière de la commission [sur la Chine, *NDA*], m'a procuré un immense réconfort. Quelle consolation

de s'entendre confirmer qu'on est sur la même longueur d'onde que le pape : dans cet admirable équilibre, qui émanait de la lettre de 2007, entre clarté, fermeté pour la doctrine de la foi, et compréhension et compassion pour les personnes. Un équilibre admirable mais précaire lorsque les vérités se dissipent ou que l'on exagère dans la fausse compassion. Très Saint-Père, le peuple chrétien de Chine se réjouit de noter un retour à la clarté et à la fermeté, perdues depuis quelque temps. Les chrétiens ne craignent pas de souffrir pour la foi ; ils craignaient de ne plus reconnaître notre Église. La *Virgo Potens* nous mènera à la victoire. Avec dévotion filiale.

Zen considère que la Chine a déclaré la « guerre » au Saint-Siège, et il connaît bien la situation, diocèse par diocèse, car il peut compter sur un réseau d'informateurs au sein de l'Église officielle, qui font également passer les informations à Mgr Ante Jozi , originaire de Split et représentant du Saint-Siège dans l'immense pays. Après avoir rencontré l'un de ses hommes de confiance (que nous nommerons le révérend X), Jozi avait déjà envoyé, le 13 juillet, au cardinal Dias, à Rome, un câble chiffré urgent, pour l'informer des changements qui se profilent dans la politique chinoise : versements d'argent, opérations psychologiques et nominations illégitimes, entre autres.

La situation est étendue et préoccupante, principalement parce que sont dénoncés des cas de versement d'argent de la part des autorités chinoises à certains évêques, pour que ces derniers continuent à ordonner des prêtres sans l'aval du Vatican :

Concernant les rumeurs de rémunérations allouées par le gouvernement aux évêques impliqués dans les ordinations illégitimes (et dans la participation à la VIIIᵉ Assemblée nationale des représentants catholiques en décembre dernier à Pékin), X a rapporté ce qui suit :

271

Nanyang : l'évêque émérite Joseph Zhu Baoyu a reçu du gouvernement provincial la somme d'1 million de Renminbi (RMB, monnaie du peuple, *NDA*). La somme a déjà été déposée sur le compte du diocèse. Dorénavant, le diocèse recevra 100 000 RMB, et cette somme sera versée à l'Association patriotique qui aura la tâche de la gérer (soulignons que, précédemment, il n'existait pas d'Association patriotique à Nanyang, elle a été fondée récemment). Selon le prêtre, dans de nombreux diocèses, les moyens de subsistance quotidienne du clergé sont insuffisants, et le gouvernement offre, ainsi qu'actuellement à Daming, l'assurance maladie aux prêtres et aux religieuses. Ces derniers reçoivent de 300 à 600 RMB par mois. J'ai demandé au révérend X s'il savait quelque chose à propos de l'évêque de Yongping/Tangshan (Hebei), S. Exc. Mgr Pierre Fang Jianping, et il apparaît certain qu'il a reçu, pour l'ordination à Chengde (voyage et prestation), la somme de 600 000 RMB. Les autres évêques participants ont touché moins. Dans le diocèse de Yongping/Tangshan, les prêtres et les religieuses touchent également un salaire, qui s'élevait autrefois à 300 RMB, et aujourd'hui à 600. Les évêques proches du gouvernement perçoivent un salaire, comme notamment Mgr Fang, qui oscille entre 2 000 et 3 000 RMB par mois.

Puis Jozi anticipe, à Rome, les prochaines manœuvres de Pékin, diocèse par diocèse :

Excellence Révérendissime,
[…] Ces temps-ci, le gouvernement chinois, pour ce qui est de la province du Henan, se montre beaucoup plus actif dans ses contacts avec les évêques et les prêtres, tant officiels que clandestins, et aurait cinq candidats en vue pour l'épiscopat. Concernant le diocèse de Kaifeng, le gouvernement aurait en tête le nom du révérend Jean Chai Yuliang pour l'épiscopat. Ce dernier aurait confié au révérend X que l'Association patriotique se charge de tout car le gouvernement souhaite qu'il soit ordonné évêque. Il pourrait ensuite vouloir le transférer ailleurs.

Le révérend X a pu rencontrer l'évêque de Xinxiang, Mgr Joseph Zhang Weizhu, qui lui a indiqué que le candidat épiscopal pour ce même diocèse était le révérend François Li Jianlin. Pour ce qui est du diocèse d'Anyang, le gouvernement forme, depuis quatre ou cinq ans déjà, le révérend Pierre Song Baoxin en vue de l'épiscopat. Concernant le diocèse de Nanyang, le révérend X m'a déclaré qu'il était impensable et absurde, pour les prêtres clandestins, que soit accepté et installé officiellement par le gouvernement un évêque de leur bord. Il a appris que le gouvernement avait convoqué quatre ou cinq prêtres pour leur demander de créer, dans les diocèses, une situation de chaos parmi le clergé. Se référant toujours à Nanyang, X affirme que l'évêque ordinaire, Mgr Pierre Jin Lugang, pourrait être accepté par le gouvernement et par l'Association patriotique, mais seulement après les ordinations illégitimes déjà programmées. Pour le diocèse de Zhengzhou, le nom qui revient est celui du révérend Taddeo Wang Yaosheng (promotion 1966), pour le diocèse de Zhumadian, celui du révérend Jean Li Wenyuan (promotion 1968), et pour le diocèse de Shangyu, celui du révérend Joseph Ge Xujie. En revanche, pour le diocèse de Luoyang, le gouvernement semble considérer le révérend Pierre Yan Shiguang (promotion 1964, et qui vient d'être nommé administrateur par le Saint-Siège) comme un candidat apprécié et acceptable. X a continué en déclarant qu'il n'y avait que dans le diocèse de Daming (Hebei) qu'aucun des prêtres n'avait participé à la VIIIᵉ Assemblée nationale des représentants catholiques, en décembre dernier, à Pékin, ou pris part aux ordinations illégitimes. D'après mon interlocuteur, le gouvernement a dans l'idée de diviser le territoire de Daming, situé dans la province du Hebei, entre le diocèse de Xinxiang (Henan) et le diocèse de Yongnian/Handan (Hebei). Ou alors, la partie qui se trouve dans le Hebei pourrait demeurer en tant que diocèse de Daming, en nommant également un évêque, mais avec un territoire réduit. Les prêtres clandestins et certains prêtres officiels sont opposés à ce projet. La motivation du gouvernement viendrait du fait que le territoire en question, qui pour le Saint-Siège a une étendue plus vaste que celle considérée par les autorités chinoises, n'a pas de clergé suffisant ou, en tout cas, pas de prêtres sur lesquels il peut s'appuyer[11].

S'en tenant à ces alarmantes informations, les autorités ont changé de stratégie. Elles préparent le grand assaut de l'Église catholique. La diplomatie s'en ressentira, mais la situation qui se profile semble laisser peu de champ de manœuvre et reste préoccupante.

D'après ce qui précède, il apparaît clairement que le gouvernement a totalement changé d'approche et que les ordinations illégitimes se poursuivront comme prévu. À ce propos, je pense qu'il faudrait intervenir d'une manière ou d'une autre, en organisant, avant tout et au plus vite, une réunion ad hoc avec certains membres de la Commission pour la Chine, de manière à pouvoir étudier de nouvelles stratégies pour tenter de refréner l'état actuel de la situation de l'Église catholique chinoise. Cette Chine est aujourd'hui plus que jamais prostrée en raison de la situation et doit trouver dans le siège de Pierre consolation, soutien et partage pour les souffrances et les outrages qu'elle subit à travers ceux, évêques, prêtres et fidèles, qui sont encore profondément et sincèrement attachés à Pierre et à l'Église universelle. Beaucoup pensent que, désormais, le Saint-Siège ne se fait entendre que pour sanctionner les réprouvés, au risque d'oublier tous ceux qui, jusqu'ici, ont souffert et résisté vaillamment pour rester fidèles à l'Église du Christ. À la lumière des informations reçues jusqu'à présent, concernant la participation aux ordinations illégitimes dans un passé récent ou actuellement, nous savons avec certitude que de nombreux évêques ont subi de lourdes intimidations et de vives restrictions dans leurs libertés personnelles, raison pour laquelle on ne peut tous les placer sur le même plan.

Le Vatican continue à suivre la voie du dialogue et, en décembre 2011, Bertone adresse un câble chiffré à la nonciature de Hong Kong pour informer que « Benoît XVI a donné au révérend Antoine Ji Weizhong son approbation générale pour l'épiscopat, avec la charge d'évêque coadjuteur du diocèse de Fenyang ». Les ordinations « mixtes » semblent reprendre.

Japon : « Violence et corruption font partie du monde chrétien »

En Orient, la situation est de plus en plus difficile, l'évangélisation, de plus en plus laborieuse. Au Japon aussi, la situation est très problématique pour l'Église catholique. Celle-ci cherche à accroître son influence mais a parfois recours à des outils inadaptés. C'est précisément lorsque Jozi rencontre sa source – qui lui permettra ensuite de donner l'alerte à Rome à propos de la Chine –, Mgr Alberto Bottari de Castello, nonce apostolique à Tokyo depuis 2005, qu'il écrit à ses supérieurs. Il est arrivé au terme de son mandat et indique les limites que les outils d'évangélisation actuels connaissent sur des terres aussi lointaines. Tout cela figure dans la note « Réflexions finales sur ma mission au Japon », du 15 août 2011 :

> Durant toutes ces années, je me suis demandé, et c'est une question qu'on m'a souvent également posée : « Comment se fait-il que cet univers extraordinaire soit encore si éloigné de l'Évangile ? Pourquoi seulement 500 000 Japonais sur 128 millions sont-ils catholiques ? » J'ai moi aussi posé la question aux évêques, aux missionnaires et aux laïcs, et les réponses ont été variées. Le Japon possède une culture développée, une histoire glorieuse, une identité nationale forte, intrinsèquement liée à certains symboles (tels que l'empereur) et à certaines expressions religieuses (shintoïsme, bouddhisme). Devenir chrétien reviendrait à rompre avec cet univers, à apparaître

(et à se sentir au plus profond de soi) comme « moins japonais ». Le sentiment général est que le Japon est devenu l'un des plus grands pays du monde, avec ses forces et ses valeurs ancestrales. Les Japonais sont fiers de leur identité mais ressentent le besoin d'enseignements venus de l'extérieur... Ils sont ouverts et curieux : ils intègrent de nouveaux éléments à leur propre univers culturel, qu'ils ne souhaitent cependant pas abandonner. [...] Au point qu'on en arrive à penser que chaque conversion à l'Évangile est quasiment un miracle [...]. Certaines images et certains modes de vie du monde occidental, perpétuellement véhiculés par les médias : violence, matérialisme et corruption, sont considérés comme faisant partie intégrante du monde chrétien et sont, par conséquent, très difficiles à accepter.

Le nonce critique avec une certaine ironie les outils permettant de trouver de nouveaux fidèles, qu'il considère incompatibles avec la population japonaise :

Je dirais que c'est là le point critique et la difficulté que pose la méthode des membres du Chemin néocatéchumenal. D'après ce que nous pouvons en juger, ils débarquent et appliquent à la lettre une méthode qui est apparue et s'est développée en Europe, sans se soucier de l'adapter à l'univers local. J'ai retrouvé parmi ceux qui sont ici, au Japon, le même style que j'avais rencontré au Cameroun lorsque j'y étais missionnaire, il y a vingt ans : les mêmes chants (accompagnés à la guitare), les mêmes expressions, la même catéchèse, le tout davantage transmis dans un style imposé que proposé. On comprend alors que les tensions, les incompréhensions et les réactions, qui trouvent parfois peu d'écho pour le dialogue, débouchent sur un rejet. Leurs intentions et leur bonne volonté sont certes admirables, mais il leur manque l'intégration dans la culture locale ; c'est – à mon humble avis – ce que leur demandent les évêques japonais : se défaire de leurs habits européens pour délivrer le cœur du message, d'une manière qui soit purifiée et proche des gens.

Les considérations du diplomate laissent peu d'espoir de voir la communauté catholique du Japon s'accroître, même si le Vatican, avec son réseau d'ambassades et de missions tout autour de la planète, est très attentif à chaque avancée et à chaque problème, économique, politique ou religieux, qui survient, de la place Saint-Pierre au diocèse le plus reculé de l'Équateur. Principalement s'il risque de susciter des scandales ou de faire des remous parmi les fidèles.

---

1. Généralement, les banquiers italiens accrédités dans les palais sacrés entretiennent des rapports privilégiés avec les cardinaux. Il suffit de penser à Massimo Ponzellini, ancien président de la Banque populaire de Milan et aujourd'hui à la tête d'Impregilo, qui fut choisi comme conseiller financier du gouvernorat sur la volonté expresse du cardinal Giovanni Battista Re.

2. Notamment pour Gotti Tedeschi, l'intervention devrait ainsi se développer dans l'immense univers de l'Église à différents niveaux :
    – pour les entités centrales du Saint-Siège, sont définis les objectifs et les stratégies de valorisation des ressources des plus grandes institutions (IOR, APSA, Propaganda Fide, gouvernorat) afin de déterminer comment valoriser les biens, faire fructifier les recettes, réduire les coûts et minimiser les risques ;
    – aux institutions et congrégations sont fournis des orientations et des soutiens pour diffuser leurs activités économiques et protéger leurs patrimoines (en créant également des fonds immobiliers spéciaux, par exemple) ;
    – aux nonciatures et diocèses sont simplement proposées des activités de formation, d'assistance et de conseil.

3. On peut lire en introduction du document : « Il faut partir de trois constations : au cours des dernières années, et plus spécialement dans les tout derniers mois, l'activité temporelle de l'Église – dans son sens d'institution (Vatican et entités religieuses à capacité économique) – a été particulièrement exposée à des censures de diverses natures, entraînant de nombreuses dénonciations, du reste purement instrumentales ; les communautés religieuses qui se trouvent en position de minorité dans les différents coins du globe font le plus souvent l'objet d'attaques et d'actions violentes. »

4. La note de Gotti Tedeschi approfondit ainsi la question : « Le crédit excessif accordé par les banques est un effet, non la cause. La cause a été la chute de la natalité dans le monde occidental, avec ses conséquences sur le développement et sur l'augmentation des coûts liés au vieillissement de la population. Le document tire, à partir de ces causes, des conséquences tout aussi discutables. Comme la plus grande inégalité qui s'est créée entre les peuples. Ces temps derniers, en réalité, du fait du processus de mondialisation, c'est le contraire qui s'est produit. De plus, ce sont nous, les Occidentaux, qui sommes en train de devenir les nouveaux pauvres. Le document parle également d'une poussée vers une spirale inflationniste qui se limite à un risque pour les banques. Mais le vrai problème aujourd'hui est exactement l'inverse, nous sommes dans une déflation préoccupante. »

5. Gotti Tedeschi poursuit : « Mais disserter sur les outils, plutôt que sur le "sens" à leur donner, exige une compétence particulière reconnue. Et nous nous sommes demandé hier, dans différents milieux qui sont restés perplexes (ils n'ont pas retrouvé dans ce document l'esprit de *Caritas in veritate*), si c'était notre rôle. Je me demande, par mesure de prudence, s'il est pertinent d'avancer, en cette période si complexe, des propositions politico-financières, même si elles visent le bien commun. »

6. Le document est intitulé « Mémoire privé et confidentiel à l'attention de Mgr Georg Gänswein ». En apostille, le banquier précise que « les thèmes sont abordés de manière synthétique et traités sous forme de questions-réponses » :

« Première question : quelle est la cause de l'actuelle crise économico-financière ?

Réponse : elle a été provoquée par une succession de politiques économiques adoptées progressivement (au cours des trente dernières années) pour soutenir la croissance du PIB (produit intérieur brut) dans les pays dits occidentaux, à la suite de la chute de la natalité. Lorsque la population ne croît pas, la crise économique peut se produire (après des interventions sur la productivité) du simple fait de l'augmentation de la consommation par tête. Cette augmentation de la consommation par tête s'est produite :

a) en délocalisant (en Asie) de nombreuses productions réimportées à moindre coût pour augmenter le pouvoir d'achat ;

b) en endettant les familles (le fameux consumérisme par endettement). Ce processus d'endettement progressif s'est étendu, de manière diverse dans les différents pays, avec un endettement de l'ensemble du système économique (des entreprises, des institutions financières et des États). Si l'on prend seulement les dix dernières années avant l'éclatement de la crise (de 1998 à 2008), l'endettement moyen dans le monde occidental a augmenté d'environ 50 %. L'éclatement de la crise (2008) a eu des effets différents dans les pays selon le type d'endettement généré. Aux États-Unis, par exemple, l'endettement a surtout été dû aux familles, alors qu'en Italie il a surtout été dû à l'État. Pour tenter de résoudre le problème de l'endettement aux États-Unis, on a progressivement "nationalisé" la dette (autrement dit, l'État a absorbé l'excès de dette en sauvant les banques qui se trouvaient en faillite du fait que les familles ne remboursaient pas les dettes). En Europe, et principalement en Italie, on a, au contraire, "privatisé" la dette générée par les gouvernements, les banques et les entreprises, en faisant payer les citoyens (à travers les taxes à intérêt zéro et aujourd'hui avec le spectre d'un "impôt sur la fortune").

Deuxième question : comment cette crise économique a-t-elle évolué au cours des trois dernières années ?

Réponse : de 2008 à aujourd'hui, les pays occidentaux endettés ont promis aux citoyens, et tenté par divers expédients, de réduire la dette, sans y parvenir. Ils ne pouvaient y parvenir car les fondamentaux de la croissance économique (l'augmentation de la population) faisaient défaut. Les États-Unis et les pays européens ont refusé de diminuer la dette par le biais de l'option (la seule et unique) de l'austérité (pour restaurer les fondamentaux de la croissance et absorber une croissance antérieure erronée et insoutenable, devenue une dette non payée), et ont essayé diverses solutions. Après avoir reconnu qu'elles étaient inenvisageables, ceux qui étaient et restent en position de force (les États-Unis) ont tenté de transférer leurs problèmes sur d'autres pays moins forts (européens). Les banques américaines, sans doute pour recommencer à gagner de l'argent, se sont mises à faire des spéculations sur les emprunts d'État des pays européens les plus endettés. Le premier pays européen mis en difficulté, également du fait de la spéculation (bien entendu, du fait aussi du déficit de son budget et de quelques stratagèmes utilisés pour entrer dans l'euro), fut la Grèce.

L'incertitude européenne autour du sauvetage de la Grèce et le "défaut partiel" qui a suivi ont généré une défiance envers l'Europe de la part des marchés internationaux. Cette défiance s'est accentuée envers les pays ayant la dette publique la plus élevée (Portugal, Irlande, Espagne et Italie). Cette défiance a entraîné progressivement un coût plus important de la dette, alors qu'à chaque échéance la dette publique était renouvelée. Même un pays comme l'Italie, qui jouit d'un État à l'équilibre patrimonial, d'une très importante épargne privée (qui couvre cinq fois la dette publique) et qui est potentiellement solvable, se trouve en difficulté dans le renouvellement des émissions, et dans l'obligation d'augmenter le cours des intérêts à chaque émission (spread).

[Troisième question] : à quel moment de la crise en sommes-nous ? Réponse : une réponse synthétique reste une valeur aussi significative que symbolique : en septembre, les emprunts d'État italiens étaient émis à des taux de 3,6 %, et ils sont émis aujourd'hui à plus de 6 %, soit quasiment le double. En juillet de cette année, après les incertitudes autour du sauvetage de la Grèce et le discours d'Obama sur l'éventuel défaut des banques italiennes, il était évident que toutes ces circonstances témoignaient d'un risque imminent pour notre pays et, par conséquent, de la nécessité d'interventions appropriées et immédiates. Mais il n'en a rien été. On n'a pas voulu reconnaître que l'Italie, en tant que pays européen qui avait accepté l'euro et devait observer, de manière cohérence, les règles imposées pour être *compliant* (conforme aux règles communes), devait nécessairement les respecter pour la stabilité de l'ensemble du système. Ces règles avaient été acceptées et n'étaient plus renégociables. Lesdites règles se concrétisaient, et elles se concrétisaient par des réformes nécessaires. On ne nous a pas tant demandé de réduire la dette publique que de prouver que nous voulions la réduire en engageant des réformes orientées vers une plus grande rigueur dans les comptes et une perspective de croissance (lettre BCE : réforme retraites, réforme de l'emploi, libéralisations, évasion fiscale…). Pourquoi ne pas l'avoir fait malgré notre engagement ?

Parce que les problèmes structurels de notre pays sont précisément ceux sur lesquels on nous demande d'engager des réformes (basse productivité, rigueur et coût du travail élevés, dépenses publiques élevées pour le bien-être de l'État, économie souterraine et évasion fiscale élevées), et sur lesquels les différents partenaires politiques et sociaux peinent à faire accepter les accords (syndicats, partis politiques, lobbys divers). »

7. « Le fait que le gouvernement n'ait pas montré suffisamment de force dans l'engagement de réformes qui ne sont plus négociables – est-il souligné dans le mémoire – a ébranlé la confiance internationale en le gouvernement lui-même. Aujourd'hui, les autres pays européens (même s'ils ne sont pas mieux lotis que nous,

voire parfois plus mal !) ont accepté et appliqué ces règles (même l'Espagne : Zapatero a annoncé sa sortie et adopté un paquet de réformes imposées par l'Europe), seule l'Italie les a "ignorées". C'est ainsi que s'est développée la crise de ces dernières semaines : la BCE a cessé de soutenir l'achat d'emprunts italiens (les banques américaines ont fait augmenter le CDS, autrement dit le coût de la couverture risque des emprunts, les agences de notation ont pénalisé exagérément le risque pays, etc.), concrètement, on a décidé d'imposer à l'Italie des règles de réforme qui menacent (et dénotent) la défiance (même si elle est injuste pour le pays du fait de sa potentielle solvabilité), pour qu'elle n'adhère pas au système européen (la peur grecque s'est déversée sur nous ; là où il fallait assurer le salut, on a, au contraire, fait un défaut piloté, avec des effets dévastateurs pour les investisseurs). Et de là, les inspecteurs de Bruxelles qui se plongent dans nos comptes et la crise du gouvernement actuelle. Les erreurs ne sont pas uniquement de notre fait, d'autres pays ont leur part de responsabilité, et des soupçons de comportements ambigus continuent de planer, mais notre classe politique n'a pas su affronter et gérer la crise comme elle l'aurait dû. »

8. The Pew Forum, centre américain de recherches, décembre 2011.

9. Sandro Magister, *Cattive nuove dalla Cina. A Pechino si è aperta una breccia,* Espresso.republicca.it, 11 février 2009.

10. Asia News, agence en ligne de l'Institut pontifical des missions étrangères, 1er avril 2011.

11. Les agissements de Pékin semblent presque militaires : « En outre, le gouvernement chinois – poursuit le câble – a décidé d'organiser chaque année, le 12 juin, un cours de formation pour les représentants cléricaux des diocèses. La plupart de ces prêtres seront de possibles candidats à l'épiscopat. Depuis le 12 juin de cette année, ce cours se tient à Pékin. Les trois premiers jours ont été de réels cours de formation (12-14 juin), tandis que du 15 au 20 tous les participants ont été emmenés en excursion touristique dans certaines villes chinoises. Cette année, le gouvernement a également demandé au révérend Pierre Gao Lianzeng, administrateur apostolique à Daming, d'envoyer deux personnes au cours de Pékin et il a envoyé deux laïcs. Ces derniers ont raconté à leur retour que plus de cent prêtres, en provenance de différents diocèses chinois, étaient présents. La plupart de ces prêtres avaient participé à la VIIIe Assemblée de décembre 2010. »

Vatileaks, terrorisme et meurtres

Les terroristes de l'ETA demandent l'aide du Vatican

En octobre 2011, après quarante-trois années d'activité, au cours desquelles périrent huit cent vingt-neuf personnes, l'organisation terroriste basque ETA déclare officiellement « la fin définitive de son action armée ». C'est un tournant décisif pour l'Espagne, qui referme une sanglante parenthèse de son histoire et fait un pas supplémentaire sur la laborieuse voie de la pacification. Ce revirement est sans précédent : dans la péninsule ibérique, nous sommes à la veille des élections politiques et la déclaration de l'ETA devient le moteur de la campagne électorale. Surtout pour la gauche. Le Premier ministre de l'époque, José Luis Zapatero, déclare avec émotion : « dorénavant notre démocratie sera une démocratie sans terrorisme, mais pas sans mémoire », tandis que le ministre de l'Intérieur, Alfredo Pérez Rubalcaba, premier candidat du PSOE, tente de réaffirmer la lutte sans merci menée contre le terrorisme, en rappelant les victimes du séparatisme basque.

Ce qui s'est tramé en coulisses, si la machine de la diplomatie a sollicité et conditionné ce choix, et de quelle manière, nous l'ignorons. L'annonce de l'ETA arrive trois jours après la conférence de paix de Saint-Sébastien, au cours de laquelle on a officiellement demandé à l'organisation subversive basque d'abandonner les armes. C'est le classique symposium des grandes occasions, avec l'ancien secrétaire de l'ONU et prix Nobel de la paix Kofi Annan, qui participe aux travaux aux côtés de la triade à l'origine de la fin des affrontements en Irlande, et expressément soutenu par des figures importantes comme Tony Blair, Jimmy Carter et le leader des démocrates américains, George Mitchell. Les partis et syndicats basques, plus ou moins en relation avec l'ETA, sont également de la partie.

L'Église œuvre depuis longtemps de façon infiltrée, tant au niveau central que directement dans la région basque, où les prélats jouissent d'une certaine autonomie vis-à-vis des palais sacrés. Quelques mois plus tard, ce sera l'Église elle-même qui marquera une nouvelle avancée dans le processus de réconciliation. En février 2012, trois évêques basques – Mgr Mario Iceta de Bilbao, Mgr José Ignacio Munilla de Saint-Sébastien et Mgr Miguel Asurmendi de Vitoria – signent une homélie commune sur la fin du terrorisme. Ils demandent la dissolution et la « disparation définitive » du mouvement terroriste. Les vaticanistes notent que : « pour les prélats, les mots-clés pour l'avenir sont au nombre de trois : repentir, pardon et justice ». Les membres de l'ETA doivent chercher un « repentir réel », qui les conduise à une « demande sincère » de pardon. De leur côté, les victimes du terrorisme sont invitées à offrir ce « pardon purificateur et libérateur » à leurs bourreaux – un pardon qui, « sans se substituer au travail de la justice, aille au-delà[1] ».

Il ne s'agit, en réalité, que de la partie visible d'une subtile activité souterraine, jouée en coulisses par les prélats basques et la nonciature de Madrid, dirigée depuis 2009 par l'archevêque Renzo Fratini. Sans l'obstination de certains évêques, le processus de pacification aurait été plus lent.

On découvre, avec cette nouvelle donne, que le rôle entremetteur de l'Église était déjà en pleine phase dynamique neuf mois au moins avant l'annonce officielle. En janvier 2011, le secrétaire d'État, Tarcisio Bertone, adresse au service du Chiffre de la nonciature espagnole un câble confidentiel pour dénouer une question apparemment surprenante. L'ETA souhaite s'accorder une trêve et tient à y associer l'Église pour que l'autorité et l'impact médiatique de la prochaine déclaration publique soient assurés. L'organisation demande alors que certains terroristes puissent trouver refuge auprès de l'ambassade du Saint-Siège pour définir avec les diplomates en soutane le message de l'annonce. La requête arrive directement sur le bureau de Bertone. Le secrétaire d'État ne cache pas sa surprise :

> Je me réfère au message chiffré n° 263, du 3/01/2011, et au courriel suivant, daté d'hier, 4 janvier 2011, au sujet d'une éventuelle rencontre au sein de cette représentation pontificale avec certains représentants de l'organisation terroriste armée ETA, en vue d'une déclaration de leur part concernant une trêve unilatérale, permanente et vérifiable sur le plan international. Considérant également le rapport de S. Exc. Mgr José Ignacio Munilla, évêque de Saint-Sébastien, nous rejoignons VE [Votre Éminence, *NDA*] quant à l'inopportunité d'accepter cette rencontre. Il est, par ailleurs, bon de garder à l'esprit que le vice-président et ministre de l'Intérieur de ce gouvernement, M. Rubalcaba, a récemment affirmé que ladite organisation ne devait pas déclarer de trêve, mais simplement se dissoudre.

Bertone ne ferme pas la porte, comme on pourrait le croire. En fait, il l'entrouvre. Il agit avec précaution. Se montre prudent. Avant d'entreprendre quoi que ce soit, il ordonne à ceux qui l'entourent de s'informer soigneusement sur la réelle stratégie de l'ETA, par le biais des solides contacts du

Vatican au Parlement de Madrid. Pour savoir si la volonté de déposer les armes et d'en finir avec les années de plomb est réelle ou s'il s'agit simplement d'une trêve momentanée, destinée à être rompue, comme ce fut déjà le cas par le passé :

> En outre, VE est priée de prendre contact avec M. Jaime Mayor Oreja, pour recueillir son avis quant à la situation actuelle de l'ETA et ses véritables objectifs. La conversation avec le parlementaire présentera une utilité car, à l'avenir, cette nonciature apostolique pourrait recevoir des propositions du type de celle qui est en pourparlers, en dépit du présent refus. Si tel devait être le cas, VE est priée de continuer à tenir cette secrétairerie d'État au courant, et, dans tous les cas, avant de prendre la moindre décision, vous devrez obtenir l'autorisation du gouvernement et de l'opposition ; de plus, il faudrait poser comme préconditions à ladite organisation le dépôt des armes et une demande de pardon pour tous les crimes commis durant toutes ces décennies de lutte terroriste armée. Bertone.

Le cardinal conseille de s'en remettre à l'historique premier secrétaire du Parti populaire basque, le catholique intransigeant Mayor Oreja, qui, en tant que ministre de l'Intérieur dans les années 1980, vécut les moments les plus dramatiques du conflit avec le mouvement terroriste. Et il rappelle à son ambassadeur de ne jamais cesser de dialoguer avec les partis espagnols. Établir un lien diplomatique s'annonce extrêmement difficile, mais Bertone ne renonce pas, tout en sachant pertinemment que la partie sera complexe : d'un côté, les familles des victimes ; de l'autre, les sept cents activistes qui sont toujours en prison. Un procès par conséquent long, qui se déroulera au cours des prochaines années, nécessairement par étapes, après ce premier tournant, attendu et annoncé, d'octobre 2011.

Le point névralgique entre le Saint-Siège et l'Église dans le monde se trouve dans la troisième loge du Palais apostolique, à la section des Affaires générales. C'est un bureau aux dimensions modestes, inconnu du grand public, mais dont l'importance est capitale. Il s'agit du service du Chiffre, chargé de crypter et de décrypter les messages confidentiels échangés entre le pape, le secrétaire Bertone, les autres cardinaux et les cent et quelques nonces apostoliques. Ce sont eux qui tiennent continuellement le Vatican informé, par l'envoi de câbles composés de codes secrets, qui contiennent les problèmes les plus épineux des nonciatures. Au service du Chiffre, des experts décryptent les communications et les font parvenir au sommet de l'Église. C'est de là que Bertone, en premier lieu, mais aussi directement le pape font partir les consignes pour les activités pastorales, politiques et économiques des nonces dans tous les coins de la planète. Il y a cent soixante-dix-neuf représentations pontificales, disséminées un peu partout dans le monde. Un chiffre très important si l'on considère que le réseau diplomatique du pontife arrive en deuxième position, juste après celui de la première puissance mondiale, les États-Unis[2]. Un élément qui témoigne aussi de l'importance, pour le Vatican, d'avoir une représentation de premier ordre sur la scène géopolitique internationale, une ligne adoptée depuis la fin des années 1970 : « En 1900, écrit Gianni Cardinale dans *Avvenire*, ces pays étaient à peine une vingtaine, mais en 1978 ils s'élevaient déjà à 84. En 2005, ils étaient [plus du double, *NDA*] 174, et avec Benoît XVI ils sont passés à 179. En 2006 des relations ont été nouées avec le tout nouveau Monténégro, en 2007, avec les Émirats arabes unis, en 2008, avec le Botswana, et le 9 décembre 2009, ce fut au tour de la Fédération russe, avec laquelle il existait déjà des liens particuliers, du type de ceux qui subsistent encore avec l'OLP[3]. »

Avec la salle des opérations de la gendarmerie, les coffres-forts de l'IOR, certaines sections des archives secrètes et l'appartement de Benoît XVI, le service du Chiffre fait partie des lieux les mieux gardés du Saint-Siège. On ne peut y accéder que si l'on y travaille, et muni d'un code d'entrée spécifique. Les employés sont tenus à la discrétion la plus absolue. Sa figure de référence fut, de nombreuses années, Mgr Pietro Principe, disparu au cours de l'été 2010. Pour se faire une idée de son importance, il suffit de se souvenir de l'hommage qui fut rendu à sa dépouille, dans la chambre ardente dressée dans l'église du gouvernorat, par les plus importants cardinaux, et de la bénédiction commune de Bertone et de Bagnasco. Principe fut le dépositaire de la toujours très discrète activité de ce service ; il a lu les communications les plus insolites, les plus imprévues et les plus dramatiques. Chaque câble témoigne d'une histoire, renferme un secret. Découvrons-en quelques-uns qui, pour la première fois dans l'histoire de l'Église, franchissent l'enceinte léonine, devenant ainsi accessibles.

Équateur, meurtre au monastère

Les fidèles l'attendent pour célébrer la messe du soir, mais le Polonais Miroslaw Karczewski, quarante-cinq ans, prêtre chez les Frères mineurs conventuels, n'arrive pas. Après une vaine attente, les recherches commencent. Mais elles s'arrêtent au bout de quelques dizaines de minutes : Karczewski est retrouvé inanimé, avec des blessures au cou et sur d'autres parties du corps, dans une mare de sang, à la cure du couvent Saint-Antoine-de-Padoue. Nous sommes à Santo Domingos de Los Colorados, au nord de l'Équateur, à environ trois cents kilomètres de la capitale, Quito. Une version officieuse s'impose aussitôt quant au mobile du crime : les assassins auraient tué ce prêtre, doux, souriant et toujours disponible, après lui avoir dérobé son téléphone portable, son ordinateur et de l'argent provenant d'une collecte pour le couvent. Une thèse qui laisse pantois mais que personne ne conteste.

Certains sites catholiques s'emparent de la nouvelle et la relaient[4]. Les moines du monde entier pleurent leur frère, qui est cité comme un exemple de martyr chrétien tué au cours d'une agression. Mais des premiers câbles confidentiels échangés entre la nonciature de Quito et le Saint-Siège émerge une autre vérité. Diamétralement opposée à celle qu'on a volontairement laissée filtrer pour noyer l'attention. C'est la vérité officielle, aussi confidentielle soit-elle, qui ressort des enquêtes menées avec discrétion par la police. Une vérité qui pourrait provoquer un scandale et semer la confusion.

Le prélat de la région, Mgr Wilson Moncayo, tire la sonnette d'alarme qui retentit aussitôt à des milliers de kilomètres de là, dans les chambres secrètes du Vatican, alors que la police criminelle du pays frappe à la porte de l'évêque. Sans préambule, les agents lui montrent des photos déconcertantes :

De : Quito À : Serv. Chiffre Mess. Chif. n° 81 Date chiffrage : 17/12/2010

Date déchiffrage : 17/12/2010

En référence au Mes. Chif. n° 79 du 6 décembre courant, je me dois d'informer VE Rev. des dernières nouvelles concernant le meurtre du Rev. P. Miroslaw Karczewski, OFM Conv., religieux polonais, retrouvé mort (la gorge tranchée) le 6 du mois courant, à la cure de la paroisse Saint-Antoine-de-Padoue, à Santo Domingo de Los Colorados. L'Exc. Mgr Wilson Abraham Moncayo Jalil, évêque du diocèse de Santo Domingo en Équateur, a appelé, le 15 décembre dernier au soir, à 21 heures, pour m'annoncer qu'il avait reçu la visite d'agents de police – chargés de résoudre le meurtre du religieux –, lesquels l'ont informé des premiers résultats de l'enquête en cours. Dès qu'ils furent partis, l'évêque a appelé la nonciature.

Selon Moncayo, qui rapporte les déclarations de la police, fondées sur les preuves recueillies sur le lieu du crime, les premiers résultats de l'enquête viennent confirmer l'expression *casi segura* du *carácter pasional* du meurtre, et écarte, de ce fait, l'hypothèse de l'agression ou du vol.

Pas de doute pour la police : c'est un meurtre à caractère sexuel.

Lors de la conversation téléphonique, l'évêque a tenu à préciser les faits suivants :

– la victime connaissait ses meurtriers ; on suppose qu'ils étaient trois car le religieux a demandé, avant le drame, à la domestique au service de la cure de préparer trois chambres pour ses invités ;

– on a retrouvé sur le lieu du crime quatre verres et une bouteille de boisson fortement alcoolisée, sans plus de détails ;

– selon le rapport de police, les preuves révèlent que les sujets avaient commencé à consommer la boisson alcoolisée, à partir d'environ 14 heures le jour du crime ;

– la scène du crime permet de déduire que le religieux et ses « invités » auraient eu des relations sexuelles, compte tenu du fait qu'on a retrouvé, sur le lieu même, des traces de sperme (Mgr Moncayo m'a rapporté que la police lui avait montré les photos relatives à ce détail) ;

– le téléphone du religieux est entre les mains de la police, laquelle, en remontant les appels, tente de retrouver les assassins présumés. Selon les paroles du prélat, la disparition de l'ordinateur portable [notebook de la victime, *NDA*] est également confirmée. D'après ce que m'a rapporté Mgr Moncayo, il semble que la police soit sur la bonne piste pour retrouver les coupables ;

– l'évêque m'a déclaré que la police avait reçu un ordre *desde lo alto* pour résoudre cette affaire criminelle. Le prélat, lors de son récit, ne cachait pas son inquiétude quant au scandale qui pourrait éclater dès que les médias s'empareront de l'information, notamment ceux spécialisés dans les faits divers. Il a, de plus, fait observer que lors des obsèques du religieux il avait dû, dans son homélie, faire allusion à la bonne réputation dont jouissait le prêtre en règle générale. La victime était reconnue comme un bon curé, proche des jeunes, des familles et des pauvres, et organisant de nombreuses activités dans la paroisse dans le but d'écarter les jeunes des dangers de la rue. Il m'a également déclaré que les agents de police lui avaient garanti le secret lors du déroulement de l'enquête. À ce propos, j'ai demandé au prélat de garder l'affaire confidentielle et d'être attentif à la suite des évènements. Moncayo m'a dit qu'il informerait la communauté des PP. franciscains conventuels polonais des premiers résultats de l'enquête.

L'attaché d'ambassade qui suit l'affaire, le révérend Aliaksandr Rahinia, souhaiterait un rapport écrit et détaillé des faits. L'évêque Moncayo est le seul interlocuteur qui pourrait se charger d'un rapport complet et l'envoyer rapidement outre-Atlantique, à la hiérarchie des palais sacrés. Mais de la Casa Bomboli, siège du diocèse, l'évêque refuse tout net :

À ma demande de coucher par écrit les informations recueillies sur les faits (par voie ultraconfidentielle), Moncayo m'a textuellement répondu : « *no voy a escribir nada* ». Cependant, toujours sur mon insistance, il m'a assuré que, dès qu'il recevrait les rapports officiels de la police, il ne tarderait pas à [nous, *NDA*] les envoyer. Je l'ai également invité à venir à la nonciature pour s'expliquer personnellement. Il m'a répondu qu'il avait beaucoup à faire, qu'il ne se sentait vraiment pas bien et qu'il n'avait pas le temps. Je ne manquerai pas de communiquer à V. Em. R. l'éventuelle suite des évènements.

L'expulsion de l'évêque syrien

Le silence est la règle d'or. Mgr Moncayo préfère ne rien écrire, ne laisser aucune trace sur le mobile de l'assassinat du moine. C'est parfois encore pire, lorsqu'il s'agit d'affaires dont on ne sait rien ou presque. Comme quand Benoît XVI pousse un évêque à la démission et au transfert sur un autre continent après avoir reçu un dossier infamant sur son compte. C'est le cas d'un exarque oriental, né à Alep en 1952 : Isidore Battikha était l'archevêque émérite de Homs, en Syrie, après avoir été ordonné prêtre de l'ordre Basilien Alepin des melkites en 1980. Vingt ans plus tard, Ratzinger accepte sa renonciation au gouvernement pastoral, sans toutefois en divulguer les raisons. Fin novembre 2011, la situation se dégrade encore, lorsqu'une délégation pontificale, avec à sa tête Mgr Antonio Franco, nonce en Israël, retrouve le prélat au Liban. L'objectif est unique : il faut convaincre Battikha de faire ses valises et de migrer, selon sa préférence, soit au Venezuela, soit dans un monastère en France. Titulaire d'un passeport italien, Battikha est une personnalité connue et influente en Syrie, qui est régulièrement invitée à la télévision. « C'est certainement un prélat dynamique et aux qualités artistiques reconnues, commente Mgr Mario Zenari, nonce de la représentation de Damas. Il a noué de bonnes relations avec les autorités du pays, jusqu'avec le Président. La raison de sa démission ? Je ne peux rien dire, je regrette[5]. » D'ailleurs, on ne trouve aucune trace de cette histoire, ni dans les journaux – contrôlés par le gouvernement – ni sur Internet. Il doit cependant s'agir d'une affaire d'une certaine gravité pour que les émissaires du Vatican, au nom du Saint-Père, somment le prélat de quitter l'évêché, sans issue possible.

De : Jérusalem À : Service du Chiffre Mess. Chif. n° 77 Date chiffrage : 28/11/2011 Date déchiffrage : 28/11/2011 Reçu Mess. Chif. n° 94 Urgent, du 18 courant.

Hier, 26 courant, au siège de la nonciature apostolique du Liban, à 10 heures, avec Son Excellence Mgr Jean-Abdo Arbach, exarque apostolique pour les fidèles de confession gréco-melkite en Argentine, nous avons rencontré SE

Mgr Isidore Battikha, archevêque émérite de Homs pour les Gréco-melkites, en Syrie. Au cours d'une conversation animée, nous avons expliqué au prélat que nous étions venus, au nom du Saint-Père, pour l'inviter à considérer avec la plus grande attention la gravité et la délicatesse de la situation dans laquelle il se trouvait, et le prier d'accepter de se rendre au Venezuela, pour deux ou trois ans, en tant qu'hôte de l'exarque apostolique pour les Gréco-melkites dans ce même pays. Nous avons tenté de lui expliquer qu'il ne s'agissait pas d'une condamnation mais d'une mesure prise pour le bien de l'Église et pour lui permettre d'avoir une vie plus sereine et plus digne. Nous lui avons également rappelé les conditions qui lui avaient déjà été communiquées au cours des derniers mois par le nonce en Syrie, et nous lui avons explicitement déclaré qu'il avait le choix entre le Venezuela et un monastère en France, mais qu'en cas de refus il devrait s'attendre à des mesures disciplinaires *ex officio*. Mgr Battikha a, de son côté, clamé à plusieurs reprises son innocence et son amertume d'avoir été condamné sans avoir eu l'occasion de se défendre[6].

« Ni le nonce en Israël, ni l'exarque argentin ne connaissaient les raisons de ma douloureuse mutation, rappelle aujourd'hui Battikha[7]. Arbach m'enjoignait de quitter la Syrie car telle était la volonté du Saint-Père. J'étais étonné. Si le pontife avait pris cette décision, il aurait dû y avoir un document, une lettre signée de sa main. Alors que non, rien, le néant. Concernant les raisons, aucune explication. J'ai demandé à prendre connaissance des accusations qui étaient portées contre moi. Ils n'avaient pas le moindre bout de papier. J'ai alors demandé à bénéficier d'un procès en règle : rien. Ils m'ont rétorqué que, comme ils manquaient de preuves fiables, on ne pouvait pas intenter de procès. "Si tu aimes l'Église, quitte-la." »

Nous ne connaissons pas la gravité des accusations qui étaient portées contre lui, mais Battikha paraît sincère. Les documents sur la question semblent également confirmer que la délégation pontificale n'avait pas non plus connaissance des faits. À part Mgr Zenari, le nonce à Damas, mais il ne souhaite rien ajouter par téléphone.

Battikha doit quitter sa communauté. La rencontre avec Franco et Arbach se passe mal. La mère du prélat en Syrie est âgée et malade, mais cet aspect n'est pas pris en considération. Ce qui le bouleverse le plus, c'est que les dispositions à son égard se traduisent par un ordre resté sans explication. Battikha s'adresse au nonce Franco dans une harangue passionnée :

> En synthèse, Mgr Battikha a déclaré : « Si le Saint-Père me demande de partir au Venezuela, je partirai, mais je ne peux accepter de partir avec cette batterie de conditions que vous m'imposez car cela voudrait dire que j'admets que je suis coupable et, en toute conscience, je ne peux m'y résoudre. Vous me dites que je n'ai pas été condamné, mais alors pourquoi exige-t-on de moi toutes ces conditions ? Et, si j'ai vraiment été condamné, comment peut-on condamner quelqu'un sans l'entendre et sans lui permettre de se défendre ? Et que signifient ces menaces ? Ne s'agit-il pas là d'une condamnation ? Les menaces ne me font pas peur : celui qui est déjà à terre ne peut tomber plus bas, il ne peut recevoir que le coup de grâce ! Je suis prêt à tout accepter ! » […[8]] Je me permets, à voix basse, d'exprimer ce que j'ai sur le cœur : […] Battikha a déjà reçu une dure leçon et sait pertinemment quelles sont les inquiétudes du Saint-Siège. S'il le souhaite et si, devant Dieu, il se considère responsable, il saura se plier aux conditions qu'il connaît déjà, même si, en paroles, il ne les accepte pas, et s'il souhaite encore, autant que faire ce peut, sauver la face. […] Je ne connais pas l'affaire, je ne me prononce donc pas et respecte, bien entendu, les décisions qui ont été prises. Mais je persiste humblement à dire que tenter d'aider Battikha à se décider à aller au Venezuela, en évitant de lui imposer les conditions déjà citées et qui lui ont déjà été notifiées, serait,

dans les circonstances présentes, un moindre mal. L'accusation concernant le fait d'avoir été condamné sans avoir été entendu ou avoir pu se défendre est grave. L'affaire est vraiment très délicate et complexe. [...[9]] †Franco.

Finalement, Battikha se décide. Rester n'a plus aucun sens. Il migre donc au Venezuela. Il retrouve et assiste un ami de longue date, Mgr Georges Kahhalé Zouhaïraty, exarque à Caracas. Le silence arrange tout. Les raisons de la démission et du transfert restent un secret bien gardé dans les chambres secrètes de la lointaine Cité du Vatican. Battikha ajoute depuis l'Amérique du Sud : « J'ai répondu en moine : "Je m'en vais et c'est tout." De quoi m'accusaient-ils ? Les envoyés de Rome m'ont dit qu'il ne s'agissait que de rumeurs. Le Seigneur a voulu que j'œuvre à un certain endroit et j'obéis. Que Dieu pardonne aux clercs qui ont répandu des médisances sur mon compte. Certes, l'intrigue n'est pas claire : il faudrait savoir ce qui se trame en coulisses. Qui a agi ainsi à mon égard et pourquoi ? Quelle congrégation souhaitait que je quitte la Syrie[10] ? »

New York, Bertone et les Suédois enlevés

Le 1er juillet 2011, deux journalistes suédois sont enlevés en Éthiopie lors d'un échange de coups de feu entre l'armée et un groupe d'hommes appartenant au FNLO (Front national de libération de l'Ogaden), l'organisation qui réclame l'autonomie de la région de l'Ogaden, riche en gisements pétrolifères et gaziers. Au cours du conflit armé, les soldats tuent quinze rebelles et blessent plusieurs civils. Parmi eux, deux reporters européens, les Suédois Johan Persson et Martin Schibbye. Simplement munis de leur passeport, d'une caméra de télévision et de leurs téléphones portables, ils se retrouvent en prison, accusés, premièrement, d'être entrés sur le territoire éthiopien sans autorisation et, deuxièmement, d'avoir violé la loi antiterrorisme. Un mouvement d'opinion se constitue en Suède pour la libération des deux journalistes indépendants, tandis qu'en Éthiopie le Premier ministre, Meles Zenawi, refuse les demandes d'explications en soutenant qu'il ne s'agirait pas de simples journalistes mais de partisans du FNLO. Tous deux se défendent en déclarant qu'ils ne faisaient qu'exercer leur métier de reporters : ils enquêtaient sur le respect du code et du droit du travail dans des sociétés pétrolières.

La situation semble au point mort lorsque la Suède demande l'intervention du Saint-Siège, bien consciente de l'influence des ecclésiastiques dans cette région de l'Afrique. Bertone demande des éclaircissements au nonce apostolique d'Addis-Abeba, qui se garde cependant bien d'intervenir. Les motifs donnent à réfléchir. En effet, le diplomate ne souhaite pas « créer de précédent », étant donné que « la détention des journalistes est une chose courante ». Si l'ambassade intervenait dans cette affaire, il devrait ensuite prendre continuellement position et s'expliquer avec le gouvernement éthiopien. Autrement dit, l'évêque se lave les mains de la situation des deux Européens détenus en Éthiopie. À ce moment-là, Bertone change de tactique. Il s'adresse directement à Mgr Francis Chullikatt, observateur permanent à l'ONU pour le Vatican :

De : Serv. Chiffre À : New York Mes. Chif. n° 34 Date chiffrage 03/12/2011
Le 31 octobre dernier, le gouvernement suédois a demandé au Saint-Siège, par voie confidentielle, d'intervenir en faveur des deux journalistes [...]. Le procès [...] reprendra le 6 décembre prochain. D'après les informations que détient le service, il apparaît qu'une intervention similaire ait été

également réclamée par le gouvernement états-unien. Interpelé sur la question lors de sa récente visite à Rome, le nonce apostolique à Addis-Abeba a exclu la possibilité de faire, sur place, un geste diplomatique officiel, d'abord parce qu'il craint que cela crée un précédent, étant donné que la détention des journalistes est une chose courante, mais surtout en raison des risques de représailles contre l'Église de la part d'un gouvernement très sensible aux ingérences étrangères, ou actions considérées comme telles. Pour répondre à la demande du gouvernement de Stockholm, j'en appelle à VE pour savoir si, en vous appuyant sur une relation de confiance que vous pourriez éventuellement entretenir avec cet ambassadeur d'Éthiopie ou un diplomate éthiopien en mission là-bas, vous considéreriez possible une intervention personnelle pour solliciter un geste d'ordre humanitaire (visant au moins à assurer une conclusion rapide du procès, et, si possible, la libération des prisonniers) en faveur des deux citoyens suédois, étant donné le moment propice de l'approche des fêtes de Noël. À toutes fins utiles, je vous adresse une brève note concernant l'affaire, rédigée par ce même service. Bertone.

Devant la demande d'intervention signée directement de la main de Bertone, l'archevêque Chullikatt évalue aussitôt les solutions possibles. Par chance, ses relations avec l'ambassadeur africain de l'ONU sont bonnes. Aussi répond-il rapidement en chiffrant le message pour le secrétaire d'État :

De : New York Serv. À : Serv. Chiffre Chif. n° 4 Date chiffrage : 03/12/2011 Date déchiffrage : 03/12/2011
Reçu message n° 34, ce jour. Lundi 5 décembre prochain, je me mettrai en contact avec l'ambassadeur d'Éthiopie à l'ONU pour solliciter un geste d'ordre humanitaire pour la relaxe des deux citoyens suédois, notamment en vue de l'approche des fêtes de Noël. Je ne manquerai pas de vous informer sans tarder du résultat de la rencontre avec le diplomate en question. † Chullikatt.

Les pressions diplomatiques des États-Unis et du Vatican, par le biais de l'ONU, n'eurent pas les effets escomptés. Au contraire, quelques semaines s'écoulent et, le 27 décembre 2011, la sentence du procès tombe. Les deux reporters sont condamnés à onze ans de prison ferme pour terrorisme. Le coup anéantit les efforts des sherpas. La Suède voit les armes de sa diplomatie ébranlées et se retrouve avec deux compatriotes incarcérés en Éthiopie. Quelques mois plus tard, en février, les journalistes tentent de demander leur grâce. Le gouvernement suédois intensifie les actions diplomatiques à l'ONU, en y associant les pays amis, et en Éthiopie. En Suède, les initiatives populaires de collecte de fonds et de soutien à la libération des deux journalistes se multiplient : « Malheureusement, c'est très difficile, explique Anne Markowski, du comité pour la liberté. Les deux journalistes sont toujours en prison et nous avons besoin de l'aide de chacun[11]. »

« La Pologne, pire que Cuba et le Soudan »

L'influent et conservateur prêtre polonais Tadeusz Rydzyk, leader charismatique de la Famille de Radio Maryja, un mouvement de type nationaliste-clérical, basé sur la devise « Dieu, Église, patrie », peut compter sur plus de cinq millions d'adeptes. Ses idées anti-européennes, créationnistes et antisémites le placent souvent au cœur de polémiques et de critiques auxquelles, d'une fois sur l'autre, il répond. La communication gagne en efficacité grâce au groupe éditorial qu'il a construit au fil des ans, avec à sa tête la fondation Lux Veritatis : le réseau diffuse les idées du mouvement, via la radio, les journaux et la télévision Trwam (« Je persiste »).

Les tensions avec le gouvernement polonais ne manquent pas, comme lorsque, au cours de l'été 2011, Rydzyk est accusé d'avoir affirmé que la Pologne était un État totalitaire. La réaction du gouvernement de Varsovie ne se fait pas attendre. Dans une note de protestation officielle, remise au nonce Celestino Migliore, il est demandé « d'entreprendre une action en mesure d'empêcher de futurs discours publics similaires de la part du père Rydzyk, qui entachent la bonne réputation de la Pologne, et d'empêcher également l'activité politique et entrepreneuriale du prélat, qui est en contradiction avec la mission spirituelle de l'ordre des rédemptoristes ». Les relations entre les deux pays se tendent. Le dialogue entre Rome et l'ambassade à Varsovie se développe dans les plus hautes sphères du Saint-Siège : d'un côté Bertone, de l'autre le nonce Migliore. Ce n'est pas la première fois que Rydzyk met le Saint-Siège dans l'embarras. Mais à Rome, on le protège chaque fois.

De : Warszawa À : Serv. Chiffre Chif. n° 212 Date chiffrage : 26/06/2011 Date déchiffrage : 28/06/2011 Envoi Rapport n° 1 046 † Migliore

Varsovie, 28 juin 2011. À son éminence révérendissime le card. Tarcisio Bertone, à votre demande, ce matin, j'ai rendu visite au vice-premier ministre des Affaires étrangères, M. Jan Borkowski, lequel m'a entretenu de la protestation de ce ministère des Affaires étrangères à l'encontre de certaines déclarations du révérend père Tadeusz Rydzyk le 21 du mois courant à Bruxelles. L'entretien fut très cordial, comme sait également l'être M. Borkowski, et franc. Il a commencé par me dire que le ministre Sikorski, à la suite de la conversation téléphonique qu'il a eue vendredi dernier avec moi, l'avait chargé de me remettre une note, adressée à cette nonciature apostolique, de la même teneur que celle envoyée à la secrétairerie d'État, en date du 24 juin. Avec un évident embarras, il a déclaré qu'il ne s'attendait pas à une réponse immédiate de ma part, mais qu'il apprécierait de recueillir quelques éléments utiles à rapporter au ministre. Puis il a ajouté que la note avait soulevé, dans le pays, un débat susceptible d'exacerber le climat électoral. Il apparaît évident – ce que l'interlocuteur confirma ensuite au terme de la conversation – que, bien qu'un peu tard, le ministre se rend compte qu'il a pris une mesure précipitée et disproportionnée, qui risque d'avoir des retombées, en termes politiques, sur le déroulement de la campagne électorale.

Le Saint-Siège défend Rydzyk avec force. Sans conditions. La requête de faire taire le prêtre et de bloquer ses activités entrepreneuriales est rejetée. Du reste, les relations entre la Pologne et le Saint-Siège ne sont pas au beau fixe, et, bien que certaines idées du prêtre-entrepreneur soient indéfendables, il semble que ce dernier jouisse de la plus haute estime au Vatican. Migliore rappelle que certains politiciens polonais, comme le leader Janusz Palikot ou Grzegorz Napieralski, l'ancien président de l'Alliance de la gauche démocratique (SLD), « insultent tranquillement l'Église sans jamais fournir d'explications ou d'excuses ». Et ils ne sont pas les seuls. Migliore s'en prend également au Premier ministre polonais, Donald Tusk :

> Ce même Premier ministre a mis dans l'embarras 30 000 prêtres polonais avec ses déclarations sur lesquelles il n'est jamais revenu, et pour lesquelles il n'a jamais fourni ni explications ni excuses. De plus, j'ai attiré l'attention sur la déclaration de vendredi dernier du président du Parlement européen, Jerzy Buzek, lequel, bien que déplorant les affirmations excessives du révérend Rydzyk, a déclaré que l'histoire était passée inaperçue pendant au moins deux jours et que cela aurait sans doute continué si le ministre des Affaires étrangères n'avait pas soulevé un tollé médiatique.

En somme, Tusk met l'Église polonaise dans l'embarras en faisant regretter son prédécesseur, Jaroslaw Kaczynski, qui avait toujours soutenu la ligne ultraconservatrice favorable à l'Église en Pologne de Radio Maryja. Et Kaczynski avait même conclu sa campagne électorale au siège de la station.

La seconde requête, visant à interdire l'activité entrepreneuriale du prêtre, est encore plus brûlante. Comment est-il seulement possible de demander au Vatican de renier effectivement l'un des siens ? Là, Migliore, fort de l'« étonnement qu'ont suscité à la secrétairerie d'État » les requêtes du gouvernement polonais, opte pour un ton digne de la guerre froide :

> On ne peut « empêcher » aucun citoyen, fût-il religieux, d'avoir des opinions politiques ou des activités qu'il est extrêmement sommaire, injuste et contre les intérêts de la société civile de qualifier de « business ». [...] J'ai ajouté que la salle de presse du Vatican n'avait pas rendu la note publique précisément pour éviter à la Pologne de faire piètre figure au moment même où elle assume la présidence européenne. J'ai noté chez mon interlocuteur le souhait et la hâte de considérer l'incident clos, notamment en vue du climat électoral. Je l'ai rassuré sur le fait que le Saint-Siège n'avait nullement l'intention de relever le défi qui lui avait été lancé par le biais d'une note que même Cuba ou le Soudan (États tous deux en relations diplomatiques avec le Saint-Siège) ne se sont pas permis d'envoyer. Nous sommes donc, sur le plan bilatéral, prêts à tourner la page : nous avons déjà fait un pas en convainquant Rydzyk de s'expliquer et de présenter des excuses, et nous restons vigilants. [...[12]] Il ne faut pas qu'ils se fassent d'illusions : s'ils tirent trop sur la corde et provoquent le père Rydzyk (lequel s'est conformé non à la note mais à la demande du nonce et de l'évêque local), ils agaceront le « lion », qui renchérira. Et à ce moment-là, il ne faudra pas qu'ils viennent demander au Saint-Siège d'éteindre le feu qu'ils auront eux-mêmes attisé. [...] Compte tenu de la course aux abris de ce ministère des Affaires étrangères et du *pro bono pacis* de l'Église en Pologne, mon humble avis serait qu'il convient d'apporter à la note en objet une réponse verbale. Je profite volontiers de

la circonstance pour réaffirmer mon sentiment de profonde vénération à Votre Éminence Révérendissime, Votre très dévoué † Celestino Migliore.

Migliore défend « sans conditions » le père Rydzyk, mais les positions antisémites de Radio Maryja divisent depuis quelque temps la communauté catholique polonaise. Au point que le cardinal de Cracovie, Stanislaw Dziwisz, fidèle secrétaire particulier de Jean-Paul II, avait demandé son interruption ou le démantèlement de sa direction. Déjà au cours de l'été 2007, les polémiques avaient fait rage lorsque Ratzinger avait accordé une audience à Rydzyk, lors de ses vacances estivales à Castel Gandolfo. « Nous sommes choqués d'apprendre, avait réagi le congrès juif européen, que Benoît XVI a accordé, dans sa résidence d'été, une audience privée au directeur de la radio antisémite Maryja. »

Washington, la Communauté de Sant'Egidio, avortement et mariage gay

L'antisémitisme ne semble pas scandaliser outre mesure dans les chambres des palais sacrés. Ou, en tout cas, il suscite une réaction bien plus indulgente que la fermeté à laquelle sont confrontés, par exemple, ceux qui proposent d'introduire la loi sur le mariage homosexuel. Tel est le sort, aux États-Unis, du gouverneur de l'Illinois, qui s'est vu refuser le titre honorifique que la Communauté de Sant'Egidio souhaitait lui remettre.

De : Washington À : Serv. Chiffre Mes. Chif. n° 300 Date chiffrage : 03/11/2012 Date déchiffrage : 03/11/2011
L'Ém. card. George Francis, archevêque de Chicago, a informé cette représentation pontificale que la Communauté de Sant'Egidio a l'intention de remettre un titre honorifique

au gouverneur de l'Illinois, M. Quinn, pour avoir supprimé la peine de mort dans ce même État. Étant donné que M. Quinn est de confession catholique, les évêques et le cardinal George considèrent qu'une telle reconnaissance s'avère inopportune pour les raisons suivantes :

– il a encouragé la loi sur le mariage homosexuel ;

– il est favorable à l'avortement ;

– il a retiré à l'Église catholique le droit de pouvoir négocier avec les agences fédérales pour les adoptions de mineurs.

Le card. George demande d'intervenir auprès des autorités de la Communauté de Sant'Egidio afin que la décision soit réexaminée. Du côté de cette nonciature, rien ne s'oppose à cette proposition de l'Ém. archevêque de Chicago. Lantheaume, chargé d'Affaires, par intérim.

L'ayatollah souhaite rencontrer Benoît XVI

Dans les affaires les plus graves et les plus délicates, comme nous l'avons vu, les communications sont gérées directement par le secrétaire d'État Bertone, qui intervient dans tous les coins de la planète. Il peut s'agir d'affaires de malversation présumée, comme au Cameroun, avec Bertone qui souhaite prudemment connaître les réactions à propos d'un changement de direction dans la curie :

De : Serv. Chiffre À : Yaoundé – Cameroun Mes. Chif. n° 59 Date chiffrage : 14/12/2011

L'Exc. préfet de la Congrégation pour l'évangélisation des peuples a consulté la section pour les relations avec les États au sujet de possibles réactions politiques dans le pays, autour de l'éventuelle demande de démission de l'Exc. Mgr Tonyé Bakot, en raison de sa gestion administrative de l'archidiocèse. Avant de répondre à Propaganda Fide, cette secrétairerie d'État souhaiterait connaître, dans les plus brefs délais, l'avis de VE Bertone.

Ou d'un ayatollah de Téhéran demandant soudain une audience au pape, qui entraîne une réponse prudente du secrétaire d'État :

De : Serv. Chiffre À : Téhéran Mes. Chif. n° 29 Date chiffrage : 05/12/2011

Ambassade Iran a demandé audience pontificale pour ayatollah Morteza Moghtadai et délégation pour un jour entre 16 et 20 janvier 2012. Attendu que les audiences privées sont accordées aux chefs d'État et de gouvernement, on pourrait projeter « baisemain » au terme audience générale mercredi 18 janvier. De plus, il serait pertinent que ayatollah demande également rencontre préalable avec card. Tauran et, éventuellement, avec card. Grocholewski. VER voudra bien me faire connaître son avis éclairé sur la question en spécifiant « niveau » effectif ayatollah dans la hiérarchie politico-religieuse. Bertone.

Le puissant réseau des nonciatures, des missions et de la coopération est donc l'un des outils les plus efficaces pour l'évangélisation de l'Église dans le monde. L'attention au moindre problème signalé montre combien les mécanismes de l'horloge catholique mondiale sont délicats. Chaque maillon doit épouser parfaitement chaque rouage, pour faire en sorte que l'Église perdure comme elle le fait depuis deux mille ans, et qu'elle survive, comme on le dit en plaisantant dans les palais sacrés, à ses prêtres eux-mêmes. Pour dissiper par avance tout nuage sombre par une œuvre de prévention à propos de chaque murmure qui pourrait dégénérer.

---

1. Alessandro Speciale, « I tre vescovi baschi e l'omelia congiunta per la sparizione definitiva dell'ETA », Vaticaninsider.it, 28 février 2012.
2. La donnée fiable remonte à 2009, à la visite du président Barack Obama au Vatican, lorsque, selon les données contenues dans

les câbles de l'ambassadeur américain au Vatican, diffusées par Wikileaks, la première puissance mondiale comptait 188 ambassades contre 177, à l'époque, pour le Saint-Siège.

3. Gianni Cardinale, « Il mondo in udienza dal papa », *Avvenire*, 8 janvier 2012. Notamment : « Il maintient des observateurs permanents auprès des principales organisations gouvernementales internationales, comme, par exemple, aux sièges de New York et de Genève de l'ONU, au Conseil de l'Europe à Strasbourg, à la FAO à Rome, à l'UNESCO à Paris ou à l'OMT. Mais également auprès de la Ligue des États arabes et de l'Organisation de l'unité africaine. Et auprès de l'OCDE à Vienne, dont le Saint-Siège est un historique membre fondateur. Enfin, depuis l'an dernier, il a accrédité pour la première fois un nonce auprès de l'ANASE, l'Association des nations de l'Asie du Sud-Est. »

4. Comme le portail Reginamundi.info

5. Entretien accordé à l'auteur, avril 2012.

6. Le câble chiffré continue ainsi : « Après une heure de discussion, Mgr Battikha a demandé à quitter la nonciature et à se retirer pour prier, en promettant de revenir donner sa réponse à midi. Une demi-heure plus tard, il a téléphoné pour nous demander s'il y avait une lettre pour lui ou si nous avions un mandat écrit du Saint-Père. Nous avons aussitôt compris qu'il était chez son avocat. J'ai coupé court à la conversation en insistant sur le fait que nous ne pouvions pas discuter de ces choses-là par téléphone et je l'ai invité à rentrer à la nonciature. La deuxième rencontre fut plus difficile et douloureuse, également pour ma part et pour Mgr Arbach. Nous avons fourni toutes les explications et informations. »

7. Entretien accordé à l'auteur, avril 2012.

8. « À 14 heures, nous avons pris congé. Mgr Battikha, un peu désarmé par une conversation ferme mais très sereine et persuasive de notre côté, nous a déclaré que se rendre au Venezuela était une décision très importante pour lui, notamment parce qu'il devrait laisser sa mère qui est âgée et malade, et qu'il devait bien y réfléchir. Il a promis de donner sa réponse dès que possible. Comme Arbach ne doit quitter le Liban que le vendredi 2 décembre, il a demandé à le rencontrer le jeudi 10, pour qu'il porte sa réponse à Rome. »

9. Franco conclut : « De mon côté, je suis totalement disponible pour venir à Rome rencontrer les supérieurs afin de mieux leur expliquer les motivations de l'avis que j'ai exprimé, ou pour retourner à Beyrouth et rencontrer une nouvelle fois Mgr Battikha, avec éventuellement de nouvelles instructions. »

10. Entretien accordé à l'auteur, avril 2012.
11. Entretien accordé à l'auteur, mars 2012.
12. « Cela, les observateurs internationaux l'ont noté, poursuit Migliore. Toutefois, sur le plan diplomatique, tout ne se résout pas avec la bonne volonté d'une seule partie. La note du ministère est publique et, tant que les autres ambassadeurs en Pologne ne verront pas que le ministère fait un geste d'apaisement, on pensera que la question reste ouverte. C'est en ce sens que je suggère la présence, même brève, du ministre à la réception pour la fête du pape, demain 29 juin, à la nonciature. »

Les documents secrets de Benoît XVI

**Voici quelques-uns des principaux documents
sur lesquels s'appuie cet ouvrage.**[*]

---

[*] L'essentiel de ces documents est traduit dans le texte principal.

Dino Boffo, l'ancien directeur de Avvenire, *écrit au secrétaire particulier du pape, Georg Gänswein, pour dénoncer les responsables du complot le concernant, le 6 janvier 2010.*

pal

Riservata
A Monsignor Georg Gaenswein

Mi è stato detto che potevo inviarLe questa lettera; spero di non aver compreso male.
In ogni caso, ho il piacere di presentarLe i migliori auguri per l'anno appena iniziato.
Col più devoto ossequio,

Dino Boffo

(5 fogli, compreso questo)

RISERVATISSIMA

Treviso, 6 gennaio 2010

Reverendissimo Monsignore,

Lei probabilmente saprà che cosa mi è capitato tra la fine del mese di agosto e oggi, ossia delle dimissioni dalla direzione di Avvenire e degli altri media Cei a cui sono stato costretto a causa di una campagna denigratoria, e della ritrattazione di queste stesse accuse da parte del suo principale propalatore, il dr. Vittorio Feltri, direttore de "Il Giornale". Ritrattazione avvenuta a tre mesi esatti dalle mie dimissioni, ossia il 4 dicembre 2009.

Ebbene, è da questa ritrattazione che devo prendere le mosse per argomentare le circostanze che sono all'origine della presente lettera. Quella ritrattazione infatti, benché non abbia raggiunto le punte di notorietà mediatica toccate dalle dimissioni, mi ha messo nelle condizioni di entrare in una certa confidenza con un mondo in precedenza a me sconosciuto. Nei contatti informali che precedettero la decisione del dr. Feltri di ritrattare, e culminati con la visita del mio avvocato al direttore del "Giornale" per fargli prendere visione di tutte le carte relative al caso da lui cavalcato, e specialmente nei contatti che da allora sono seguiti con esponenti vari di quel quotidiano, sono venuto a conoscenza di un fondamentale retroscena, e cioè che a trasmettere al dr. Feltri il documento falso sul mio conto è stato il direttore de "L'Osservatore Romano", professor Gian Maria Vian. Il quale non ha solo materialmente passato il testo della lettera anonima che agli inizi dello scorso mese di maggio era circolata negli ambienti dell'Università Cattolica e della Curia Romana, volta a ostacolare la mia riconferma nell'organo di controllo della stessa Università, ossia il Comitato Toniolo, ma ha dato ampie assicurazioni che il fatto giudiziario da cui quel foglio prendeva le mosse riguardava una vicenda certa di omosessualità, che mi avrebbe visto protagonista essendo io – secondo quell'odioso pettegolezzo – un omosessuale noto in vari ambienti, a cominciare da quello ecclesiastico, dove avrei goduto di colpevoli coperture per svolgere indisturbato il delicato ruolo di direttore

1

responsabile di testate riconducibili alla Conferenza Episcopale italiana.

Naturalmente non mi sfugge, Monsignore, l'enormità di questa rivelazione, né io che ho patito le conseguenze della calunnia potrei mai lasciarmi andare a qualcosa di analogo. Mi decido a parlare, e a parlare oggi in una sede alta e riservata, perché non posso infine tacere quello di cui sono venuto a conoscenza e che tocca così da vicino la missione della Santa Sede. Inutile che Le precisi come sia stato attento a non cadere a mia volta vittima di tranelli, e come abbia per settimane avuto difficoltà a credere a ciò che mi si rivelava.

D'altra parte, Monsignore — come tacerlo? — è questo inatteso tassello che rischia di apparire ragionevole di fronte a una serie di circostanze rimaste in qualche modo sospese. Si pensi ai dieci giorni in cui si è materialmente orchestrata la campagna diffamatoria del "Giornale", incurante di qualunque obiezione che nel frattempo gli veniva rivolta sia su "Avvenire" che su altri giornali, e incurante altresì delle pressioni che gli arrivavano per via informale e riservata da soggetti di per se stessi del tutto credibili e autorevoli. Ma quella versione gli era stata garantita — al dire di Feltri — "da un informatore attendibile, direi insospettabile", e quindi perché indietreggiare? Forse che non era possibile che la supposta immoralità del direttore di "Avvenire" fosse stata sconosciuta ai suoi Superiori? Oppure, altro scenario ancora più inquietante, che i suoi Superiori — pur sapendolo — l'avessero per convenienza coperto? Intanto Feltri, nel proprio delirio, aveva cura di lasciare qualche traccia, come quando (e lo fece fin dal primo giorno) parlò di "regolamento di conti interno alla Chiesa", oppure quando arrivò a insinuare che "la velina proveniva dalla Gendarmeria Vaticana".

E come non annotare, almeno tra di noi Monsignore, che l'intervista apparsa sul "Corriere della Sera" del 31 agosto e rilasciata dal professor Vian non a titolo personale ma nel suo ruolo di direttore de "L'Osservatore Romano", e nella quale ampiamente mi si criticava, finisce per apparire oggi come qualcosa di diverso da una iniziativa improvvida e vanesia? Impossibile non chiedersi, tra l'altro, perché non si sia trovato il modo di ridimensionare quell'intervista, se non anche di prendere le distanze da essa e da ciò che stava causando, nonostante una richiesta esplicita in tal senso avanzata dal

2

Presidente della Cei. Non credo, per essere con Lei schietto fino in fondo, che il cardinale Bertone fosse informato fin nei dettagli sull'azione condotta da Vian, ma quest'ultimo forse poteva far conto, come già in altri frangenti, di interpretare la *mens* del suo Superiore: allontanato Boffo da quel ruolo, sarebbe venuto meno qualcuno che operava per la continuità tra la presidenza del cardinale Ruini e quella del cardinale Bagnasco. Un collegamento, quello tra l'iniziativa di Vian e il cardinale Bertone, che più di qualcuno potrebbe erroneamente aver supposto, se lo stesso portavoce dell'onorevole Berlusconi, Paolo Bonaiuti poteva rispondere *off the record* a qualche cronista accreditato a Palazzo Chigi: "Abbiamo fatto un favore a Bertone". Da qui probabilmente il disagio che all'inizio della vicenda il *premier* aveva lasciato trasparire, per prendere poi pubblicamente le distanze dalla campagna scandalistica, infine per impegnarsi con Feltri – questo è dato certo – perché ritrattasse e sanasse la ferita inferta a Boffo.

Vede, Monsignore, i giornalisti sono soggetti strani, a volte sparano notizie senza avere le pezze d'appoggio appropriate, altre volte raccolgono frammenti e li lasciano maturare nei loro taccuini, in attesa che gli eventi abbiano un loro sviluppo. Ebbene, mi è noto, essendo stato al riguardo interpellato da taluni colleghi, che qualcuno di loro è in possesso di singolari affermazioni che nei giorni della polemica Vian ha fatto nei riguardi, ad esempio, del "coraggio dimostrato da Feltri" con la sua denuncia, come sono a conoscenza della frase che nelle stesse ore a Feltri è sfuggita in redazione: "Ah, Vian, in questi giorni è meglio che non lo chiami direttamente ...". Così oggi negli ambienti vicini al "Giornale" c'è chi ironizza sul fatto che il direttore dell'"Osservatore Romano" si è consegnato mani e piedi ad uno spregiudicato come Feltri...

Ai pari di altri, sono anch'io a conoscenza dell'indiscrezione pubblicata nel mese di ottobre da Sandro Magister sul suo blog, là dove si attribuisce esplicitamente a Vian la paternità di un certo articolo di difesa della campagna diffamatoria uscito sul "Giornale" stesso a firma (inventata) di Diana Alfieri. Le assicuro che la replica di Vian a tale indiscrezione è stata così contorta da suscitare, tra gli stessi addetti ai lavori, più dubbi di quelli che avrebbe dovuto placare. Eppure, fino a quel momento lo pensavo che fossimo sul piano delle illazioni o dei sospetti. Oggi invece mi trovo nella

3

condizione di non potermi obiettivamente sottrarre a quanti attestano come sicuro il fatto che Vian è l'ispiratore della vicenda.

Se non c'è motivo di dubitare sulle spiegazioni ripetutamente accampate da Feltri per "giustificare" la propria campagna, ossia svergognare chi aveva osato obiettare su alcune scelte della vita privata di Berlusconi, nulla di documentato posso dire sulle motivazioni che hanno indotto il professor Vian ad agire nel senso qui rilevato. Ma a parte il fatto che nei suoi contatti con i giornalisti il personaggio è abituato fin troppo ad arrischiare, potrei dar credito alle riserve da Vian stesso avanzate circa il mio modo di concepire il ruolo dei media Cei, quello cioè di assicurare alla Chiesa italiana una voce pubblica orchestrata in modo tale da obbligare la politica a tenere conto delle posizioni della Chiesa stessa. Il caso della povera Eluana era stato al riguardo emblematico per i critici dell'"Avvenire" di allora. Per cui solo superando la direzione in carica si poteva sperare di attenuare il peso della Chiesa sulla politica, rendendola più flessibile e adeguata a nuovi futuri scenari. E proprio qui si profila quel dato di ingenuità che tutto sommato connota l'operare del direttore dell'"Osservatore". Ma questo non è discorso che propriamente mi riguarda.

Mi chiedo invece, e ora che si fa? Monsignore, Le assicuro che non muoverò un dito perché tale ricostruzione dei fatti sia risaputa: i superiori interessi della Chiesa restano per me la bussola che determina il mio agire. Ho perso, è vero, il mio lavoro, e un lavoro in cui credevo molto, ma non coltivo desideri di vendetta. È chiaro tuttavia che ciò che è accaduto non è più oggi un segreto al "Giornale", e quindi che i retroscena della vicenda possono uscire sulla stampa in qualunque momento, nonostante eventuali promesse. Non manca infatti chi è già all'opera per risalire, con i propri mezzi, alla verità dei fatti. Per questo, Monsignore, ritengo giusto informarLa su quello che ho appreso, e così in qualche modo allertarLa su uno scenario che potrebbe tra non molto presentarsi.

Ovvio che, per quanto qui scritto, io resti a disposizione.

Con ciò voglia, Monsignore, scusarmi per l'incomodo e considerarmi come Suo

dbmo   Dino Boffo

4

La deuxième lettre de Boffo au secrétaire du pape, le 12 janvier 2010.

pa1

Dino Boffo

Riservata
A Monsignor Georg Gaenswein

Busso per una seconda volta, e mi scuso. Conto di non disturbare oltre.
Col più devoto e grato ossequio,

(4 fogli, compreso questo)

pa2

Monsignore Reverendissimo,

desidero anzitutto e sinceramente ringraziarLa per la carità sacerdotale e per la franchezza che mi ha riservato nella telefonata di ieri, 11 gennaio 2010. Dio sa se mi displace di aver arrecato così tanto disturbo.

Vorrei, col Suo permesso Monsignore, aggiungere un particolare che ieri, sul momento, non mi è venuto alla mente. Parlavamo del pettegolezzo che, se ho ben capito, sarebbe circolato già in qualche Ufficio, e Le raccontai con confidenza l'unica traccia che mi poteva in qualche modo suggerire un collegamento, quella che passava per monsignor Angelo Pirovano. Ma poi, a telefonata conclusa, mi sono ricordato, e mi splace di non essere stato subito pronto, che – poteva essere nel 2000 o 2001 – mi capitò di sentire che un certo monsignor Pio Pinto, che allora lavorava se non erro alla Sacra Rota, e col quale mi ero imbattuto nell'anno in cui occupai un appartamentino che mi era stato gentilmente offerto nelle soffitte del Palazzo di Propaganda Fide in Piazza di Spagna, aveva parlato non proprio bene di me. Egli, un tipo singolare e un po' visionario, aveva l'abitazione nello stesso palazzo, e ogni tanto incontrandoci ci si soffermava per fare due chiacchiere, con l'impegno che saremmo andati una sera o l'altra a cena insieme, ma la cosa a me non interessava più di tanto perché le chiacchiere curiali non sono mai state il mio forte. Dico un tipo singolare, perché non raramente questi lasciava di sera il portone di casa socchiuso e lo, rientrando magari sul tardi, puntualmente prendevo dello spavento. Ebbene, ricordo che già non abitavo più lì quando un giorno mi si dice che quel sacerdote avanzava sospetti espliciti sul sottoscritto. Onestamente non mi turbai più di tanto, e ricordo di aver detto al mio divertito interlocutore che Pinto probabilmente aveva scambiato la visita serale di alcuni miei colleghi di Sat2000 – la tv allora agli inizi e per me era importante sfruttare le occasioni per conoscere quei ragazzi e ragazze – con chissà chi. Ma per me la cosa è finita lì, e devo dire che l'avevo quasi scordata.

1.

314

Tutto qui, Monsignore. Mi pareva importante completare l'informazione sulle uniche tracce che a me il pettegolezzo incredibilmente avanzato fa tornare alla mente.

Mi consenta tuttavia di osservare che ciò di cui Vian si è reso purtroppo responsabile si pone ad un altro livello. Questi si imbatte in un foglio anonimo, vistosamente contraffatto (in quale modulo della Repubblica Italiana l'imputazione a carico di un cinquantenne viene fatta citando il nome e cognome dei suoi decrepiti genitori?), oltre che calunnioso (nelle carte di Terni non si fa mai parola né riferimento a qualsivoglia circostanza rapportabile ad omosessualità, come Feltri ha dovuto prendere atto), e che cosa fa? Lo prende e lo passa – lui direttore dell'Osservatore Romano – ad un collega noto per la spregiudicatezza, dando assicurazione di autenticità, con la prospettiva che si voglia imbastire una campagna pubblica (e strumentale) contro il direttore del quotidiano cattolico. Qual è il senso morale e il sentire ecclesiale di una tale operazione?

Monsignore, non Le posso nascondere che qualcosa della Sua cortesissima telefonata di ieri mi aveva in un primo momento lasciato come attonito. Ma Le assicuro, davanti a Dio, che sono sereno, e che non posso dubitare che il principio di realtà anche in questa circostanza si affermi. Le ripeto, se io fossi un omosessuale, tanto più un omosessuale impenitente, davvero i colleghi delle mie tre redazioni con i quali ho passato ore, giorni e anni, affrontando qualunque argomento e mettendo in pagina le posizioni della Chiesa su tutti gli argomenti sollecitati dall'attualità, non si sarebbero accorti che qualcosa non andava? Davvero avrei potuto conservare fino ad oggi la loro stima di credenti e di padri di famiglia? Inoltre, Monsignore, non essendo più un giovanetto, nella mia vita sono passato come tutti attraverso vari ambienti. Dal trenta ai quarant'anni sono stato animatore del settimanale diocesano di Treviso, e presidente di un'Azione cattolica molto vivace che faceva, per dire, una cinquantina di campi scuola ogni estate (Lei conosce Lorenzago, ecco quella era una delle sedi dei nostri campi): possibile che nessuno avesse trovato qualcosa su cui ridire? In precedenza, dai 22 ai 30 anni fui un giovanissimo "dirigente" (si fa per dire) del Centro nazionale dell'Azione Cattolica (allora in via della Conciliazione 1, presidente era il Professor Agnes), e con me crebbero decine e decine di altri giovani, sui quali poi Giovanni

2

Paolo II avrebbe fatto conto per lanciare le Gmg: anche allora, possibile che nessuno avesse trovato qualcosa da ridire? Infine, in questi ultimi nove anni a Roma ho abitato in un appartamentino ricavato da un appartamento «padronale» più vasto, e la proprietaria, madre zelante di due figli, quando il mese scorso l'ho salutata per fine locazione, per poco non si metteva a piangere. Possibile che con un'entrata dell'appartamento visibile dalla sua cucina, non abbia mai visto nulla?

Perdoni la tirata, ma è solo un piccolo sfogo che affido al Sacerdote sperimentato e saggio, confidando nella Sua benevolenza. In ogni caso, mi compatisca e mi abbia sinceramente come

Suo obbmo

Dino Boffo

3

Dino Boffo écrit au cardinal Angelo Bagnasco, président de la Conférence épiscopale italienne, le 2 septembre 2010.

Ond, 2. 9. 2010

Eminenza,
vorrei tanto che Lei mi avesse davanti e potesse avvertire tutta la mia desolazione.

Desolazione anzitutto di trovarmi nella necessità di importunarLa, sapendo quali sono gli affanni quotidiani cui deve far fronte. Dio sa quanto vorrei poter risolvere da solo queste mie grane.

E desolazione c'è in me per questa ripresa di attenzione sulla vicenda che mi ha e ci ha interessato. Accludo l'articolo di Marco Travaglio apparso nella prima pagina del "Fatto" di oggi. È il coronamento che mancava alla sottile giostra persecutoria di questi ultimi giorni.

Non so se ha presente chi è il giornalista Travaglio. Per capirci è il più puntuto, insorabile e documentato avversario di Berlusconi. Più ancora di Santoro. È il giornalista «nemico» per antonomasia. Lui avrà seguito la trasmissione televisiva dell'altro giorno, con Feltri che faceva i suoi numeri da circo, ha sentito che se tornasse indietro Feltri sarebbe più cauto, ha sentito le insinuazioni avanzate nei confronti dei vescovi, ha sentito Feltri ricordare che io non avrei fatto querela né penale né civile, e gli è scattata la mosca al naso. Com'è possibile che Boffo stia ancora zitto? Cosa nasconde o cosa lo preoccupa? I suoi vecchi padroni (lui ragiona così) perché l'hanno mollato? Non è che per caso è sceso a patti col suo torturatore, ha preso dei soldi per tacere e ora se ne sta alla larga? Per la gente come Travaglio è inspiegabile che, con quello che mi è stato fatto, io non abbia impugnato la bandiera e sia andato sulle barricate con loro. Lui, in sostanza, mi vorrebbe stanare naturalmente nell'ottica della sua causa.

Cosa faccio? Faccio un'intervista per dire la mia e dare ragguagli sulla mia situazione? Ancora ieri Ezio Mauro di "Repubblica" si è offerto di venire lui a casa mia e a farmela, come direttore, l'intervista. Ma lo stesso "Fatto" me l'ha chiesta, "il Foglio", "la Stampa", "il Resto del Carlino". Non avrei problemi cioè a poter parlare, ma io non sono ancora convinto che sia la strada migliore, perché andrei di fatto a rinfocolare le polemiche e comunque finirei per arrecare danno a qualcuno, tanto più se ne parlo non è che possa sorvolare del tutto sulla parte svolta da Bertone-Vian. Potrei andare leggero, potrei dire esplicitamente che non mi va di coinvolgere la Chiesa, ma anche solo una frase così lascerebbe intendere qualcosa. D'altra parte, se parlo posso negare completamente quella che a tutt'oggi risulta essere la realtà dei fatti? Sarebbe prudente ed evangelico negare, o è più prudente ed evangelico starmene zitto? Questo è il punto. Tra l'altro, io non ho nessuna remora oggi come oggi a far togliere la riservatezza al fascicolo del tribunale, ma certo andrei – pur senza volerlo – a scatenare l'attenzione dei media sulle due famiglie, alle quali io – ben inteso – non debbo nulla, ma che mi è sempre apparso più prudente tenere alla larga giacché non le conosco al punto da potermi fidare delle loro reazioni. È comunque, sarebbe una via che probabilmente solleva me (la reazione di chi oggi mi legge quel fascicolo è tutto qui"), ma non chiuderebbe la vicenda in un freezer, o ri-accenderebbe probabilmente il bailamme. Ecco perché finora, nonostante tutto, e nonostante le mille provocazioni di Feltri, ho preferito starmene zitto.

Lui però (stupidissimo) non è stato a sua volta zitto perché sente di nuovo addosso la scadenza (prevista a fine mese) dell'Ordine nazionale dei Giornalisti che dovrebbe confermare o meno la sentenza già emessa dall'Ordine regionale della Lombardia. Chiaro che lui i sei mesi di sospensione dalla firma del giornale – questa la pena già inflittagli, e ora da confermare – non li vuole, tanto più dopo la battaglia recentemente fatta su Fini. Lui non vuol trovarsi sconfessato. E pensa così, parlando come sta parlando e agitandosi come si sta agitando, di attenuare le proprie responsabilità circa il mio caso, senza invece rendersi conto che accresce il proprio danno, e infatti i suoi stessi avvocati in tal senso si sono espressi proprio ieri che col mio avvocato, dicendosi disperati perché non ascolta nessuno e agisce di impulso).

1

317

Eminenza, glielo chiedo in ginocchio, se questo può aiutarLa a intuire lo spirito con cui oso parlarLe: non crede che la Chiesa dovrebbe dare o fare un qualche segno che, dal suo punto di vista, mi riabiliti agli occhi del mondo? E si possa in tal modo sperare di far scendere la febbre...Non le nascondo infatti l'idea che mi sono fatto, e che si sono fatti anche altri di cui mi fido, ossia che a colpire la categoria dei miei colleghi giornalisti oggi non siano tanto le uscite pazze di Feltri o del suo dirimpettaio Travaglio, tutti il sanno misurare, ma il silenzio della Chiesa, che loro interpretano come un fatto sospetto. Dimenticano che Lei ha parlato, e come. Che Lei ha fatto fare una dichiarazione anche dopo il 4 dicembre, quando ci fu la ritrattazione di Feltri. Purtroppo poi c'è stata la rivelazione del coinvolgimento superiore, e ha riportato in auge in taluno i sospetti. Certo, se potessi dire che la Cei mi sta comunque aiutando, sarebbe una cosa diversa e griderebbe, a chi vuol sapere, che non sono proprio abbandonato a me stesso, che la Cei a suo modo mi è solidale, che sono semplicemente a casa, ad aspettare che il procedimento abbia termine, ma non mi sento un reietto agli occhi del mio ex Editore... Le chiedo in punta di piedi: facciamo uscire questa cosa (dell'articolo e, per grazia della Cei) così che circoli e raffreddi un po' il clima? Ci sono contro-indicazioni? Forse sì... O pensa, Eminenza – e qui mi faccio davvero tremolante – che si possa risolvere, la faccenda del segnale da dare, in altro modo? D'altro canto, se io oggi do la notizia che accetto la proposta di lavoro che mi proviene dalla Stampa, forse che non ci sarà in questo clima qualcuno che obietterà che me ne vado dal mio ambiente perché, perché, perché.

Non voglio metterLa in angustie, non voglio nulla, Eminenza. Vorrei solo sparire, ma sparire non posso, e allora sono qui a parlarGliene ancora una volta con il cuore in mano, analizzando passo passo con Lei questa faccenda, che non vuol finire (ma forse – ed è l'ultima spiegazione che riesco a darmi – l'imbroglio che ci sta sotto è troppo grande perché sia frantumato e assorbito anonimamente nelle pieghe della storia, che pur ha una bocca buona...).

Non parole per scusarmi con Lei, che è persona e Vescovo a cui voglio molto bene, e che mi dispiace non sa quanto disturbare in questo modo.

Suo devmo

Dino Boffo

2

Mgr Carlo Maria Viganò, secrétaire général du gouvernorat, écrit à Benoît XVI pour dénoncer de graves irrégularités dans la gestion financière du Saint-Siège, le 27 mars 2011.

Arcivescovo tit. di Ulpiana
Segretario Generale del Governatorato

Beatissimo Padre,

Mi vedo purtroppo costretto a ricorrere a Vostra Santità per un'incomprensibile e grave situazione che tocca il governo del Governatorato e la mia persona.

L'Em.mo Card. Lajolo, che mi conforta con la sua stima e fiducia, nella sua grande bontà d'animo, non priva però di un qualche irenismo, non pare percepirne la gravità e mi invita a continuare con serenità nel mio lavoro.

Un mio trasferimento dal Governatorato in questo momento provocherebbe profondo smarrimento e scoramento in quanti hanno creduto fosse possibile risanare tante situazioni di corruzione e prevaricazione da tempo radicate nella gestione delle diverse Direzioni.

Gli Em.mi Cardinali Velasio De Paolis, Paolo Sardi e Angelo Comastri conoscono bene la situazione e potrebbero informarne Vostra Santità con piena conoscenza e rettitudine.

Pongo nelle mani di Vostra Santità questa mia lettera che ho indirizzato all'Em.mo Cardinale Segretario di Stato, perché ne disponga secondo il Suo augusto volere, avendo come mio unico desiderio il bene della Santa Chiesa di Cristo.

Con sinceri sentimenti di profonda venerazione,

di Vostra Santità

+ Carlo Maria Viganò

Gianni Letta, sous-secrétaire à la présidence du Conseil, écrit au secrétaire particulier du pape pour lui commenter le résultat d'une recommandation émise par le Vatican, le 27 novembre 2010.

Lettre de donation de Bruno Vespa pour les œuvres de charité du Saint-Père, accompagnée d'une demande d'audience privée, le 21 décembre 2011.

Allegati: assegno di € 10.000,00

Dr. Bruno Vespa

PERVENUTO IL
23 DIC. 2011

Roma, 21 dicembre 2011

Monsignore Georg Gänswein
Segretario di Sua Santità
Città del Vaticano

Caro Monsignor Georg,

anche quest'anno , mi permetto di farLe avere a nome della mia famiglia una piccola somma a disposizione della Carità del Papa.

Auguro a Sua Santità e a Lei, caro Don Giorgio, di trascorrere un sereno Natale e un nuovo anno di proficua missione

Mi creda, il Suo

Bruno Vespa

Allegato assegno NT Unicredit Banca di Roma n. 3581597098-01 di euro 10000/00

P.S. Quando possiamo avere un incontro per salutare il Sant Padre? Grazie.

mi faccio vivo al telefono nel nuovo anno

B.

VISTO DAL SANTO PADRE
24 DIC. 2011

321

Lettre de donation de Giovanni Bazoli, président du conseil de surveillance d'Intesa Sanpaolo, pour les œuvres de charité du Saint-Père, le 22 décembre 2011.

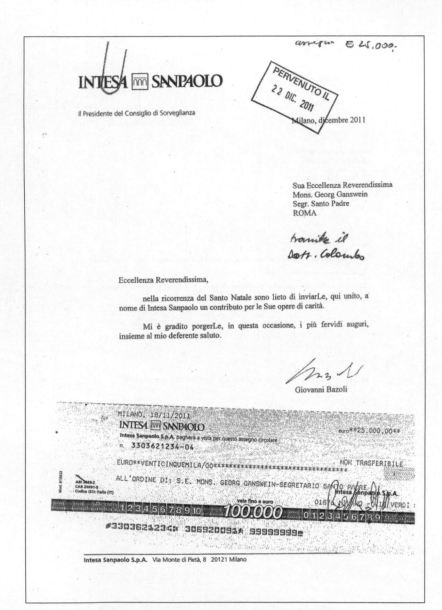

*Ordre de virement au directeur de l'IOR, Paolo Cipriani,
pour le transfert d'une somme d'argent depuis le compte de la
Fondation Joseph Ratzinger, le 9 décembre 2011.*

SEGRETERIA PARTICOLARE
DI SUA SANTITÀ

9 dicembre 2011

**Egregio Signore
Dott. Paolo Cipriani
Direttore Generale dell'Istituto
per le Opere di Religione
Città del Vaticano**

Caro Direttore,

La prego di trasferire la somma di **EURO 25.000,-
(venticinquemila)** dal conto della "Fondazione Joseph Ratzinger –
Benedetto XVI" al seguente indirizzo: "Joseph Ratzinger Papst
Benedikt XVI.-Stiftung", München; Hauck & Aufhäuser:
**IBAN: DE75502209000007382005;
BIC: HAUKDEFF**
    Scopo: a) Borse di studio per 2 studentesse africane (20.000,-
    Euro) e b) aiuto per una Sig.ra dall'Iran (5.000,- Euro).

Ringraziando per la Sua cortese disponibilità, La saluto cordialmente

Mons. Georg Gänswein
Segretario particolare di Sua Santità Benedetto XVI

Rapport du président de l'IOR, Ettore Gotti Tedeschi, au cardinal Tarcisio Bertone, à propos de l'intervention de la Communauté européenne contre l'exemption ICI sur les biens immobiliers de l'Église, le 30 septembre 2011.

RISERVATO E CONFIDENZIALE

SINTESI DEL PROBLEMA ICI (Memoria per SER il Card.Tarcisio Bertone , suggeritami riservatamente dal Ministro del Tesoro)

Su denuncia del mondo radicale (2005)la Comunità Europea viene spinta a contestare l'esenzione ICI sugli immobili della Chiesa non utilizzati per fini religiosi ,pertanto quelli "commerciali" , cioè scuole, collegi, ospedali, ecc.(esclusi quelli che ricadono sotto il Trattato dei patti Lateranensi) .

Nel 2010 la CE avvia una procedura contro lo stato italiano per "aiuti di stato"non accettabili alla Chiesa Cattolica.

Detta procedura evidenzia oggi una posizione di rischio di condanna per l'Italia e una conseguente imposizione di recupero delle imposte non pagate dal 2005. Dette imposte deve pagarle lo stato italiano che si rifarà sulla Cei (si suppone), ma non è chiaro con chi per Enti e Congregazioni .

Poichè la Commissione Europea non sembra disponibile a cambiare posizione , ci sono tre strade percorribili :
- abolire le agevolazioni ICI (Tremonti non lo farà mai)
- difendere la normativa passata limitandosi a fare veriche sulle reali attività commerciali e calcolare il valore "dell'aiuto di stato" dato. (non è sostenibile)
- modificare la vecchia norma che viene contestata dalla CE (art.7 comma bis DL 203 , 2005, che si applicava ad attività che avessero "esclusivamente" natura commerciale).Detta modifica deve produrre una nuova norma che definisca una CATEGORIA per gli edifici religiosi e crei un CRITERIO di classificazione e definizione della natura commerciale (secondo superficie , tempo utilizzo e ricavo). Si paga pertanto ICI al di sopra di un determinato livello di superficie usata, di tempi di utilizzo, di ricavo. In funzione cioè di parametri accettati che dichiarano che un edificio religioso è commerciale o no.
- A questo punto la Cei (e chi altri?) accetta la nuova procedura .Detta accettazione fa decadere le richieste pregresse (dal 2005 al 2011) e la Comunità Europea (Almunia) deve accettarle .

Il tempo disponibile per interloquire è molto limitato . Il responsabile Cei che finora si è occupato della procedura è mons. RIVELLA . Ci viene suggerito di incoraggiarlo ad accelerare un tavolo di discussione conclusiva dopo aver chiarito la volontà dei vertici della santa Sede. L'interlocutore all'interno del Ministero Finanze è Enrico Martino (nipote del card. Martino)
Io posso suggerire come interloquire con il Commissario Almunia affinchè ci possa lasciare un pò di tempo (fino a fine novembre)e non acceleri la conclusione della procedura

(Ettore Gotti Tedeschi – 30settembre 2011)

Tarcisio Bertone, secrétaire d'État du Vatican, écrit à la représentation pontificale de Madrid pour préciser la position du Saint-Siège vis-à-vis de l'ETA (organisation terroriste basque), le 10 janvier 2011.

CIFRATO SPEDITO

Da:	Ufficio Cifra
A:	Madrid
Cifr. N.	204
Data Cifrazione:	10/01/2011

Faccio riferimento al Cifrato N. 263, del 3/01/2011, ed al successivo e-mail di ieri, 4 gennaio 2011, circa la possibilità di un incontro nella sede di codesta Rappresentanza Pontificia con qualche esponente dell'organizzazione terroristica armata ETA, al fine di una dichiarazione, da parte di questa, di una tregua unilaterale, permanente e verificabile internazionalmente.

Considerando anche quanto riferisce S.E. Mons. Mons. José Ignacio Munilla, Vescovo di San Sebastián, si concorda con VE circa l'inopportunità di accettare detto incontro. E altresì utile tener presente che il Vice-Presidente e Ministro dell'Interno di codesto Governo, On. Rubalcaba, ha affermato di recente che la suddetta organizzazione non deve dichiarare nessuna tregua, ma solo sciogliersi.

Inoltre, VE è pregata di prendere contatto con l'On. Jaime Mayor Oreja, al fine di sentire il suo parere sulla situazione attuale dell'ETA e sui suoi veri obiettivi. La conversazione con il Parlamentare sarà utile perché, in futuro, codesta Nunziatura Apostolica potrebbe ricevere proposte analoghe a quella in parola, nonostante il presente diniego. Se ciò dovesse avvenire, VE è pregata di continuare a riferire a questa Segreteria di Stato e, in ogni caso, prima di prendere qualsiasi decisione, dovrebbe ottenere il benestare del Governo e dell'opposizione; per giunta bisognerebbe porre alla menzionata organizzazione, come pre-condizioni, la deposizione delle armi e la richiesta di perdono per tutti i crimini commessi durante vari decenni di lotta terroristica armata.

Bertone

Note du père Georg Gänswein concernant un entretien avec don Rafael Moreno, assistant du fondateur des Légionnaires du Christ, Marcial Maciel, reconnu coupable d'abus sexuels sur mineurs, le 19 octobre 2011.

19. 10. 2011

Incontro : P. 00-938
bei mir

SEGRETERIA PARTICOLARE
DI SUA SANTITÀ

Incontro con D. Rafael Moreno, seg. privato di M.M.
was 18 Jahre Privatsekretär von M.M.; von diesem mißbraucht worden
· hat belastendes Material vernichtet
· hat JP II schon 2003 benachrichtiga wollen; diese hat nicht zugelost ; nicht geglaubt
· wollte Card. Sodano informieren, diese hat keine Indiar gewährt
· Card. de Paolis hat zu wenig Zeit gelebt

326

Note concernant l'affaire Emanuela Orlandi, jointe au texte de l'Angélus du 18 décembre 2011.

Alle cortese attenzione di Mon. Gänswein

ANGELUS
18 DICEMBRE 2011

Si allega:

1. Il **testo dell'Angelus** al quale sono state apportate le modifiche volute dal Sommo Pontefice;

2. la **prima pagina del Dopo Angelus** che sostituisce la precedente: si è solo inserito, nel pensiero alle Filippine, la menzione dei numerosi dispersi (per favore verifichi che la prima pagina sia uguale alla precedente, finisca, cioè, con il saluto in francese).

Per quanto riguarda la menzione del caso Orlandi, dopo aver sentito Padre Lombardi, e nuovamente Mons. Ballestrero, si è giunti alla conclusione che non è opportuno un cenno al caso. Il fratello della Orlandi sostiene fortemente che ai vari livelli vaticani ci sia omertà sulla questione e si nasconda qualcosa. Il fatto che il Papa anche solo nomini il caso può dare un appoggio all'ipotesti, quasi mostrando che il Papa "non ci vede chiaro" su come è stata gestita la questione.

Semmai, si vedrà come andranno le cose e poi si potrà scrivere al Sig. Orlandi una Lettera a firma del Sostituto in cui si esprima la vicinanza del Papa, ma si precisi anche che non vi sono nuovi elementi a conoscenza delle nostre Autorità (sarà eventualmente da studiare molto bene). Il Cardinale è stato informato ed era d'accordo.

Gloder
17/12/11

VISTO DAL SANTO PADRE
17 DIC. 2011

Document confidentiel rédigé en vue d'un dîner privé au Vatican entre Benoît XVI et les époux Napolitano, accompagné de différentes suggestions que le Saint-Siège soumet au gouvernement italien, le 19 janvier 2009.

A Sua Santità
devotamente
+ D. Mamberti

Incontro con il Presidente della Repubblica italiana
Giorgio Napolitano
(19 gennaio 2009)

1. Il Presidente Napolitano

Giorgio Napolitano è nato a Napoli il 29 giugno 1925. Nel 1947 si è laureato all'Università di Napoli in giurisprudenza con una tesi di economia politica sul mancato sviluppo del Mezzogiorno. Ha conosciuto Clio Maria Bittoni (nata nel 1935) all'Università di Napoli, dove anch'ella si laureò in giurisprudenza. Si sono sposati con rito civile nel 1959. I coniugi Napolitano hanno due figli, Giulio e Giovanni.

Il Presidente Napolitano si è iscritto nel 1945 al Partito Comunista Italiano (PCI), facendone parte fino alla sua trasformazione nel Partito dei Democratici della Sinistra (DS), al quale ha poi aderito. Dopo aver ricoperto incarichi a livello regionale, nel 1956 è diventato dirigente del PCI a livello nazionale.

È stato eletto alla Camera dei deputati per la prima volta nel 1953 e ne ha fatto parte – tranne che nella IV legislatura - fino al 1996. Il 3 giugno 1992 è stato eletto Presidente della stessa Camera dei deputati, restando in carica fino all'aprile del 1994. Dal 1989 al 1992 e nuovamente dal 1999 al 2004 è stato membro del Parlamento europeo. Nella XIII legislatura è stato Ministro dell'Interno e per il coordinamento della protezione civile nel Governo Prodi, dal maggio 1996 all'ottobre 1998. Il 23 settembre 2005 è stato nominato senatore a vita dal Presidente della Repubblica Carlo Azeglio Ciampi. Il 10 maggio 2006 è stato eletto Presidente della Repubblica ed ha prestato giuramento il 15 maggio 2006.

Ha compiuto una visita ufficiale in Vaticano il 20 novembre 2006. Il 24 aprile 2008 ha offerto a Sua Santità un concerto in onore del terzo anniversario di Pontificato. Il 4 ottobre 2008 Sua Santità si è recato in visita al Quirinale.

2. Alcuni temi di interesse per la Santa Sede e la Chiesa in Italia

a) <u>Famiglia</u>. Occorre dare piena attuazione al *favor familiae* sancito dall'art. 29 della Costituzione, anche per contrastare il sempre più preoccupante calo demografico. In quest'ottica, potrebbero risultare utili: un sistema di tassazione del reddito delle famiglie che tenga conto, accanto all'ammontare del reddito percepito, anche del numero dei componenti della famiglia e quindi delle spese per il mantenimento dei familiari; la previsione di aiuti a sostegno della natalità che non siano solo *una tantum*; l'adozione di misure volte a incentivare la realizzazione di servizi per la prima infanzia.

Allo stesso tempo si devono evitare equiparazioni legislative o amministrative fra le famiglie fondate sul matrimonio e altri tipi di unione. Due esponenti del Governo (Brunetta e Rotondi) hanno purtroppo fatto annunci in tal senso.

b) <u>Temi eticamente sensibili</u>. Riguardo all'ipotesi di un intervento legislativo in materia di cure di fine vita e di dichiarazioni anticipate di trattamento, si avverte anzitutto l'esigenza di una chiara riaffermazione del diritto alla vita, che è diritto fondamentale di ogni persona umana, indisponibile e inalienabile. Conseguentemente, si deve escludere qualsiasi

Filipazzi
19.1.2009

forma di eutanasia, attiva e omissiva, diretta o indiretta, e ogni assolutizzazione del consenso. Occorre evitare sia l'accanimento terapeutico sia l'abbandono terapeutico.

c) <u>Parità scolastica</u>. Il problema attende sempre una soluzione, pena la scomparsa di molte scuole paritarie, con aggravi sensibili per lo stesso bilancio dello Stato. Occorre trovare un accordo sulle modalità dell'intervento finanziario, anche al fine di superare recenti interventi giurisprudenziali che mettono in dubbio la legittimità dell'attuale situazione.

e) <u>Situazione generale socio-economica</u>. Essa registra un senso di insicurezza, attualmente aggravato del contesto economico globale. Nel suo discorso di fine d'anno il Presidente Napoletano ha ampiamente affrontato il tema di come l'Italia debba e possa affrontare l'attuale crisi. Permangono timori di fronte al fenomeno dell'immigrazione di persone provenienti da Paesi poveri; sul tema dell'accoglienza di questi immigrati si soffermò particolarmente il Presidente Napoletano nel suo discorso in occasione della visita del Santo Padre al Quirinale.

3. Alcuni temi di politica estera
Possono essere individuati nei seguenti:
a) l'attuale situazione nella Striscia di Gaza con le attuali speranze aperte dalla tregua e le prospettive di una soluzione definitiva. Tutto ciò avrà un peso nella decisione circa il pellegrinaggio apostolico del Santo Padre in Terra Santa;
b) l'attenzione al Continente africano, che verrà visitato dal Santo Padre nel marzo prossimo e che sarà al centro di un'assemblea del Sinodo dei Vescovi. Il tema può interessare l'Italia che assume quest'anno la presidenza del G8. Si ricorda che sono tuttora in mano ai loro sequestratori due suore italiane rapite in Kenya, dove nei giorni scorsi è stato assassinato un missionario.

4. Per alcuni chiarimenti
<u>a) Chiesa cattolica e leggi razziali.</u>
Il Presidente Napoletano aveva fatto conoscere il suo rammarico per la critica de "L'Osservatore Romano" al discorso del Presidente Fini circa le leggi razziali imposte dal fascismo, al quale non si sarebbe opposta neppure la Chiesa.
Il giudizio espresso dal Presidente Fini, oltre a non tenere conto della situazione di non libertà allora vigente, ha dimenticato le prese di posizioni di Pio XI contro tali provvedimenti, condannandoli sia in via di principio sia anche per il "vulnus" al Concordato del 1929. Non mancarono anche voci di autorevoli Pastori italiani, come il Card. Schuster di Milano, che riaffermarono la condanna dell'antisemitismo. E' spiaciuta questa "chiamata a correità" della Chiesa, fondata su giudizi storici non ben articolati.
<u>b) Legge sulle fonti del diritto dello Stato della Città del Vaticano.</u>
Si è creata una forte polemica mediatica attorno a tale norma, che sostituisce quella emanata nel 1929. La polemica, forse causata da qualche spiegazione infelice del provvedimento e dalla solita sommarietà dei mezzi di comunicazione nell'esporre le questioni, non ha ragioni di essere. Non è anzitutto toccato nessun patto fra la Santa Sede e l'Italia, trattandosi di un atto sovrano vaticano. Inoltre, né nel 1929 né ora vi è un recepimento automatico e e totale della legislazione italiana; oggi come nel 1929 la legislazione italiana costituisce una fonte di norme suppletive per l'ordinamento dello Stato della Città del Vaticano.

Rapport du chef de la gendarmerie du Vatican, Domenico Giani, sur le cas d'une voiture de service immatriculée à la Cité du Vatican (SCV) et retrouvée criblée de coups de feu sur le parking d'un restaurant à Rome, le 10 décembre 2009.

RISERVATA

Città del Vaticano, 10 dicembre 2009

GOVERNATORATO
DIREZIONE DEI SERVIZI DI SICUREZZA
E PROTEZIONE CIVILE

CORPO DELLA GENDARMERIA

Prot. n. 120 /Ris.

Appunto per l'Ecc.mo Mons. Sostituto della Segreteria di Stato

---

Verso le ore 22.45 di ieri personale di questo Corpo della Gendarmeria, uscendo dal ristorante *"Da Arturo"* in via Aurelia Antica n. 411 – al termine di una cena con alcuni funzionari dell'*Interpol* convenuti in Vaticano per una visita istituzionale – notava che l'autovettura *Volkswagen Passat* targata SCV 00953, che avevano utilizzato in questi giorni per i vari spostamenti, era stata danneggiata con alcuni colpi d'arma da fuoco.

La vettura presentava infatti il lunotto posteriore completamente sfondato, e tre piccole ammaccature provocate da altrettanti colpi di pistola sul montante destro. A terra, vicino alla macchina, sono stati rinvenuti i quattro bossoli (calibro 22) ma nessuna traccia delle pallottole.

D'intesa con l'Eccellenza Vostra Rev.ma, è stato inviato sul posto altro personale del Corpo e nel contempo è stata richiesta la presenza dei Carabinieri del Nucleo Operativo per le relative indagini.

Da precisare che la vettura era stata parcheggiata di fronte al ristorante, a ridosso dell'inferriata delimitante l'area *"Mediaset"* – spazio comunemente usato dai frequentatori del locale – ma non intralciava il transito dei pedoni, e proprio davanti all'autovettura, a pochi metri, era stata parcheggiata un'altra macchina della Gendarmeria, anche questa utilizzata per la circostanza, passata del tutto inosservata.

Sono state sentite alcune persone ma nessuno è stato in grado di fornire elementi utili alle indagini; solo un inserviente del ristorante, senza specificare l'orario, ha sentito alcuni spari, ma non ha dato peso al fatto pensando che fossero petardi.

Dall'analisi delle immagini registrate dalla telecamera installata all'ingresso del ristorante, non è stato raccolto alcun indizio, in quanto l'impianto è puntato sul muro perimetrale dell'edificio e non sulla strada.

RISERVATA

RISERVATA

Subito dopo i necessari rilievi, la vettura è stata portata presso la stazione *"Bravetta"* dei Carabinieri, poco distante, e alle ore 12.30 di oggi, dopo ulteriori accertamenti balistici, non essendo stata sottoposta a sequestro, personale della Gendarmeria ha ripreso in consegna l'autovettura.

Dalla dinamica del fatto, emerge l'ipotesi che a compiere l'atto vandalico sia stato uno squilibrato, che transitando occasionalmente su via Aurelia Antica, notando un'autovettura con targa vaticana, abbia voluto compiere un gesto dimostrativo o intimidatorio, spinto quasi sicuramente da risentimenti di carattere personale.

A conferma che con tutta probabilità si è trattato di un folle, il fatto che, stando a quanto affermato dagli esperti balistici, l'autore del gesto ha rischiato molto per la sua incolumità a sparare sull'autovettura così da vicino, nonostante il modesto calibro delle pallottole.

Si trasmette in allegato la relativa documentazione fotografica.

Mi valgo volentieri della circostanza per rinnovarLe i miei sentimenti di sincero affetto, confermandomi

dell'Eccellenza Vostra Reverendissima
dev.mo
IL DIRETTORE

RISERVATA

Lettre de Julián Carrón, président de la fraternité de Communion et Libération, à Mgr Giuseppe Bertello, nonce apostolique en Italie, remise et visée par Benoît XVI le 3 mars 2011.

PERVENUTO IL
0 3 MAR. 2011

Eccellenza Reverendissima,

rispondo alla Sua richiesta permettendomi di offrirLe in tutta franchezza e confidenza, ben consapevole della responsabilità che mi assumo di fronte a Dio e al Santo Padre, alcune considerazioni sullo stato della Chiesa ambrosiana.

1) Il primo dato di rilievo è la crisi profonda della fede del popolo di Dio, in particolare di quella tradizione ambrosiana caratterizzata sempre da una profonda unità tra fede e vita e dall'annuncio di Cristo "tutto per noi" (S. Ambrogio) come presenza e risposta ragionevole al dramma dell'esistenza umana. Negli ultimi trent'anni abbiamo assistito a una rottura di questa tradizione, accettando di diritto e promuovendo di fatto la frattura caratteristica della modernità tra sapere e credere, a scapito della organicità dell'esperienza cristiana, ridotta a intimismo e moralismo.

2) Perdura la grave crisi delle vocazioni, affrontata in modo quasi esclusivamente organizzativo. La nascita delle unità pastorali ha prodotto tanto sconcerto e sofferenza in vasta parte del clero e grave disorientamento nei fedeli, che mal si raccapezzano di fronte alla pluralità di figure sacerdotali di riferimento.

3) Il disorientamento nei fedeli è aggravato dalla introduzione del nuovo Lezionario, guidato da criteri alquanto discutibili e astrusi, che di fatto rende molto difficile un cammino educativo coerente della Liturgia, contribuendo a spezzare l'irrinunciabile unità tra liturgia e fede ("lex orandi, lex credendi"). E già si parla della riforma del Messale, uno dei beni più preziosi della Liturgia ambrosiana...

4) L'insegnamento teologico per i futuri chierici e per i laici, sia pur con lodevoli eccezioni, si discosta in molti punti dalla Tradizione e dal Magistero, soprattutto nelle scienze bibliche e nella teologia sistematica. Viene spesso teorizzata una sorta di "magistero alternativo" a Roma e al Santo Padre, che rischia di diventare ormai una caratteristica consolidata della "ambrosianità" contemporanea.

5) La presenza dei movimenti è tollerata, ma essi vengono sempre considerati più come un problema che come una risorsa. Prevale ancora una lettura sociologica, stile anni '70, come fossero una "chiesa parallela", nonostante i loro membri forniscano, per fare solo un esempio, centinaia e centinaia di catechisti, sostituendosi in molte parrocchie alle forze esauste dell'Azione Cattolica. Molte volte le numerose opere educative, sociali, caritative che nascono per responsabilità dei laici vengono guardate con sospetto e bollate come

VISTO DAL SANTO PADRE
0 3 MAR. 2011

"affarismo", anche se non mancano iniziali valorizzazioni di quelli che sono nuovi tentativi di realizzazione pratica dei principi di solidarietà e di sussidiarietà e che si inseriscono nella secolare tradizione di operosità del cattolicesimo ambrosiano.

6) Dal punto di vista della presenza civile della Chiesa non si può non rilevare una certa unilateralità di interventi sulla giustizia sociale, a scapito di altri temi fondamentali della Dottrina sociale, e un certo sottile ma sistematico "neocollateralismo", soprattutto della Curia, verso una sola parte politica (il centrosinistra) trascurando, se non avversando, i tentativi di cattolici impegnati in politica, anche con altissime responsabilità nel governo locale, in altri schieramenti. Questa unilateralità di fatto, anche se ben dissimulata dietro a una teorica (e in sé doverosa) "apoliticità", finisce per rendere poco incisivo il contributo educativo della Chiesa al bene comune, all'unità del popolo e alla convivenza pacifica, fatto ancora più grave in una città, in una Regione (la Lombardia) e in una parte d'Italia (il Nord) in cui più forti sono le spinte isolazioniste e ormai drammatici e quotidiani i conflitti tra poteri dello Stato.

7) Per quanto riguarda la presenza nel mondo della cultura, così importante per una città come Milano, va rilevato che un malinteso senso del dialogo spesso si risolve in una autoriduzione della originalità del cristianesimo, o sconfina in posizioni relativistiche o problematicistiche che, senza rappresentare un reale contributo di novità nel dibattito pubblico, finiscono col deprimere un confronto reale con altre concezioni e confermare una sostanziale irrilevanza di giudizio della Chiesa rispetto alla mentalità dominante.
Né va trascurata la peculiarità della presenza a Milano dell'Università Cattolica che, nonostante il prodigarsi ammirevole dell'attuale Rettore e dell'Assistente Ecclesiastico, attraversa una crisi di identità così grave da fare temere in tempi brevi un sostanziale e irreversibile distacco dalla impostazione originale. Nel rispetto delle prerogative della Santa Sede e della Conferenza Episcopale, non appare irrilevante il contributo che un nuovo Presule, per la sua preparazione e sensibilità, potrebbe offrire a favore di una più precisa linea culturale e educativa dell'Ateneo di tutti i cattolici italiani.

Mi permetto infine di rilevare, per tutte queste ragioni, pur sommariamente delineate, l'esigenza e l'urgenza di una scelta di discontinuità significativa rispetto alla impostazione degli ultimi trent'anni, considerato il peso e l'influenza che l'Arcidiocesi di Milano ha in tutta la Lombardia, in Italia e nel mondo.
Attendiamo un Pastore che sappia rinsaldare i legami con Roma e con Pietro, annunciare con coraggio e fascino esistenziale la gioia di essere cristiani, essere Pastore di tutto il gregge e non di una parte soltanto. Occorre una personalità con profondità spirituale, ferma e cristallina fede, grande prudenza e carità, e con una preparazione culturale in grado di dialogare efficacemente con la varietà delle componenti ecclesiali e civili, fermo sull'essenziale e coraggioso e aperto di fronte alle numerose sfide della postmodernità.

Per la gravità della situazione non mi sembra che si possa puntare su di una personalità di secondo piano o su di un cosiddetto "outsider", che inevitabilmente finirebbe, per inesperienza, soffocato nei meccanismi consolidati della Curia locale. Occorre una personalità di grande profilo di fede, di esperienza umana e di governo, in grado di inaugurare realmente e decisamente un nuovo corso.

Per queste ragioni l'unica candidatura che mi sento in coscienza di presentare all'attenzione del Santo Padre è quella dell'attuale Patriarca di Venezia, Card. Angelo SCOLA.

2

Tengo a precisare che con questa indicazione non intendo privilegiare il legame di amicizia e la vicinanza del Patriarca al movimento di Comunione e Liberazione, ma sottolineare il profilo di una personalità di grande prestigio e esperienza che, in situazioni di governo assai delicate, ha mostrato fermezza e chiarezza di fede, energia nell'azione pastorale, grande apertura alla società civile e soprattutto uno sguardo veramente paterno e valorizzatore di tutte le componenti e di tutte le esperienze ecclesiali. Inoltre l'età relativamente avanzata (70 anni nel 2011) del Patriarca rappresenta nella situazione attuale non un "handicap", ma un vantaggio: potrà agire per alcuni anni con grande libertà, aprendo così nuove strade che altri proseguiranno.

Colgo l'occasione per salutarLa con profonda stima.

don Julián Carrón
Presidente

Sua Ecc.za Rev.ma
Mons. Giuseppe Bertello
Nunzio Apostolico in Italia
Via Po 27-29
00198 Roma

3

Tarcisio Bertone écrit à Dionigi Tettamanzi, archevêque de Milan, pour l'informer de la volonté du Saint-Père de le relever de sa fonction de président de l'institut Toniolo, entité fondatrice de l'Université catholique de Milan, le 24 mars 2011.

RISERVATA - PERSONALE

SEZIONE
PER GLI AFFARI GENERALI

N. 194.135

Dal Vaticano, 24 marzo 2011

Signor Cardinale,

circa otto anni or sono Ella, accogliendo con encomiabile zelo e generosa disponibilità la richiesta che Le veniva fatta, accettò per un biennio la nomina a Presidente dell'Istituto Giuseppe Toniolo di Studi Superiori.

Occorreva infatti provvedere alla nomina di un successore al Sen. Emilio Colombo, il quale, a seguito della modifica statutaria concordata con la Segreteria di Stato, aveva lasciato la carica di Presidente. In tale circostanza, sempre su indicazione della Segreteria di Stato, egli stesso aveva proposto al Comitato Permanente la nomina di Vostra Eminenza.

Come Ella sa, secondo una prassi risalente alle fasi iniziali dell'Istituto, è la Segreteria di Stato ad indicare il nome di colui che deve svolgere il ruolo di Presidente del Toniolo, dal momento che l'Istituto "non è una qualsiasi Fondazione privata, ma un'emanazione della Chiesa", come ebbe a sottolineare il 27 ottobre del 1962 l'allora Card. Giovanni Battista Montini.

Di fatto, l'impegno di Vostra Eminenza a servizio dell'Istituto Toniolo si è protratto ben oltre il tempo originariamente previsto, e questo ovviamente a prezzo di ben immaginabili sacrifici. In considerazione di ciò, il Santo Padre mi ha dato incarico di ringraziare Vostra Eminenza per la dedizione profusa anche in tale compito a servizio di una Istituzione assai importante per la Chiesa e per la società in Italia.

Ora, essendo scaduti alcuni Membri del Comitato Permanente, il Santo Padre intende procedere ad un rinnovamento, in connessione col quale Vostra Eminenza è sollevata da questo oneroso incarico.

A Sua Eminenza Reverendissima
il Signor Card. Dionigi TETTAMANZI
Arcivescovo di Milano
Presidente dell'Istituto Toniolo
Palazzo Arcivescovile - Piazza Fontana, 2
20122 - MILANO

./.

Adempiendo pertanto a tale Superiore intenzione, sono a chiederLe di fissare l'adunanza del Comitato Permanente entro il giorno 10 del prossimo mese di aprile. In tale circostanza Vostra Eminenza vorrà notificare ai Membri di quell'Organo le Sue dimissioni dal Comitato stesso e dalla Presidenza dell'Istituto. Contestualmente indicherà il Prof. Giovanni Maria Flick, previa cooptazione nel Comitato Permanente, quale Suo successore alla Presidenza.

Il Santo Padre dispone inoltre, che fino all'insediamento del nuovo Presidente, non si proceda all'adozione di alcun provvedimento o decisione riguardanti nomine o incarichi o attività gestionali dell'Istituto Toniolo.

Sarà poi compito del Prof. Flick proporre la cooptazione dei Membri mancanti nell'Istituto Toniolo, indicando in particolare il prossimo Arcivescovo *pro tempore* di Milano ed un Prelato suggerito dalla Santa Sede.

In previsione dell'avvicendamento indicato, questa Segreteria di Stato ha già informato il Prof. Flick, ottenendone il consenso. Non c'è bisogno che mi soffermi ad illustrare le caratteristiche etiche e professionali che raccomandano questa illustre Personalità, ex allievo dell'Università Cattolica del Sacro Cuore, oggi nelle migliori condizioni per assumere la nuova responsabilità in quanto libero da altri incarichi.

Profitto volentieri dell'occasione per trasmettere a Lei, Eminenza, ed agli altri illustri Membri dell'Istituto il benedicente saluto di Sua Santità.

Unisco anche l'espressione dei miei personali deferenti ossequi e mi confermo

di Vostra Eminenza Reverendissima
dev.mo nel Signore

✠ Tarcisio Card. Bertone
Segretario di Stato

Note d'Ettore Gotti Tedeschi au secrétaire particulier du pape concernant certains sujets économiques importants pour le Saint-Siège, juin 2011.

Nota sintetica su temi economici interessanti la Santa Sede
Rieservata per Mons. Georg Ganswein
Da parte di Ettore Gotti Tedeschi   Giugno 2011

Premessa
La crisi economica in corso (non solo non ancora conclusa , bensì ancora all'inzio)e le conseguenze dello squilibrato processo di globalizzazione che ha forzato la delocalizzazione accelerata di molte attività produttive , ha trasformato il mondo in due aree economiche :
- Paesi occidentali (Usa ed Europa) consumatori e sempre meno produttori
- Paesi orientali (Asia e India) produttori e non ancora equilibratamente consumatori

Questo processo ha conseguentemente creato un conflitto fra le tre funzioni economiche dell'uomo occidentale : quella di lavoratore e produttore di reddito,quella di consumatore di beni per lui più convenienti, quella di risparmiatore e investitore dove ha maggiori prospettive di guadagno .
Il paradosso che si evince è che l'uomo occidentale produce ancora reddito lavorando in imprese domestiche, ma sempre meno competitive e perciò a rischio di instabilità. Compra i beni più competitivi ,prodotti altrove. Investe in imprese non domestiche, in paesi dove l'economia cresce perchè si produce.In pratica rafforza imprese che creano occupazione altrove e persino competono con quella dove lui lavora. Finchè detto uomo resta senza lavoro, non può consumare più e tantomeno risparmiare.

Questo conflitto , non gestito, sta provocando una crisi strutturale nell'economia del mondo occidentale ex ricco . Ma questo mondo occidentale è anche quello le cui radici sono cristiane (Europa e Usa) , che è evangelizzato e ha finora sostenuto la Chiesa con le sue risorse economiche . In pratica ,grazie al processo di delocalizzazione , la ricchezza si sta trasferendo dall'occidente cristiano all'oriente da cristianizzare.

In specifico ,in occidente, ciò comporta :
- minor sviluppo economico (o persino negativo) minori redditi, minori risparmi , minori rendimenti dagli investimenti locali, maggiori costi per sostenere l'invecchiamento della popolazione, ecc.
- Maggior conseguente ruolo dello stato in economia, maggiore spesa pubblica e maggiori costi . Esigenza di maggiori tasse, minori privilegi ed esenzioni fiscali, maggiori rischi.

Conseguenza conclusiva è che le risorse che tradizionalmente hanno contribuito alle necessità della Chiesa (donazioni , rendite, ...)potranno diminuire , mentre dovrebbero crescere i fabbisogni necessari per l'evangelizzazione . In più il "laicismo" potrebbe profittarne per creare una seconda "questione romana" di aggressione ai beni della Chiesa (attraverso tasse, cessazione privilegi, esasperazione controlli, ecc.) .

Considerazioni di massima.
Ritengo sia il momento di prestare la massima attenzione al problema economico nel suo insieme e di affrontarlo nella sua realtà (come sto facendo con SER il Segretario di Stato). Ciò definendo una vera e propria "reazione strategica" e costituendo un Organo centrale specificamente dedicato al tema economico (una specie di Ministero dell'economia) orientato a valorizzare le attività economiche già disponibili , a svilupparne di nuove e a razionalizzare costi e ricavi. Tutto ciò sia presso gli Enti centrali della Santa Sede, che presso le Istituzioni (

Enti e Congregazioni) destinate ad attività economiche , che presso le Nunziature e Diocesi. Ovviamente con criteri differenti :

- a livello di Enti centrali della Santa Sede vanno definiti gli obiettivi e le strategie di valorizzazione risorse per i maggiori Enti (quali IOR, Apsa, Propaganda Fide, Governatorato) .I pratica al fine di stabilire come valorizzare i beni, crescere i ricavi, ridurre i costi e minimizzare i rischi.
- A livello di Enti e Congregazioni vanno dati indirizzi e supporti per difendere le loro attività economiche e proteggere i loro patrimoni . (anche creando appositi fondi immobiliari per es.)
- A livello di Nunziature e Diocesi vanno solamente proposte attività di formazione , assistenza e consulenza.

E' auspicabile che questa "emergenza" possa esser sensibilizzata a vari livelli . Potrebbe esser opportuno perciò pensare di creare una Commissione (in staff al Segretario di Stato) che raggruppi i massimi responsabili degli Enti centrali della Santa Sede, nonchè rappresentanti degli altri (Enti , Congregazioni, Nunziature , Diocesi) , al fine di stabilire le azioni necessarie.

Sintesi riassuntiva

- a seguito del processo di globalizzazione e crisi economica, il mondo che deve essere ancora cristianizzato è quello che sta diventando "ricco" e quello già cristianizzato ,che era ricco, sta diventando povero. Con conseguenze anche sulle risorse economiche per la Chiesa.
- La "questione romana" del XXI secolo non sarà nell'esproprio dei beni della Chiesa ,ma nella perdita di valore degli stessi, nei minori contributi per impoverimento del mondo cristiano, nella fine dei privilegi e nelle maggiori tasse prevedibili sui beni della Chiesa.
- Il problema dell'uomo dei paesi ex ricchi può diventare più grave di quello dei paesi poveri perchè si è rotto l'equilibrio nelle sue tre dimensioni economiche (produttore,consumatore,risparmiatore-investitore).

Le président de l'IOR, Ettore Gotti Tedeschi, écrit au secrétaire particulier du pape au sujet de l'enquête dans laquelle il est impliqué avec le directeur de l'institut Opere di Religione.

Memoria sintetica riservata a mons. Georg Ganswein

QUALE REATO CI E' CONTESTATO

Il reato contestato all'Istituto per cui il Presidente e Direttore sono indagati (e i fondi sequestrati) è di omissione degli obblighi di fornire informazioni sul beneficiario e causale della operazione di trasferimento di 23mio€ dal conto Ior sul Credito Artigiano al conto Ior di J.P.Morgan –Francoforte (6 settembre). Detta omissione è aggravata dal fatto che l'Istituto ,secondo l'Inquirente, non potesse neppure dare questo ordine di trasferimento fondi perchè non ancora concluse le condizioni scritte di accordo tra l'Istituto e il CreditoArtigiano. Secondo l'Inquirente detto ordine di trasferimento , e la mancanza delle informazioni , lascia presupporre occultamento di fondi e riciclaggio.

COSA E' SUCCESSO

L'ordine di trasferimento(firmato dal Direttore e Vice) da conto Ior a conto Ior , riguardava una operazione di tesoreria per un investimento in bund tedeschi. Il direttore ha spiegato all'Inquirente che l'ordine è stato dato informando che si trattava di trasferimento fondi ,nella certezza che non fossero necessarie ulteriori informazioni sul destinatario visto che il Credito Artigiano lavora con l'Istituto da 20anni e dovrebbe conoscere come sono stati costituiti i fondi presso di lei. E' stato anche ritenuto di confermare l'ordine di trasferimento (nonostante il mancato accordo scritto) essendo questo ritardo imputabile (anche) allo stesso Credito Artigiano (su cui giacevano inutilizzati 28mio€). Su 7 banche con cui l'Istituto lavora in Italia , con ben 5 banche detti accordi erano stati già definiti, lo conferma il fatto che lo stesso giorno (6settmbre) 20mio€ furono trasferiti dal conto Ior sul D.B. al conto Ior J.P.Morgan-Francoforte. Va notata anche la sorprendente rapidità (inusuale secondo gli esperti) degli avvenimenti : Il Credito Artigiano segnala l'operazione (con autorizzazione del Presidente del gruppo bancario che è anche Consigliere dell'Istituto) all'UIF (banca d'Italia) .Questa dopo 5 giorni informa la Procura di Roma e la notizia va alla stampa prima che noi fossimo informati o richiesti di dare spiegazioni.

QUALE REAZIONE IMMEDIATA

Il Presidente e Direttore chiedono , spontaneamente, di essere interrogati dagli Inquirenti per chiarire i fatti e comportamenti che apparivano semplici da spiegare e trasparenti, solo frutto di equivoci nella interpretazione delle norme (e magari di incomprensioni nei rapporti tra i reponsabili operativi).Il Presidente spiega agli inquirenti il processo in corso di adeguamento alle norme internazionali che l'Istituto ha intrapreso, proprio per risolvere definitivamente gli equivoci inquisiti. In sede processuale l'Inquirente non da alcuna indicazione a proposito di ipotesi di reato di riciclaggio che non furono contestate ,nè nell'interrogatori,nè negli atti .Dette informazioni sono state lette sui giornali (Corriere della Sera)°. Dopo l'interrogatorio,l'avvocato dell'Istituto decide di ricorrere al Tribunale del Riesame per avere i fondi disponibili. Detto ricorso sembra aver infastidito l'Inquirente che (sempre via stampa) cerca di dimostrare con fatti pregressi (2009) che esistevano altre operazioni che confermavano la non trasparenza dell'Istituto.

° Il comportamento del Corriere è stato curioso considerata l'enfasi data, in prima pagina ,alle notizie il giovedì 21 per modificarle il giorno dopo venerdì 22,ma a pag.11.Detto comportamento curioso rende lecito qualche sospetto sul ruolo di un azionista del Corriere.

STRATEGIE IN CORSO

- **Strategia difensiva** : E' stata modificata la strategia difensiva originale , caratterizzata da un forte pregiudizio nei confronti dell'Inquirente, cooptando nel Collegio dei difensori (a fianco del prof.Scordamaglia) il prof.Paola Severino , con l'intento di cercare subito un dialogo con l'Inquirente per chiarire , evidentemente, meglio o diversamente i comportamenti, e cercare in tal modo di produrre una nuova istanza di sblocco dei fondi e archiviazione delle indagini. Se ciò non fosse realizzabile si deve ricorrere , con ipotesi adeguate, in Cassazione . Il ricorso in Cassazione presenta rischi da non sottovalutare (il rinvio a giudizio) , il termine massimo per ricorrere è il 4 novembre. Il 28 ottobre i nostri avvocati incontreranno gli Inquirenti .

- **Strategia di comunicazione:** Fino ad oggi è stata adottata una strategia difensiva e di comunicazione di *"volontà di cose da fare"*. Ora sembra necessaria adottare una strategia di comunicazione più attiva di *"cose già fatte"* (per esempio :- La lettera inviata al Gafi e la risposta incoraggiante di conferma ricevuta dal Presidente del Gafi.-La costituzione della Commissione di attuazione del programma per adempiere alle condizioni richieste e la nomina del Presidente della Autorità interna di vigilanza (card.Nicora)- ecc.

- **Strategia di relazione con gli Enti e Congregazioni :** Le vicende in corso potrebbero turbare e confondere gli Enti e Congregazioni . A fare questo stanno pensando anche alcune banche (...)che competono con il nostro Istituto sui "clienti Enti religiosi" . E' necessario proteggere la reputazione dell'Istituto non solo in sede giudiziale. In tal senso stiamo provvedendo a discussioni con tutti gli economi degli Enti e abbiamo già organizzato un convegno il 3 novembre(Alla Sala delle Benedizioni) rivolto a 1200 responsabili economici di Enti religiosi , dove discuterò di fatti e prospettive economiche con il Ministro Tremonti e il segretario generale Iberamericano Iglesias .Con la presenza del Card.Bertone che introdurrà i lavori.

- **Strategia di anticipazione di possibili problemi futuri :** Ho cominciato a discutere con il Ministro Tremonti le soluzioni di un prossimo problema che potrebbe preoccuparci e riguarda i problemi fiscali . Potrebbe esser utile pensare ad un trattato sulla tassazione .

- **Conclusioni:** credo sia necessario ora accelerare ogni procedura per entrare nella white list . Credo sia necessario incoraggiare ogni persona coinvolta perchè consideri prioritario detto impegno. (sono naturalmente pronto e disponibile a spiegare ogni ragione e dettaglio di questa esigenza)

Le président de l'IOR, Ettore Gotti Tedeschi, rédige un mémoire privé et confidentiel concernant le projet San Raffaele et la possible entrée du Saint-Siège dans l'actionnariat, le 15 novembre 2011.

Memo riservato e confidenziale .
Progetto San Raffaele – Aggiornamento al 15 novembre 2011.

Vorrei evidenziare una nuova ,e ancor più complessa preoccupazione, riferita all'immagine della Santa Sede , conseguente alla evoluzione del progetto SanRaffaele.

Il problema che mi preoccupa è riferito al **"sospetto" di potenziale disimpegno** nell'azionariato del SanRaffaele da parte della Santa Sede. Detto sospetto si sta materializzando presso più parti coinvolte indirettamente nel progetto. L'ipotesi di disimpegno sta suscitando perplessità e preoccupazione presso dette parti coinvolte nel progetto (medici, docenti, banche) che stanno iniziando a chiedere spiegazioni (per ora riservatamente e informalmente) .La preoccupazione più evidente sta nel fatto che la Santa Sede stia (per questioni"morali"o altro) **permettendo, o facilitando, al socio privato di assumere una posizione di controllo** . Detto sospetto potrebbe esser stato alimentato da vari fatti .Ipotizzo che possano essere fatti conseguenti alle dimissioni dei due consiglieri della Fondazione (prof.Clementi e Pini) nonchè da visite, e discussioni, fatte da un rappresentante della SantaSede (Profiti) e dal socio privato(Malacalza) a più interlocutori , tra cui l'ArciVescovo di Milano e l'amministratore delegato di banca Intesa , Passera .

La mia percezione (ex conversazioni con i due primari e con l'amministratore delegato di banca Intesa) è che il **disimpegno della Santa Sede risulterà sgradito** . Mi preoccupa anche il fatto che non sia stata data attenzione a questa percezione,che sia stata sottovalutata o non sia stata condivisa

Il nostro rischio è di apparire come chi ha coperto temporaneamente il progetto privato , illudendo gli organi della procedura e tutte le parti che a trattare fosse di fatto la Santa Sede, in primis, e creando in tal modo **aspettative strategiche** e operative per il futuro del SanRaffaele ben diverse dalla realtà successiva possibile.

Credo sia indispensabile riflettere sulla posizione ufficiale da mantenere con opportuna **trasparenza** . Credo non possano esser sottovalutati i rischi di immagine conseguenti ad un disimpegno lasciato gestire a terzi (...), e non deciso e controllato direttamente ,che potrebbe esser considerato pericolosamente, **mancanza di trasparenza** .

Document concernant le budget de la Fondation Joseph Ratzinger.

FONDAZIONE VATICANA
"JOSEPH RATZINGER – BENEDETTO XVI"

CONTO ECONOMICO					
		2012	**30/11/11**	**31/12/10**
Ricavi e proventi tipici	€	1.500.000	€ 1.267.463	€ 85.893
Costi - Premio 2011 Fondazione Vaticana Joseph Ratzinger Benedetto XVI	€	(270.000)	€ (239.304)	€ -
Costi - Convegno Bydgoszczy Polonia	€	(100.000)	€ (90.428)	€ -
Costi - Sovvenzione Fondazione Joseph Ratzinger Papst Benedikt Stiftung	€	(30.000)	€ -	€ (290.009)
Costi operativi	€	(170.000)	€ (152.454)	€ -
Ammortamenti	€	(5.000)	€ (1.708)	€ -
Saldo gestione ordinaria	€	925.000	€ 783.569	€ (204.116)
Proventi netti gestione finanziaria	€	108.000	€ 100.883	€ 240.475
AVANZO DI ESERCIZIO	€	1.033.000	€ 884.452	€ 36.359

* NOTA: la situazione al 31.12.10 non è riferita al solo 2010, bensì a tutta l'attività della fondazione a far data dall'apertura del conto 39887 avvenuta il 10.10.2007

Document confidentiel du service du Chiffre du Vatican, concernant l'affaire du meurtre d'un prêtre en Équateur, le 17 décembre 2010.

CIFRATO RICEVUTO

Pagina 1/2

Da:	Quito
A:	Uff. Cifra
Cifr. N.	81
Data Cifrazione:	17/12/2010 Data Decifrazione: 17/12/2010

Con riferimento Cifr. N. 79 del 6 dicembre corrente, mi reco a dovere di riferire V.Em.R., circa le ultime notizie, riguardanti l'omicidio del Rev.do P. Miroslaw Karczewski, OFM Conv., religioso polacco, trovato morto (con la gola tagliata), il 6 c.m., presso la Casa parrocchiale, Parrocchia di San Antonio de Padua, in Santo Domingo de los Tsachilas.

L'Ecc.mo Mons. Wilson Abraham Moncayo Jalil, Vescovo della Diocesi di Santo Domingo in Ecuador, ha chiamato la sera del 15 dicembre scorso, ore 21.00, informandomi di essere stato visitato da alcuni agenti di polizia - incaricati di risolvere l'omicidio del Religioso - i quali lo hanno edotto circa i primi esiti dell'investigazione in corso. Appena terminato l'incontro, il Vescovo ha chiamato la Nunziatura.

A detta di Mons. Moncayo, che riferisce le dichiarazioni fattegli dalla polizia in base alle prove raccolte sulla scena del crimine, i primi risultati dell'indagine concordano nell'affermazione "casi segura" del "carácter pasional" dell'omicidio, escludendo così l'ipotesi dell'assalto o del furto.

Nella sua conversazione telefonica, il Vescovo ha tenuto a precisare i seguenti dati:
- *la vittima* conosceva i suoi uccisori; si ipotizza che fossero tre, perché il Religioso, prima dell'accaduto, ha chiesto alla domestica in servizio presso la casa parrocchiale di preparare tre stanze per i suoi ospiti;
- *sul luogo di crimine* sono stati trovati quattro bicchieri ed una bottiglia di un non meglio precisato superalcolico;
- *le prove*, secondo la relazione della polizia, rivelano che i soggetti avevano iniziato a consumare la bevanda alcolica, approssimamene, fin dalle ore 14.00 del giorno del crimine;
- *dalla scena del omicidio* si inferisce che il Religioso ed i suoi "ospiti" avrebbero avuto delle relazioni sessuali, dato che, sul luogo del delitto, si sono rintracciate macchie di sperma (Mons. Moncayo mi ha riferito che la polizia gli ha mostrato le foto relative a questo particolare);
- *il cellulare* del Religioso è in possesso della polizia, la quale, esaminando le chiamate, cerca di rintracciare i presunti assassini (dalle parole del Presule, si conferma anche la scomparsa la laptop della vittima);
- secondo quanto mi è stato riferito da Mons. Moncayo, pare che la polizia abbia individuato *la pista giusta per giungere ai colpevoli*;
- il Vescovo mi ha detto che la polizia ha ricevuto un *ordine "desde lo alto"* al fine di giungere alla soluzione di questo caso criminale (il Presule, mentre parlava, non nascondeva la sua preoccupazione per lo scandalo che si potrebbe creare appena le informazioni giungeranno a conoscenza dei *media*, soprattutto di quelli dedicati alla cronaca nera. Inoltre, mi ha commentato che in occasione del funerale di Religioso,

egli, nell'omelia, ebbe ad accennare addirittura alla buona fama di cui il sacerdote generalmente godeva - infatti, la vittima era conosciuto come un buon parroco, vicino ai giovani, alle famiglie ed ai poveri, organizzando nella parrocchia numerose attività dirette a togliere i giovani dai pericoli della strada). Mi ha detto anche che gli agenti di polizia gli hanno garantito la segretezza circa lo svolgimento delle indagini. A tale proposito, ho chiesto al Presule di mantenere la confidenzialità e di vigilare sui prossimi sviluppi della vicenda;

- Mons. Moncayo mi ha avvisato che avrebbe informato la *Comunità dei PP. Francescani Conventuali polacchi* sui primi risultati dell'indagine.

Infine, alla mia richiesta di mettere per iscritto le informazioni raccolte concernenti all'accaduto (in via riservatissima), Mons. Moncayo mi ha risposto testualmente *"no voy a escribir nada"*. Tuttavia, sempre su mia insistenza, mi ha assicurato che, appena riceverà qualche referto ufficiale da parte della polizia, non tarderà a inviarlo a codesta Nunziatura. L'ho anche invitato a venire in Nunziatura per chiarire personalmente, però, mi ha risposto che ha molto da fare, si sente molto male e non ha tempo disponibile.

Non mancherò di comunicare a V.Em.R. gli ulteriori eventuali sviluppi.

Rahinia, Inc. d'Aff. a.i.

Adolfo Nicolás, le « pape noir » des jésuites, écrit au Saint-Père, le 12 novembre 2011.

CURIA GENERALIZIA DELLA COMPAGNIA DI GESÙ

PERVENUTO IL
12 NOV. 2011

Santo Padre,

Ho avuto il piacere e il privilegio di incontrare e conversare con Mr. Huber & Mrs. Aldegonde Brenninkmeijer, antichi e grandi benefattori della Chiesa e della Compagnia di Gesù.

Una delle cose che più mi colpiscono quando parlo con loro è il loro sincero e profondo amore per la Chiesa e per il Santo Padre, come pure il loro impegno nel fare qualcosa per venire incontro a quella che essi ritengono essere una grave crisi all'interno della Chiesa.

Mi hanno chiesto di garantire loro che questa lettera, scritta con il cuore, giunga nelle mani di Vostra Santità, senza intermediari. Per questo ho domandato al p. Lombardi di fungere da messaggero. Chiedo umilmente perdono se questo non fosse il modo appropriato.

Devo dire che condivido le preoccupazioni di Mr. & Mrs. Brenninkmeijer e che sono molto edificato dal fatto che questi fedeli laici prendano così sul serio la responsabilità di fare qualcosa per la Chiesa. Mi sento anche molto animato nel vedere e ascoltare da loro degli atteggiamenti e degli orientamenti interamente in armonia con le indicazioni che abbiamo ricevuto dal nostro Fondatore Sant'Ignazio nelle sue Regole per "sentire cum Ecclesia".

Come Lei sa, la Compagnia di Gesù continua a essere totalmente al suo servizio e a servizio della Chiesa.

Nella comunione del Signore Gesù,

Adolfo Nicolás, S.J.

VISTO DAL SANTO PADRE
1 4 NOV. 2011

Borgo Santo Spirito, 4 - 00193 Roma (Italia) | tel. (+39) 06 689 771 - fax (+39) 06 68 68 214 | curgen@sjcuria.org - www.sjweb.info

Sa Sainteté

Domenico Giani, le chef de la gendarmerie du Vatican, demande une audience au secrétaire particulier du pape pour plusieurs personnalités, et énumère les raisons de sa requête, le 19 octobre 2011.

Vaticano, 19 ottobre 2011

GOVERNATORATO

DIREZIONE DEI SERVIZI DI SICUREZZA
E PROTEZIONE CIVILE

CORPO DELLA GENDARMERIA

Reverendissimo Monsignore,

vengo a disturbarLa, per chiederLe di valutare la possibilità che le sottoelencate personalità, che negli ultimi tempi si sono rivolte allo scrivente, possano essere ricevute dalla Signoria Vostra Illustrissima e Reverendissima, nelle modalità e nei tempi che riterrà più opportuni, in merito agli argomenti che vengo succintamente ad elencare:

- *Prefetto Salvatore Festa*: vorrebbe conferire per argomentazioni di carattere personale e per nuovi incarichi legati al suo Ufficio.

- *Gen. C. A. Corrado Borruso*: già Vice Comandante Generale dell'Arma dei Carabinieri e attualmente Consigliere della Corte dei Conti, vorrebbe incontrarLa per ringraziarLa al termine del servizio prestato come Ufficiale Superiore dell'Arma.

- *Casa automobilistica Renault*: vorrebbe incontrarLa, possibilmente nei giorni 7 oppure 8 novembre p.v., per definire alcuni aspetti legati alla donazione di un veicolo elettrico con avanzati sistemi tecnologici da donare al Santo Padre e da utilizzarsi nella residenza estiva di Castel Gandolfo.

- *Dr. Andreas Kleinkauf e Dr. Rubenbauer - Casa automobilistica Mercedes*: vorrebbero incontrarLa, possibilmente nei giorni dal 24 al 26 ottobre p.v., per definire alcuni aspetti legati alle migliorie tecniche da apportare alla nuova papamobile. Trattasi di un incontro urgente.

- *Dr. Giuseppe Tartaglione - Casa automobilistica Volkswagen*: vorrebbe incontrarLa per definire alcuni aspetti legati alla donazione di una nuova autovettura PHAETON elaborata secondo le necessità del Santo Padre.

Da parte mia Le comunico che il giorno 24 ottobre, presumibilmente fino alle 17.00 circa, sarò a Perugia per il successivo incontro del Santo Padre.

Dal 29 ottobre al 3 novembre, sarò invece ad Hanoi (Vietnam) per l' annuale Assemblea Generale di Interpol.

Profitto della circostanza per inviarLe i sentimenti del più devoto, grato ed affettuoso ossequio,

IL DIRETTORE

Rev.mo Mons. **Georg Gänswein**
Segretario Particolare di Sua Santità
Appartamento Privato

Remerciements

Merci à ceux qui m'ont permis d'accéder à ces précieux documents. Et, par conséquent, à ces « sources » qui vivent et travaillent au Vatican. Elles ont risqué leur emploi, leurs amours et jusqu'à leur vie en me confiant leurs petits et leurs grands secrets : merci.

Merci surtout à « Maria » pour son courage, sa détermination et sa contagieuse sérénité du juste. Merci aussi à Mgr Renato Dardozzi et à ses exécuteurs testamentaires : si ses riches archives n'étaient pas devenues publiques avec *Vaticano S.A.*, je n'aurais jamais eu l'opportunité d'entreprendre cette nouvelle aventure.

Merci à Massimo Prizzon pour son grand cœur en matière de photographies, merci à Daniela Bernabò pour son courage lorsqu'il faisait froid. De là-haut, tous deux nous sourient. Merci à ceux qui m'ont aidé à comprendre, comme Gian Gaetano Bellavia, Giacomo Galeazzi, dont la générosité est inestimable, Francesco Messina et Paolo Rodari.

Merci à Martina Maltagliati et à Alessandro Chiappetta pour les recherches. Merci aux officiers de la brigade financière, des carabiniers et des services de sécurité, aux magistrats, cardinaux et évêques, et aux diplomates et sherpas des institutions qui m'ont apporté leur formidable contribution sans que leurs noms et leurs prénoms puissent être cités pour des raisons évidentes. À chacune de ces personnes exemplaires et courageuses, je tiens à témoigner mon amitié.

Merci à ma mère pour les patientes traductions, à ma belle-mère pour les provisions, à mon beau-père pour le bureau. Merci à ceux qui me supportent et merci surtout à l'énergie libre de mes enfants et à ma Valentina. Sans vous, ce livre n'aurait pas été possible.

Merci.

Composition : Compo-Méca S.A.R.L.
64990 Mouguerre

Imprimé au Canada
Dépôt légal : Août 2012
ISBN : 978-2-35076-125-1